Kristin Helberg

VERZERRTE SICHTWEISEN – SYRER BEI UNS

Kristin Helberg

VERZERRTE SICHTWEISEN

SYRER BEI UNS

Von Ängsten, Missverständnissen
und einem veränderten Land

HERDER

FREIBURG · BASEL · WIEN

»Syrien ist die Wiege der Zivilisation
und das Grab der Menschlichkeit,
der Beginn der Kultur
und das Ende der Moral.«

Firas Lutfi, deutsch-syrischer Aktivist auf Facebook

© Verlag Herder GmbH, Freiburg im Breisgau 2016
Alle Rechte vorbehalten
www.herder.de

Satz: Daniel Förster
Herstellung: CPI books GmbH, Leck
Karte Syrien: © 2016 Klaus Kühner
www.huettenwerke.de

Printed in Germany
ISBN 978-3-451-31157-4

Inhalt

Vorbemerkung – Ein verändertes Land   9

Damaskus, Aleppo, al-Raqqa – Ein Staat löst sich auf . .   15

Wie ich von einer Nahostkorrespondentin zur
»Syrien-Expertin« und »Expertin für Syrer« wurde   15

Syrien historisch. Ein kurzer Blick zurück   18

Stabilität durch Grabesruhe – Vater Assad   21

Wirtschaftliche Öffnung und politische Denkverbote –
Bashars erstes Jahrzehnt   24

Außenpolitischer Druck, Zusammenhalt im Innern   31

Von der Revolution zum Stellvertreterkrieg   33

Verlassenes Volk, zerfallendes Land – Syrien heute   52

Zivilisten schützen und versorgen – Eine Lösung ist möglich   58

Syrer bei uns – Warum wir Angst haben und uns
missverstehen   69

Tücken des Alltags – Aufeinander zu oder aneinander vorbei?   72

Ein Griff in die Klischeeschublade: Vorurteile, Rassismus und Schwarz-
Weiß-Denken · Umarmen, küssen oder Hand aufs Herz: Wie viel Nähe
wollen wir?

Ich und wir – Der Einzelne und die Gemeinschaft 80

Von Familiengefügen und Kindererziehung, Großzügigkeit und moralischer Flexibilität · Wie eine Gesellschaft aus Individuen entsteht ·
Gerne alleine oder unfreiwillig einsam · Meins oder unseres: Wem gehört was? · Zu Hause viel los: Privatsphäre und Gastlichkeit · Mülltrennung, Tierliebe und die Missachtung des öffentlichen Raumes ·
Planlose Orientierung: Nur nicht unter die Räder kommen

Männerherrschaft, selektive Korantreue und Feministinnen
mit Kopftuch 126

Liebe, Sex und Doppelmoral · Auch wir sollten ehrlich sein · Medial
vermittelte Bilder und der Westen als Projektionsfläche · Respekt vor
dem »Nein« muss gelernt werden · Die Frau als Objekt und Sexismus
im Alltag · Mit patriarchaler Interpretation brechen, den Koran
zeitgemäß auslegen, neue Allianzen knüpfen

Ausbeutung und Missbrauch, Teilhabe und Solidarität –
Unser Verhältnis zum Staat. 160

Die Angst vor Uniformierten, *wasta* und der Traum von Gerechtigkeit
· Studieren und arbeiten: Steine auf dem Weg · Föderalismus und
Verteilung: Wer kriegt was und geht wohin? · Das Missverständnis
vom reichen Deutschland und die Entdeckung des Sozialstaats ·
Dazugehören: Sprache lernen und Geld verdienen

Mut zum Bekenntnis:
Was jetzt zu tun ist – und was nicht 185

Germanen-Gen oder Grundgesetz-Deutsche? 186

Wo Panikmache auf fruchtbaren Boden fällt · Freiheit braucht
Toleranz

Das »jüdisch-christliche Abendland« als Kampfbegriff. 196

Gemeinsame Wurzeln: vergessen und verdrängt · Warum wir den
Islam überschätzen · Vom Terror nicht erschüttern lassen

Syrer bei uns – Ein 7-Punkte-Programm 218

Punkt 1: Probleme ehrlich benennen · Punkt 2: Einwanderung, aber
richtig · Punkt 3: Weg vom Gesetz, hin zum Vertrag · Punkt 4: Zauberformel Patenschaft und viele gute Ideen · Punkt 5: Normalisieren
und sichtbarer machen · Punkt 6: Auf dem Kopf und in der Schule ·
Punkt 7: Mutig voran mit »Vielfalt in Einheit«

Syrienkarte 258

Quellenverzeichnis 261

Weiterführende Literatur 269

Vorbemerkung –
Ein verändertes Land

Die Zeit der Kuscheltiere am Bahnhof ist vorbei. Niemand klatscht mehr, wenn Geflüchtete aus Zügen steigen. »Wir sind das Volk« – dafür gibt es inzwischen mehr Applaus, für das deutsche Volk, dessen Identität in Gefahr zu sein scheint. Unkontrollierte Massenzuwanderung, Asylchaos, Obergrenzen, Terroranschläge und immer wieder »Flüchtlingswellen«, die uns »überfluten«. Darunter Hunderttausende Syrer, die stets eine Masse bilden: im Boot auf dem Mittelmeer, in Trecks auf dem Balkan, als Gestrandete am Grenzzaun, als Wartende in der Notunterkunft. Unsere Augen sehen Massen, keine Menschen. Und deshalb haben wir Angst. Zu viele, dazu überwiegend junge Männer und dann auch noch Muslime kommen nach Deutschland – das Ende des Abendlandes scheint nah. Mindestens der Untergang der deutschen Kulturnation – was immer das sein soll.

Wie geht es weiter? Wie können so viele Geflüchtete versorgt, ausgebildet, integriert werden? Noch dazu in ihrem Zustand: oftmals erschöpft, mittellos und traumatisiert. Dieses Buch handelt von uns und den mehr als 500.000 Syrern, die seit 2011 nach Deutschland gekommen sind. Die alles riskiert haben und endlich aus den Albträumen erwachen wollen, die sie seit Jahren verfolgen. Darin geht es um Bomben und Folter, um Verfolgung, Zerstörung, Vertreibung und Hunger. Um Perspektivlosigkeit, Entbehrung und Ablehnung. Und um Angst, große Angst. Womit wir eine erste Gemeinsamkeit gefunden hätten: Wir haben Angst und die Syrer haben Angst. Keine gute Ausgangsposition, denn Angst ist ein schlechter Ratgeber und der beste Nährboden für politische Manipulation und Agitation.

Für mich ist mit den Syrern auch Vertrautheit nach Deutschland gekommen. Nach sieben Jahren in Damaskus empfinde ich Syrien als zweite Heimat, deren Menschen und Alltagskultur ich immer wieder vermisse. Während ich mich also über Damaszener Slang im ICE freue, klingt dieser für die anderen mindestens fremd, vielleicht bedrohlich. Deshalb will ich versuchen, mit diesem Buch ein paar Pfeiler in den Boden zu rammen – auf dass wir gemeinsam darauf Brücken bauen.

Vielerorts werden aus Massen wieder Menschen. Kinder erzählen von neuen syrischen Mitschülern, der Chef stellt einen syrischen Praktikanten vor, ins Nachbarhaus oder in die Wohnung nebenan zieht eine syrische Familie, Bäckermeister und Maler freuen sich über syrische Lehrlinge, Kitas nehmen syrische Kinder auf, Zeitungen, Magazine und Verlage suchen syrische Journalisten und Autoren und in deutschen Großstädten finden syrische Literaturtage, Ausstellungen zeitgenössischer syrischer Künstler und Konzerte syrischer Musiker statt. Manche Fluchtgeschichte ist am Küchentisch erzählt und die eine oder andere Hand nicht geschüttelt worden. Wir haben gemeinsam Hummus angerührt und uns nach Terroranschlägen gegenseitig misstrauisch beäugt. Wir haben diverse Syrer in die richtigen Züge gesetzt, unsere Kleiderschränke nach brauchbaren Winterjacken und Kinderschuhen durchforstet und uns gelegentlich an die Moralvorstellungen und Erziehungsmethoden unserer Großeltern erinnert gefühlt.

Und wir stellen fest: Es gibt uns noch! Deutschland und die Deutschen, ein Fünftel von ihnen mit ausländischen Wurzeln, längst »integriert« und anerkannt – nicht nur als Gemüsehändler, Restaurantbesitzer und Facharbeiter, sondern auch als Oberbürgermeister, Germanistikprofessor, Fernsehmoderatorin, Parteichef, Kabarettist und Bundestagsabgeordneter. Ein Einwanderungsland, das lange keines sein sollte und wollte. Das den Kinderschuhen entwachsen ist und nun mitten in der Pubertät steckt, mit all den dazugehörigen Sinnfragen und Identitätskrisen: Was ist deutsch? Wer ist deutsch? Und warum gibt es darauf so viele Antworten?

Tatsächlich können uns die Syrer bei der Suche nach uns selbst helfen. Denn die Geflüchteten sollen sich in etwas integrieren, von dem wir selbst nicht so genau wissen, was es ist. Indem wir uns also fragen, worauf wir im Zusammenleben mit den Ankommenden besonderen Wert legen, könnten wir herausfinden, wo der Kern unseres deutschen Selbstverständnisses liegt, welche Herausforderungen das mit sich bringt und wo es Berührungspunkte oder Überschneidungen gibt. In den durch die Geflüchteten ausgelösten Debatten taucht eine diffuse Mischung aus Oktoberfest und Homoehe, Gleichberechtigung und Berufsverbot für Kopftuchträgerinnen, säkularem Staat und Kirchensteuer, veganem Schweinebraten und laktosefreier Kaffeesahne auf. Verwirrend nicht nur für die Menschen in Vorpommern und Sachsen, Ostfriesland und Oberbayern, sondern erst recht für die Syrer – DIE Syrer, die es so natürlich nicht gibt.

Das Problem dieses Buches liegt auf der Hand. Es lebt von Klischees und Verallgemeinerungen, die es eigentlich auflösen und entlarven möchte. Für jede Aussage gibt es Gegenbeispiele. Die Syrer sind religiös und wertkonservativ, schreibe ich, dabei aber tolerant und offen für andere. »Nein«, ruft ein syrischer Freund (Theaterregisseur), »die jungen Leute haben die Religion satt«. »Doch«, sagt meine syrische Bekannte (Kinderärztin mit Kopftuch), »in Syrien hat jeder Sunnit christliche Schulfreunde oder alawitische Arbeitskollegen«. »Ja schon«, wirft mein syrischer Verwandter (Mathematiker) ein, »aber sie sind alle in einer rückwärtsgewandten Kultur gefangen.« Alle Syrer, jeder Sunnit, die jungen Leute – es gibt sie nicht, die homogene Masse. Aber es gibt Tendenzen und offensichtliche Unterschiede, die eine Mehrheit betreffen. Von denen will ich erzählen – nicht um zu spalten und zu pauschalisieren, sondern um Verständnis und Verständigung zu ermöglichen.

Das bringt uns zum nächsten Problem: HATTE der syrische Sunnit diese christlichen Freunde und alawitischen Kollegen, oder HAT er sie noch immer? Können Syriens Araber und Kurden noch miteinander über Politik diskutieren oder vergiftet ihr Nationalismus jede Facebook-Freundschaft? Schreibe ich hier über etwas Vergangenes oder bis heute Bestehendes? Gehören die Verhältnisse, die ich während meiner sieben Jahre in Syrien erlebt habe, einer unwiederbringlichen Etappe der syrischen Geschichte an oder unterstelle ich, dass sie bis heute eine gewisse Gültigkeit haben, auch wenn das Land am Krieg zerbricht und die Menschen verzweifelt, hoffnungslos oder voller Hass sind?

Ich habe es ausprobiert. Ich habe Sätze im Präsens formuliert, sie als falsch empfunden und in die Vergangenheit gesetzt. Aber so klang es noch schlimmer, als hätte ich das Syrien, das ich und andere kennen und an das sich viele Menschen gedanklich klammern, einfach abgeschrieben. Als würde ich ein Land, ein Volk und seine Besonderheiten zu Grabe tragen, »nur« weil in Teilen Syriens apokalyptische Zustände herrschen. Natürlich spielt die Willkommenskultur gegenüber Touristen gegenwärtig keine Rolle, da der Suq von Aleppo in Schutt und Asche liegt, der Baaltempel in Palmyra vom IS gesprengt wurde und viele Moscheen und Kirchen des Landes durch die Luftangriffe des Regimes beschädigt oder zerstört sind. Leider leben auch die meisten meiner Freunde und Bekannten nicht mehr in den Wohnungen und Häusern, in denen ich sie früher besuchte.

Dennoch gehe ich davon aus, dass vieles wieder so sein wird, wie es war, wenn der Krieg vorbei und das Land befriedet ist. Das politische System hoffentlich nicht. Aber der Umgang miteinander, die Herzlichkeit und Offenheit, das soziale und unternehmerische Geschick, die Gastfreundschaft und Solidarität der Syrer – sie lassen sich nicht kaputtbomben, so meine Annahme. Ich werde also von Syrien und seinen Bewohnern in der Gegenwart schreiben – allen Untergangsszenarien zum Trotz.

Außerdem nutze ich aus Gründen der besseren Lesbarkeit meist die männliche Form, obwohl ich damit ausdrücklich auch Frauen meine. Angesichts der Tatsache, dass wir uns die Syrer ohnehin meist als junge Männer vorstellen und dabei die Frauen aus dem Blick verlieren, ist das ein ziemlich fauler Kompromiss. Aber eine gendergerechte Sprache behindert den Lesefluss, finde ich. Deshalb vertraue ich darauf, dass der Leser »die Syrer« immer auch als »Syrerinnen« liest.

Bleibt ein letztes Dilemma. Meine syrischen Verwandten, Freunde und Bekannten. Durch sie erlebe ich das ganze Thema – Syrer in Deutschland, Deutsche bei Syrern, Syrer unter Deutschen, Deutsche gegen Syrer – ziemlich hautnah mit. Ihre Erfahrungen sind manchmal frustrierend, manchmal lustig und auch mal erschütternd, aber immer aufschlussreich und erhellend. Deswegen möchte ich gerne erzählen, wie es ihnen in Deutschland ergeht und den Deutschen mit ihnen, was mir mit ihnen in Syrien und hierzulande widerfahren ist und wie es denjenigen geht, die noch immer mitten im Krieg ausharren. Aber natürlich haben auch Angehörige von Buchautorinnen ein Recht auf Privatsphäre – erst recht wenn sie hier leben und identifiziert werden könnten. Ich habe ihnen deshalb versprochen, dass sie unerkannt bleiben. Zu diesem Zweck anonymisiere ich persönliche Erlebnisse, indem ich sie mal einem Neffen oder einer Nichte, mal einem Freund oder einer Bekannten, mal einem Schwager oder einer Schwägerin und mal einem Onkel oder einer Tante zuschreibe. Tatsächlich habe ich einige syrische Schwäger und Schwägerinnen und viele syrische Freunde. Und mein Mann hat Dutzende syrische Neffen, Nichten, Onkel und Tanten. Sie alle müssen nun herhalten als Protagonisten dieses Buches, damit sich kein Einzelner vorgeführt oder bloßgestellt fühlt. Ihnen als Leser verspreche ich, dass die erzählten Geschichten und Anekdoten tatsächlich so passiert sind. Ich hoffe, damit können alle leben.

Damit Sie nachvollziehen können, wo sich die von mir erwähnten Begebenheiten oder Ereignisse in Syrien zutragen, findet sich am Ende dieses Buches eine Landkarte. Zwar wissen die meisten inzwischen, wo Aleppo liegt, denn die Schreckensnachrichten von dort reißen nicht ab. Aber andere Städte, Orte oder Provinzen sind vielen Menschen hierzulande unbekannt – es sei denn, sie treffen einen geflüchteten Syrer aus al-Raqqa, Deir al-Zor oder Daraa und suchen seine Heimatstadt gemeinsam auf der Landkarte. Auch dafür können Sie dieses Buch dann gerne zur Hand nehmen.

Eines steht fest: Durch die vielen hunderttausend Geflüchteten, die zu uns gekommen und von denen die meisten Syrer sind, verändert sich Deutschland schon jetzt. Nach wie vor gibt es große Hilfsbereitschaft, die sich in privaten Initiativen und zivilgesellschaftlichem Engagement zeigt. Doch gleichzeitig wachsen Sorgen und Ängste. Um die geht es in diesem Buch. Was macht den Deutschen

Angst, worüber sorgen sich die Syrer? Warum entstehen immer wieder Missverständnisse auf beiden Seiten und wie können wir diese vermeiden?

Wollen wir in diesem Land auch weiterhin gut miteinander auskommen, müssen wir für den sozialen Frieden jetzt etwas tun. Haltung zeigen ist das eine, den anderen verstehen das andere. Dafür müssen wir den Ängsten und den verzerrten Sichtweisen auf den Grund gehen. Denn nur dann können wir die Richtung des Wandels, den unser Land derzeit durchläuft, in unserem Sinne beeinflussen, politisch und im täglichen Zusammenleben.

Damaskus, Aleppo, al-Raqqa –
Ein Staat löst sich auf

Wie ich von einer Nahostkorrespondentin
zur »Syrien-Expertin« und
»Expertin für Syrer« wurde

Journalisten sind Kriegsgewinnler. Je schrecklicher die Nachrichten, desto mehr haben wir zu tun. Das ist einerseits zynisch, andererseits eine Chance – je nachdem, ob die Kriegsberichte nur Grauen erregen und Voyeurismus bedienen oder vor allem aufklären und insofern zum Frieden beitragen wollen. Ich möchte mit meiner Arbeit Verständnis erzeugen und versuche dies mit Blick auf Syrien in doppelter Hinsicht: Wegen des Krieges erkläre ich Syrien und wegen der vielen Geflüchteten erkläre ich die Syrer. Zwei Krisen machen mich also zur Expertin – eine ziemlich frustrierende Arbeitsgrundlage. Geplant hatte ich das so nicht.

2001 ging ich nach Damaskus, um von dort aus über die arabische und islamische Welt zu berichten. Syrien hatte durch die Machtübergabe von Vater Hafiz al-Assad an Sohn Bashar ein Jahr zuvor meine Neugierde geweckt und galt als rätselhaft und unzugänglich – ein weißer Fleck auf der Landkarte des Nahen Ostens. Für die Korrespondenten in Kairo, Amman, Beirut oder Istanbul war Syrien schwer zu erreichen und kaum zu durchdringen, deshalb schien es mir ein geeigneter Standort für eine freie Journalistin wie mich zu sein.

Die Entscheidung erwies sich als richtig. Jahrelang spielte Syrien als Nebenkriegsschauplatz anderer Konflikte – im Irak, Libanon und in Israel-Palästina – eine wichtige Rolle. Ich berichtete für verschiedene deutsche, österreichische und Schweizer Medien über Damaskus' regionale Interessen, außenpolitische Positionen und den innenpolitischen Kurs. Daneben recherchierte ich andernorts in der Region, um den Überblick nicht zu verlieren und nicht alles durch die syrische Brille zu sehen. Dass mich das Land irgendwann derart in Beschlag nehmen würde, ahnte ich damals nicht.

Als im März 2011 die syrische Revolution begann, lebte ich wieder in Deutschland – in Berlin –, zusammen mit meinem syrischen Mann und unseren Kindern. Ich reiste regelmäßig in die Region, hatte 2009 jedoch wegen eines fehlerhaft ins Arabische übersetzten Artikels über Bashar al-Assad meine Akkreditierung als Journalistin verloren. Die Behörden ließen mich nur noch ins Land, weil ich mit einem Syrer verheiratet war – für Familienbesuche, nicht zum Arbeiten. Im April 2011 war auch damit Schluss. Die Proteste hatten sich ausgebreitet, Assads Soldaten schossen scharf und ich stand als deutsche Korrespondentin am Flughafen von Damaskus und gab vor, lediglich meine Schwiegermutter besuchen zu wollen. Man glaubte mir nicht und schickte mich mit dem nächsten Flugzeug zurück nach Deutschland. Seitdem verfolge ich die Ereignisse aus der Ferne, aber nicht weniger intensiv.

Die Revolution entwickelte sich zum brutalen Krieg, zu einem regionalen und internationalen Konflikt und zur größten humanitären Katastrophe unserer Zeit. Ich war fast nur noch damit beschäftigt, die Geschehnisse in Syrien zu erklären und zu kommentieren – und wurde deshalb immer häufiger als »Syrien-Expertin« bezeichnet. Als dann ab 2015 jeden Monat Tausende Syrer nach Deutschland flüchteten, ging es nicht mehr nur um Fluchtursachen, sondern zunehmend um die Menschen, die kamen – ihre Mentalität, ihre Kultur, ihre Religiosität. So wurde ich zur »Expertin für Syrer«. Beide Bezeichnungen klingen ziemlich anmaßend, finde ich. Was macht jemanden überhaupt zum Experten? Der Alltag in einem Land oder ein ethnologisches Studium? Eine Woche beim IS oder ein Forschungsstipendium zum Thema Terrorismus? Im besten Fall ergänzen sich Theorie und Praxis über einen längeren

Zeitraum, aber dafür haben die wenigsten Journalisten und Redaktionen Zeit und Geld. Ich bin weder Arabistin noch Islamwissenschaftlerin, weder Ethnologin noch Soziologin, sondern Politikwissenschaftlerin und Journalistin, die nebenbei Arabisch gelernt hat. Das Wort Experte suggeriert Neutralität. Dabei hat jeder Experte seinen eigenen Blick auf ein Thema. Natürlich muss er sämtliche Aspekte und Meinungen zu seinem Spezialgebiet kennen und verständlich erklären können, aber er gewichtet. In Bezug auf Syrien erlebe ich es oft, dass auf der Metaebene analysiert wird, regionale und internationale Bezüge in den Vordergrund gestellt werden und die Realität vor Ort nur holzschnittartig dargestellt wird – also stark vereinfacht und dadurch mitunter falsch.

Manche Experten erklären im Nahen Osten alles mit der hegemonialen Interessenpolitik des Westens, andere mit dem Konflikt zwischen Sunniten und Schiiten, wieder andere mit Terrorismus und radikalem Islamismus. All das greift zu kurz – gerade in Syrien. Syrien ist nicht Afghanistan, nicht der Irak und nicht Libyen (wo im Übrigen genauso viele Aspekte vernachlässigt werden), weswegen wir mit festgefahrenen Erklärungsmustern nicht weiterkommen, sondern nur mit Präzision und Differenzierung. Wir sollten aufhören, Syrien mittels Schablonen begreifen zu wollen, und uns die Mühe machen, genauer hinzuschauen.

Bei diesem Konflikt geht es nicht in erster Linie um Religion oder Terrorismus, um Regimewechsel von außen, Ressourcen oder westliche Interessen. All das spielt eine Rolle, aber nicht die für Syrien entscheidende. Denn im Kern geht es bis heute darum, dass Menschen in Würde und Freiheit mit wirtschaftlicher Chancengleichheit leben wollen. Das klingt banal, bringt aber sehr konkrete Forderungen mit sich, auf die ich zurückkommen werde.

Solange wir die Syrer und ihre Lebenssituationen nicht ins Zentrum unserer Berichterstattung und Bemühungen stellen, werden wir den Konflikt weder verstehen noch lösen, davon bin ich überzeugt. Deshalb lege ich in meiner Analyse großen Wert auf den Blick nach innen: Wie geht es den Bewohnern der abgeriegelten Gebiete, den Gefangenen und den intern Vertriebenen, den Ärzten in den Untergrundkliniken, den zivilgesellschaftlichen Gruppen, und wie ist das Verhältnis zwischen Rebellen, Aktivisten und Bewohnern? Was denken und fühlen die Syrer – die in den Regime-Regionen und die in den von der Opposition kontrollierten Gebieten, die unter kurdischer Verwaltung und die unter IS-Herrschaft?

Auch ich habe als Expertin folglich einen Fokus – ich versuche, die Wahrnehmungen und Meinungen der Syrer verständlich zu machen. Dafür werde ich gelegentlich als »Aktivistin« oder »Kritikerin des Regimes« bezeichnet oder sogar beschimpft. Aber in einem Konflikt wie dem syrischen auf die Arbeit der Zivilgesellschaft hinzuweisen erscheint mir nicht einseitig, sondern grundlegend. Und das Regime für seinen systematischen Einsatz von Massenvernichtungswaffen gegen Zivilisten zu kritisieren, ist wohl das Mindeste, was man von einem Syrien-Experten erwarten kann. Nein, ich bin weder Aktivistin noch Oppositionelle, denn ich mache keine Politik, sondern berichte darüber.

Von vielen in Deutschland lebenden Syrern weiß ich, dass ich ihnen aus dem Herzen spreche, wenn ich über Syrien rede – das ist für mich die Bestätigung, die ich brauche, um mit dem Titel »Syrien-Expertin« oder »Expertin für Syrer« zurechtzukommen. Ich werde mich also bemühen, im Folgenden nicht nur Syrien zu erklären, sondern vor allem die Syrer – in ihrer ganzen Vielfalt und Widersprüchlichkeit.

Syrien historisch. Ein kurzer Blick zurück

Um das syrische Selbstverständnis zu ergründen, sollten wir zurückblicken. Über 5000 Jahre hinweg haben verschiedene Hochkulturen auf dem Gebiet des heutigen Syriens ihre Spuren hinterlassen: Sumerer, Akkader, Amoriter, Hethiter, Babylonier, Assyrer, Aramäer, Perser, Griechen, Römer, Byzantiner, Umayyaden, Abbasiden, Fatimiden, Ayyubiden, Mamluken und Osmanen. Syrien ist folglich auf den Ruinen mehrerer Zivilisationen erbaut, wer anfängt zu graben, stößt auf Tongefäße, Werkzeuge und Schmuck, Mauerreste, Schrifttafeln und Grabstätten. Das meiste davon ist noch nicht archäologisch erfasst, sondern liegt unter unzähligen Hügeln (sogenannten *tells*) verborgen, in denen sich menschliche Siedlungsge-schichte Schicht um Schicht aufeinandergelegt hat. In den Berei-chen Architektur und Städtebau, Landwirtschaft, Handwerk und Sprache haben die Bewohner der Region jahrhundertelang Stan-dards gesetzt. Das erklärt den Stolz manches Syrers auf sein Land als »Wiege der Menschheit«. Deshalb Vorsicht: Wer einem Geflüch-teten aus Aleppo die Verwendung von Seife erklären will, wird Ver-achtung ernten.

Ein historischer Aspekt, der die syrische Mentalität mit am meis-ten geprägt hat, ist der Handel. Damaskus und Aleppo waren über Jahrhunderte wichtige Handelszentren zwischen China, Indien, der arabischen Halbinsel, Europa und Afrika, denn in Syrien kreuzten sich gleich zwei antike Handelsrouten: die Seidenstraße von Ost nach West und die Weihrauchstraße von Süd nach Nord. Produk-te aus aller Welt kamen hier zusammen, verschiedene Kulturen und Traditionen vermischten sich – daher die grundsätzliche Offenheit, Toleranz und Weltläufigkeit syrischer Stadtbewohner.

Im östlichen Mittelmeerraum haben sich alle drei abrahamiti-schen Religionen (Judentum, Christentum und Islam) entwickelt. Syrien ist deshalb seit jeher geprägt von einem Wettbewerb reli-giöser, konfessioneller und politischer Ideen, die nicht selten von Eroberern, Militärführern oder politischen Herrschern zur eigenen Machterweiterung missbraucht wurden. Dass die junge Generation 2011 bei Protesten auf religiöse und ideologische Bezüge weitge-hend verzichtet, ist ein Hinweis darauf, dass sie der einfachen Pa-rolen überdrüssig ist. Nach den Erfahrungen der vergangenen Jahr-zehnte sind Ideologien für die Jugend im Nahen Osten zu leeren Worthülsen verkommen. Die politisch aktiven 18- bis 35-Jährigen begeistern sich nicht wie ihre Eltern oder Großeltern für den Nati-onalismus, Sozialismus, Kommunismus oder Islamismus, sondern wollen – ganz pragmatisch – ein gutes Leben, das sie selbst gestal-ten können. Dafür brauchen sie keine Ideologie, sondern Freiheit und Gerechtigkeit.

Bis heute wirkt sich auch die Neuordnung des Nahen Ostens durch Europa zu Beginn des 20. Jahrhunderts aus. Nachdem Syrien 400 Jahre zum Osmanischen Reich gehört hatte, teilten Franzosen und Engländer dessen Überreste 1916 im geheimen Abkommen von Sykes-Picot in koloniale Einflusszonen auf. Neben dem Libanon als ursprünglich maronitischem Staat waren auch alawitische und drusische Kleinstaaten angedacht – konfessionelle Gebilde, die den Köpfen imperialistischer Kolonialherren entsprangen, in der Realität jedoch keinen Bestand hatten. Gleichzeitig übersahen die Europäer ein ganzes Volk: die Kurden, die kein eigenes Staatsgebiet bekamen und fortan als benachteiligte Minderheiten in Syrien, der Türkei, dem Irak und Iran lebten. Ein großes Versäumnis. Bis heute kämpfen die etwa 30 Millionen Kurden um kulturelle und politische Anerkennung in Form von Selbstbestimmung, Autonomie oder einem eigenen Staat.

Das historische Großsyrien (*bilad al-sham*), das sich aus den Ländern Syrien, Libanon, Jordanien, Israel-Palästina und Teilen der südlichen Türkei zusammensetzte, wurde durch die kolonialen Grenzen zerteilt – für die Syrer ein Trauma. Das heutige Staatsgebiet war für sie künstlich beschnitten, weswegen auch nach der Unabhängigkeit von Frankreich 1946 andere Zugehörigkeiten eine Rolle spielten: die arabische Nation, die islamische *Umma* oder die Rückbesinnung auf den Kulturraum *bilad al-sham*. Dass Letzterer bis heute identitätsstiftend wirkt, sieht man an einzelnen Rebellen- und Islamistengruppen, die in ihrem Namen den Begriff *al-sham* führen. Ein Selbstverständnis als Syrer, also als Staatsbürger einer Syrischen Republik – losgelöst vom arabischen Nationalismus, von der Ideologie der Baath-Partei und von religiösen Zugehörigkeiten – ist kaum ausgeprägt.

Die Bevölkerung des heutigen Syriens ist gemischt, besteht aber (anders als der Irak und der Libanon) aus klaren Mehrheiten. Ethnisch betrachtet sind die meisten Syrer Araber, daneben gibt es einen großen kurdischen Bevölkerungsanteil von etwa zehn Prozent sowie kleinere Volksgruppen wie Armenier und Tscherkessen. Unter den Religionen überwiegen die sunnitischen Muslime mit etwa 75 Prozent, Christen und Alawiten machen jeweils etwa zehn Prozent der Bevölkerung aus, die übrigen sind Drusen, Ismaeliten und Schiiten.

Die größte Gesellschaftsgruppe sind in Syrien also die sunnitischen Araber – sie bilden jedoch weder politisch noch sozial oder religiös eine Einheit. Unter ihnen gibt es reiche Geschäftsleute und arme Vorstadtbewohner, konservative Akademiker, kaum gebildete

Olivenbauern und traditionelle Beduinen, einflussreiche Regime-vertreter und mächtige Rebellenführer, verfolgte Oppositionelle, Assad-treue Beamte und säkular eingestellte Aktivisten. So wenig wir sämtliche Deutsche christlichen Glaubens als homogene Gesellschaftsgruppe begreifen – zum Beispiel bei der Frage, welche Partei sie wählen – können wir folglich Syriens sunnitische Araber zu einem einheitlichen Block stilisieren. Verallgemeinerungen sind manchmal notwendig, bilden die Wirklichkeit jedoch stets nur ungenügend ab, das sollten wir im Hinterkopf behalten.

Stabilität durch Grabesruhe – Vater Assad

Auf die Unabhängigkeit Syriens von Frankreich 1946 folgte eine Zeit politischer Instabilität, ideologischer Erneuerung und militärischer Selbstermächtigung. Händler und Großgrundbesitzer, die während der Mandatszeit noch wohlhabender und einflussreicher geworden waren, übernahmen als politische Elite des Landes die Macht. Dagegen regte sich Widerstand. Nationalistische, sozialistische oder kommunistische Parteien forderten Bauern und Arbeiter auf, gegen die Oligarchen des Landes aufzustehen, die Bewegung vereinigte nationalistische Ideen mit Klassenkampf. Gleichzeitig folgte ein Militärputsch auf den anderen (der erste 1949 wurde von der amerikanischen CIA unterstützt), und auch wenn es während der 1950er- und 1960er-Jahre noch ein zum Teil demokratisch funktionierendes Parlament gab, konzentrierte sich die Macht zunehmend bei der Armeeführung. Der Baath-Partei (*baath* bedeutet Wiedergeburt, Auferstehung, Erneuerung) gelang es, mit Hilfe ihrer spirituell verklärenden Vorstellung von der arabischen Nation, Massen zu mobilisieren. Sie verband religiös besetzte Begriffe mit dem Kampf gegen Feudalismus und Oligarchie und dem Ruf nach einem einheitlichen arabischen Staat von Marokko bis Irak, vom Sudan bis nach Syrien. So konnten sich viele Syrer mit der Bewegung identifizieren: Muslime und Christen, Stadt- und Landbewohner, Angestellte, Beamte und Bauern, Mittelständler und Kleinunternehmer – nur die Kurden blieben per Definition außen vor.

1963 putschte sich die Baath-Partei mit militärischer Unterstützung an die Macht, aus gewaltsam ausgetragenen Flügelkämpfen innerhalb der Partei ging Hafiz al-Assad 1970 als Sieger hervor. Politische Gegner, ehemalige Weggefährten und militärische Konkurrenten wurden inhaftiert, ins Exil geschickt oder getötet. Hafiz al-Assad gehörte der über Jahrhunderte benachteiligten Minderheit der Alawiten an, einer späten Abspaltung im schiitischen Islam, die vor allem in den Bergen des Küstenhinterlandes lebt. Er hatte den für Alawiten damals einzigen Weg des sozialen Aufstiegs gewählt: das Militär. In den 30 Jahren seiner Herrschaft stabilisierte er Syrien innenpolitisch und machte es zu einer bedeutenden Regionalmacht, unter seiner kompromisslosen Führung legte sich jedoch Grabesstille über das Land.

Kaum an der Macht, vollzog Hafiz al-Assad eine Revolution von oben. Aus dem demokratisch-pluralistischen Chaos der jungen Republik wurde ein autoritär geführtes Einparteienregime. Die Baath-Partei wandelte sich von einer Massenbewegung zu einem staatlich gelenkten Vollzugsorgan. Sozialistische Ideale wurden durch Korruption und Bereicherung ad absurdum geführt, auf Landreformen und die Stärkung von Arbeitern und Bauern folgten planwirtschaftlicher Stillstand und Vetternwirtschaft.

Politische Vielfalt, Meinungsfreiheit und gesellschaftliche Kritik wurden von den Geheimdiensten erstickt. Die Medien wurden gleichgeschaltet, an Schulen und Universitäten wurden die Parolen des arabischen Nationalismus und Sozialismus eingeübt. Die Zivilgesellschaft wurde von der Baath-Partei vollständig vereinnahmt – Berufsverbände, Arbeiter- und Bauernvereinigungen, die Frauenunion und verschiedene Jugendorganisationen arbeiteten unter ihrem Banner. Ein System totaler Überwachung ließ den Syrern keine Luft zum Atmen, jeder bespitzelte jeden, auf der Straße, bei der Arbeit und in den Behörden drohte staatliche Willkür. Die Menschen duckten sich weg, machten sich klein und sprachen über Politik nur noch im Flüsterton. Eine allgegenwärtige Angst lähmte ihr Denken und Handeln. Syrien entwickelte sich zum »Assad-Land«. Darauf wiesen entsprechende Schilder schon an der Grenze hin: »Willkommen in Assads Syrien«. Ein Land im Privatbesitz eines mafiaähnlich organisierten Clans mit einem gewieften und unnachgiebigen Präsidenten an der Spitze, der alle Fäden fest in der Hand hielt und für den nur eines zählte: Loyalität. Sie war und ist bis heute das wichtigste Prinzip der Assad'schen Herrschaft.

In der Praxis wurde daraus Totalitarismus. Wer Assads Macht bedingungslos stützte, wurde belohnt – mit politischen Ämtern, militärischen Führungspositionen, wirtschaftlichen Freiheiten, geschäftlichen Deals. Und das unabhängig von konfessioneller Zugehörigkeit. Zum engsten Führungskreis zählten neben Alawiten auch Sunniten und Christen. Wer wie die Mehrheit der Syrer Assads Herrschaftsanspruch akzeptierte und sich damit arrangierte, konnte ein zwar unfreies, aber geordnetes Leben führen. Die städtische Mittelschicht fand Beschäftigung in einem überdimensionierten Verwaltungsapparat, das Leben auf dem Land verbesserte sich, weil Straßen, Schulen, Strom- und Wasserversorgung ausgebaut und landwirtschaftliche Flächen neu verteilt wurden. Wer jedoch die Führung Assads grundsätzlich infrage stellte, wurde verfolgt, verhaftet und mundtot gemacht – egal ob Kommunist oder Liberaler, Sunnit, Alawit oder Christ, säkularer Aktivist oder Islamist, Araber oder Kurde.

Unter Syriens politischen Gefangenen, Revolutionären und Oppositionellen finden sich deshalb auch heute Vertreter aller Gesellschaftsgruppen. Sie verbindet jedoch nur eines: die Gegnerschaft zum Regime. Wenn Bashar al-Assad in der aktuellen Krise vorschlägt, »loyale Oppositionelle« an seiner Regierung zu beteiligen – also Kritiker, die seine Herrschaft im Kern nicht anzweifeln – bringt er die Maxime seiner Macht auf den Punkt: Es geht um Loyalität, nichts anderes.

Doch zurück zu seinem Vater. Ende der 1990er-Jahre drohte Syrien den Anschluss an die Moderne zu verpassen. Zehn Jahre nach dem Zusammenbruch der Sowjetunion hielt Hafiz al-Assad am real existierenden Sozialismus fest (neben Kuba, Nordkorea und China). Händler und Kleinunternehmer kämpften mit umfassenden Ein- und Ausfuhrbeschränkungen, ohne Satellitenfernsehen und Internet lebten die meisten Syrer abgeschottet von der Welt und hatten nur eine vage Ahnung davon, wie es in Europa oder anderswo aussah. Als Assad senior im Juni 2000 starb, war vom Ende einer

Ära die Rede. Sohn Bashar, damals 34 Jahre alt, weckte mit seiner zurückhaltenden Art und seiner Begeisterung für Computer und Internet die Hoffnung, dass sich Syrien unter seiner Führung öffnen würde. Bald zeigte sich jedoch, dass sich Bashars Veränderungswille auf die Wirtschaft beschränkte und dass das Erbe seines Vaters noch lange nachwirken würde.

Wirtschaftliche Öffnung und politische Denkverbote – Bashars erstes Jahrzehnt

Die Machtübergabe vom Vater an den Sohn vollzog sich im Sommer 2000 reibungslos, Syrien wurde gewissermaßen zur »monarchischen Republik«. Bashar war in entscheidende Bereiche (Militär, Libanonpolitik) eingearbeitet, hatte mit Anti-Korruptions-Kampagnen und der Gründung der Syrian Computer Society von sich reden gemacht und war umgeben von wohlmeinenden Gefährten seines Vaters. All diejenigen, die ihm hätten gefährlich werden können, waren rechtzeitig beseitigt worden.

Aufbruchsstimmung erfasste das Land. Intellektuelle, Oppositionelle und politisch Interessierte fühlten sich ermutigt, die Zukunft des Landes mitzugestalten, und gründeten Debattierclubs. Dort stritt man über Ideologien, politische Konzepte und Wirtschaftsreformen und testete nebenbei die neuen roten Linien des Regimes. Diese erwiesen sich jedoch als ähnlich restriktiv wie die alten. Bevor aus dem sogenannten Damaszener Frühling eine nationale Bewegung mit einer nicht zu stoppenden Eigendynamik werden konnte, zog das Regime die Notbremse. Private Diskussionsforen wurden verboten, ihre führenden Köpfe verhaftet und der Damaszener Frühling damit im Keim erstickt.

Als ich Ende 2001 von Hamburg nach Damaskus zog, war von Aufbruch nichts mehr zu spüren. Zwar setzten führende Oppositionelle nach wie vor auf einen Dialog mit Bashar al-Assad und hofften, das syrische System könne sich von innen heraus reformieren, aber die Euphorie der Anfangszeit war verflogen und wich wachsender Skepsis und Ernüchterung. Der Umgang des Regimes mit seinen Kritikern ließ in den folgenden Jahren keinen Zweifel daran, dass grundlegende Veränderungen nicht beabsichtigt und Initiativen aus der Zivilgesellschaft unerwünscht waren.

Mehrfach trafen sich Oppositionelle, Anwälte, Angehörige von politischen Gefangenen und Journalisten an öffentlichen Orten im Stadtzentrum von Damaskus, um für Menschenrechte zu demonstrieren und die Freilassung von inhaftierten Mitstreitern zu fordern. Anlässe waren der Jahrestag der Verhängung des Ausnahmezustands (8. März 1963) oder der Internationale Tag der Menschenrechte (10. Dezember). Ich ging dorthin, um zu beobachten was passierte – mit einem mulmigen Gefühl, aber ohne Angst, denn als akkreditierte ausländische Journalistin fühlte ich mich sicher. Im schlimmsten Fall würden die Behörden mich ausweisen, dachte ich. Die Demonstranten standen unter dem Generalverdacht, Agenten des Westens und Volksverräter zu sein. Um zu zeigen, wie national sie eingestellt waren, stimmten sie deshalb in kritischen Momenten gerne die syrische Nationalhymne an. Ich hielt Abstand und bewegte mich am Rande, schließlich wollte ich nicht als politische Aktivistin wahrgenommen werden und die Oppositionellen nicht zusätzlich in Gefahr bringen (wegen »Kontakten zu westlichen Journalisten«). Also grüßte ich die mir bekannten Regimekritiker nur von Weitem und erklärte anrückenden Spezialeinheiten oder nervenden Geheimdienstmitarbeitern, ich würde lediglich zuschauen und das sei in der Öffentlichkeit ja wohl erlaubt. Tatsächlich war jeder dieser Mini-Proteste eine logistische Meisterleistung, denn damit sich ein paar Dutzend Regimekritiker vor dem Justizpalast oder Parlament versammeln konnten, mussten sie sich heimlich verabreden und unauffällig dem Treffpunkt nähern, um nicht sofort von Sicherheitsleuten bedrängt, mit Schlagstöcken vertrieben oder abgeführt zu werden.

Meist eskalierte die Lage. Und einmal war ich doch mittendrin. Im März 2005 versammelten sich etwa 50 Oppositionelle zu einem Sitzstreik vor dem Justizpalast. Das Regime schickte statt schwer bewaffneter Soldaten Hunderte »Gegendemonstranten« der Studentenunion der Baath-Partei und mischte bezahlte Schläger darunter. Eine Strategie, die Assad im Laufe der Zeit perfektionierte. Er ließ sich von »syrischen Bürgern« verteidigen, die jedoch von seinen Vertrauten in Partei und Verwaltung generalstabsmäßig ausgewählt, organisiert und angeleitet wurden. Für gezielte Provokationen und eine beabsichtigte Eskalation – vor allem bei Zusammenstößen mit kurdischen Aktivisten – wurden gewalttätige Agenten angeheuert.

Mit diesen bekam auch ich damals zu tun: Die aufgebrachte Menge beschimpfte die Oppositionellen als Verräter und trieb sie ein paar Straßen weiter zum Marje-Platz (wo Syriens Freiheitskämpfer 1946 den Sieg über die französischen Besatzer gefeiert hatten). Dort wurden einige Assad-Kritiker angegriffen und verprügelt. Unbeirrt führte ich mit meinem Aufnahmegerät Radiointerviews, bis die Menge um uns herum immer aggressiver wurde. Ich erklärte den Gegendemonstranten, auch mit ihnen reden zu wollen, da riss mir ein Mann plötzlich das Mikrofon aus der Hand und warf meinen Rekorder auf den Boden. Als ich mich bückte, fiel mein Handy aus der Tasche, ein anderer Mann schnappte es und rannte davon. In dieser Sekunde waren meine gesamten Kontakte nicht nur verloren, sondern auch beim Geheimdienst. Der offizielle Vertreter der Studentenunion entschuldigte sich bei mir für den Übergriff und erwirkte eine finanzielle Entschädigung für mein zerstörtes Arbeitsgerät. Aber ich hatte meine Lektion gelernt. Wann immer sich das Regime bedroht fühlte, würde es mit perfiden Strategien und ohne Skrupel gegen seine Feinde vorgehen.

Zweierlei sollte die inländische Opposition unter Bashar in jedem Fall unterlassen: Kontakte zum westlichen Ausland (auch zu Syrien-kritischen Politikern und Journalisten im Libanon) und eine Annäherung an Vertreter eines politischen Islam. Solange ein paar Intellektuelle untereinander diskutierten, ließ man sie gewähren. Aber wer den Schulterschluss mit verschiedenen anderen Regimegegnern wagte und sich öffentlich zu Wort meldete, bekam Ärger.

Jeder Versuch, ein breiteres Bündnis aus Linken und Liberalen, Konservativen und Kommunisten, arabischen Nationalisten und Kurden, Säkularen und Islamisten zu schließen und als Opposition sichtbar zu werden, scheiterte an der Repression des Regimes. Mit Bespitzelung und Verfolgung, Verhaftungen, Misshandlungen und

Folter, erzwungenen Geständnissen, Schauprozessen und Ausreiseverboten verhinderte Assad jahrelang das Entstehen einer nationalen oppositionellen Bewegung.

Dabei formulierten die Kritiker des Regimes stets die gleichen Forderungen (zuletzt im Oktober 2005 in der *Damaszener Erklärung für Demokratischen Nationalen Wandel*): die Aufhebung des Ausnahmezustands (der Verfassung und Gesetze aushebelte und juristische Willkür ermöglichte) und ein neues Parteiengesetz. Die Vormachtstellung der Baath-Partei sollte einem Mehrparteiensystem weichen, um politische Teilhabe zu ermöglichen. Rechtsstaatlichkeit und die Anwendung bestehender Gesetze sollten die staatliche Willkür beenden und an die Stelle von Korruption und Vetternwirtschaft sollten Transparenz und soziale Gerechtigkeit treten. Viele Oppositionelle und Intellektuelle, die ich im Laufe der Jahre für meine Reportagen und Features interviewt habe, zahlten einen hohen Preis für ihr mutiges Engagement und ihre kompromisslose Haltung. Ob kritische Vordenker wie Michel Kilo und Yassin al-Haj Saleh, ob die Rechtsanwältin und Menschenrechtsaktivistin Razan Zaitouneh und ihre Kollegen Anwar al-Bunni, Khalil Maatouk und Haitham al-Maleh, ob Politiker wie Riad Turk, Riad Seif, George Sabra und Suheir al-Atassi, ob Kurdenführer wie Mashaal Tammo und Mohammed Mashuq Khaznawi oder Autoren und Aktivisten wie Mazen Darwish, Ali al-Abdallah und Habib Saleh – sie durften jahrelang nicht ausreisen, wurden Tag und Nacht überwacht oder vom Geheimdienst verfolgt, einige wurden verhaftet, gefoltert und für Jahre ins Gefängnis gesperrt, manche sind tot oder verschwunden.

Aus der inländischen, säkular orientierten Opposition erwuchs deshalb auch unter Bashar keine ernsthafte Bedrohung für das Regime. Die mehrheitlich älteren Herren versäumten es, die Jugend für ihren demokratischen Kampf zu gewinnen (über die Hälfte der Syrer ist jünger als 25) und die drängenden wirtschaftlichen Fragen in den Vordergrund ihrer Arbeit zu stellen. Mit ihren politischen Forderungen ließen sich keine Massen mobilisieren und so blieben Assads Kritiker unter sich.

Von der Revolution im Frühjahr 2011 wurden die meisten der etablierten Oppositionellen überrascht. Ungläubig und voller Hochachtung vor dem Mut der Demonstranten verfolgten sie, wie die syrische Gesellschaft aus ihrer Angststarre erwachte und sich gegen das Regime erhob. Auf unterschiedliche Weise beteiligten sich die Dissidenten daraufhin an der Revolution, wobei die meisten früher oder später ins Exil fliehen mussten. Manche arbeiteten am Aufbau lokaler Komitees mit, andere gründeten im Ausland oppositionelle Vertretungen oder kommentieren als unabhängige Intellektuelle die Entwicklungen im Land. Sie, die das Herrschaftssystem der Assads jahrzehntelang kennengelernt und kritisiert hatten, ahnten, wie blutig ein Machtkampf in Syrien werden würde. Und sie sollten recht behalten.

Bis 2011 fühlte sich das Regime im Inneren von zwei anderen Gruppen bedroht: den Kurden und den Islamisten. Beide nutzte Damaskus über Jahre als außenpolitische Trümpfe gegenüber seinen Feinden in Ankara und Bagdad. Kurdische Politiker, die in der Türkei und im Irak verfolgt wurden, fanden in Syrien sichere Rückzugsräume (Abdullah Öcalan, Führer der Arbeiterpartei Kurdistans, PKK, etwa lebte bis 1998 in Damaskus). Und radikale Islamisten, die sich ab 2004 im Irak formierten, konnten über Syrien ungehindert ihren Nachschub organisieren. Sobald jedoch die syrischen Kurden ihren Unmut äußerten oder Islamisten innerhalb Syriens aktiv wurden, läuteten beim Assad-Regime die Alarmglocken.

Die knapp zweieinhalb Millionen Kurden des Landes wurden unter dem radikalen arabischen Nationalismus der Assads von Anfang an unterdrückt. Sie durften weder Kurdisch unterrichten noch kurdische Texte verfassen. Wer sich als Kurde politisch oder kulturell engagierte, wurde verfolgt. Bei einer Volkszählung 1962 entzog die Regierung 120.000 Kurden die syrische Nationalität und machte sie und ihre Nachkommen dadurch zu Staatenlosen. Zwei Generationen später waren es etwa 300.000 Kurden, die deshalb unter massiver Diskriminierung litten. Sie durften nicht studieren, nicht wählen, nicht reisen, kein Land erwerben, nicht für den Staat arbeiten und kein Gewerbe anmelden. Doch auch Kurden, die syrische Staatsbürger waren, kämpften mit einem institutionalisierten Rassismus. Die kurdisch geprägten Gebiete im Nordosten des Landes wurden durch die Ansiedlung von Arabern und Umbenennung von

Dörfern zwangsarabisiert. In überwiegend von Kurden bewohnten Städten und Orten stellte der Staat bevorzugt Araber ein – ob in der Verwaltung oder im Sicherheitsapparat, ob als Lehrer oder in der Ölindustrie.

Als es 2004 im Zuge eines Fußballspiels in der nordsyrischen Stadt Qamishli zu Ausschreitungen zwischen kurdischen und arabischen Fans kam, demonstrierten innerhalb von Tagen mehrere Tausend Kurden in verschiedenen Städten des Landes. Die Proteste waren nicht politisch organisiert, sondern eher spontane Wutausbrüche einer frustrierten und benachteiligten Gesellschaftsgruppe – und insofern ein Vorgeschmack auf die Ereignisse sieben Jahre später. Damals zeigte sich, dass die Kurden die am schnellsten zu mobilisierende Bevölkerungsgruppe waren. 2011 unternahm Bashar deshalb alles, um zu verhindern, dass sich die Kurden mit ihrem ganzen Gewicht der Revolution anschlossen.

Bei den Islamisten galt es, aus Sicht des Regimes, zweierlei zu verhindern: einen massentauglichen und moderaten politischen Islam und eine Destabilisierung durch islamische Extremisten. Eine wirtschaftsliberale islamische Partei hätte viele konservative Syrer angesprochen. Die syrischen Muslimbrüder, die Anfang der 1980er-Jahre bereits das Regime von Hafiz al-Assad herausgefordert hatten und dafür fast vollständig zerschlagen und vertrieben wurden, waren deshalb weiterhin verboten, Mitgliedern drohte die Todesstrafe.

Die extremistische Gefahr schien deshalb realer, denn ab 2004 richteten sich dschihadistische Kräfte in der Region ein. Im Zuge der US-Besatzung wurde der benachbarte Irak zum Sammelbecken von Salafisten aus aller Welt. Obwohl ihnen das Regime in Damaskus freie Durchreise gewährte und Versorgungswege eröffnete, duldete es Aktivitäten auf syrischem Boden nur, solange diese unter der Kontrolle der eigenen Geheimdienste stattfanden. Die meisten politischen Gefangenen waren in Syrien deshalb Islamisten – neben religiösen Fundamentalisten und al-Qaida-Sympathisanten auch Menschen, die lediglich zum falschen Zeitpunkt in der falschen Moschee gebetet hatten.

Für die Mehrheit der Syrer waren es jedoch nicht politische, sondern wirtschaftliche Gründe, die Bashar al-Assad vom Hoffnungsträger zu einer Enttäuschung werden ließen. Die an ihn gestellten Erwartungen wurden enttäuscht, während der Westen einem Missverständnis aufsaß: Bashar wollte Syrien nicht reformieren, er wollte das Land lediglich modernisieren. Die Syrer sollten mit EC-Karten und Handys umgehen können, ihr Geld in Syrien investieren und vermehren, um den Konsum anzukurbeln und dank Internet und Satellitenfernsehen wissen, was in der Welt passiert (soweit es ihnen die Regierung erlaubte, denn der Internetzugang wurde staatlich kontrolliert, viele Seiten waren gesperrt und private Medien mussten sich in grundsätzlichen Fragen an die offiziellen Linien der Berichterstattung halten). Bashar öffnete das Land wirtschaftlich, das offiziell formulierte Ziel einer sozialen Marktwirtschaft entwickelte sich allerdings in eine unsoziale neoliberale Richtung. Private Banken wurden zugelassen, Handelsströme liberalisiert, Staatsbetriebe privatisiert, ausländische Investitionen erleichtert und staatliche Subventionen abgebaut. Die syrische Gesellschaft zerfiel in Gewinner und Verlierer. Geschäftsleute und Unternehmer profitierten von den neuen Chancen, verdienten gut und wurden noch reicher. Beamte und Angestellte, die bis dahin finanziell gut klargekommen waren, mussten sich wegen der steigenden Lebenshaltungskosten zusätzliche Nebenjobs suchen. Und wer schon vorher wenig hatte – als Arbeiter, Bauer, Kleinunternehmer, Handwerker oder Tagelöhner – kämpfte um die schiere Existenz und für die Zukunft seiner Kinder.

Auf dem Land verschärfte eine mehrjährige Dürre zwischen 2006 und 2011 die Lage zusätzlich. Eine Landflucht setzte ein, Hunderttausende zogen in die Stadt. Dort hofften sie auf Arbeit und ein besseres Leben, fanden sich jedoch im Elend informeller Siedlungen wieder, die im Umland von Damaskus und anderer großer Städte entstanden. Die Schere zwischen Arm und Reich öffnete sich – in einem Land, das seit über 40 Jahren mit sozialistischer Planwirtschaft dafür gesorgt hatte, dass es allen Bewohnern in etwa gleich gut oder gleich schlecht ging.

Es sind diese Verlierer der Bashar-Ära, die im Frühjahr 2011 den Mut haben, auf die Straße zu gehen. Weil sie nichts mehr zu verlieren, sondern nur einiges zurückzugewinnen haben, allen voran ein Leben in Würde.

Außenpolitischer Druck,
Zusammenhalt im Innern

Dass aus der Unzufriedenheit der Unterprivilegierten nicht schon
früher öffentlicher Widerstand erwuchs, hat vor allem mit Syriens
außenpolitischer Lage zu tun. Unter US-Präsident George W.
Bush landete Damaskus 2002 auf der amerikanischen »Achse des Bösen«.
Nach dem Mordanschlag auf den ehemaligen libanesischen Minis-
terpräsidenten Rafiq al-Hariri 2005 wurde Bashar auch für die Europäer zur Persona non grata.

Geostrategisch saßen die Machthaber in Damaskus zunehmend
in der Klemme: Im Osten die Amerikaner als Besatzer im Irak, von
denen manche meinten, man sollte das syrische Regime nach dem
Sturz von Saddam Hussein gleich mitbeseitigen. Im Westen der sich
emanzipierende Libanon, den die Syrer nach fast 40 Jahren Ein-
flussnahme und Besatzung 2005 verlassen mussten. Und im Süd-
westen das hochgerüstete Israel, das seit 1967 völkerrechtswidrig
den syrischen Golan besetzt hält und mit seiner Strategie der geziel-
ten Tötung politischer Feinde und dem Sommerkrieg im Libanon
2006 Ängste und Wut unter den Syrern förderte.

Je größer die Bedrohung von außen, desto enger rückten die Syrer
im Inneren zusammen. Wer dem Regime aus innenpolitischen und
wirtschaftlichen Gründen kritisch gegenüberstand, stellte sich zumindest hinter den Präsidenten. Denn Bashar galt als derjenige, der
die positiven Veränderungen im Land herbeigeführt hatte, während
alles, was schlecht lief, auf das Konto des Regimes ging – so die
Wahrnehmung der meisten Syrer. Sie machten die alte Garde in der
Partei, im Militär und Sicherheitsapparat verantwortlich für die erwähnten Missstände, sodass sich Bashar lange Zeit als moderner und
volksnaher Staatsmann inszenieren konnte.

Tatsächlich sind Institutionen und Präsident in Syrien jedoch
nicht voneinander zu trennen. Bashars Macht basiert auf den gleichen drei Säulen, auf denen sein Vater sie einst errichtet hat: dem
Militär, den Geheimdiensten und der Baath-Partei. Weil sie von
den Assads über Jahrzehnte als loyale Stützen der eigenen Herrschaft etabliert wurden, fungieren sie in der aktuellen Krise als per-

sönliche Machterhaltungsinstrumente Bashars. Weder das Militär (wie in Ägypten) noch die Polizei (wie in Tunesien) oder die Geheimdienste sind in Syrien so unabhängig und einflussreich, dass sie den Präsidenten absetzen könnten, um Protesten den Wind aus den Segeln zu nehmen. Sie dienen allein dem Herrschaftsanspruch Assads. Auch deshalb ist der syrische Präsident noch immer im Amt.

Bis zum Ende seiner ersten Amtszeit 2007 hatte sich Bashars Selbstdarstellung weit über Syriens Landesgrenzen hinaus etabliert. Er galt als letzter Vorkämpfer der arabischen Nation. In den Augen vieler einfacher Bürger – von Marokko über Ägypten bis in den Irak – war er der einzige Herrscher, der westlichen Hegemonialbestrebungen etwas entgegensetzte und das vertrat, was auf arabischen Straßen gedacht wurde. Während andere Staatschefs wie Ägyptens Hosni Mubarak, Tunesiens Zine el-Abidine Ben Ali und die jungen Könige in Marokko und Jordanien als korrumpierte Vasallen der Amerikaner und Europäer galten, führte Bashar den Widerstand gegen den imperialen Westen an – so schien es. In Wahrheit waren es nichts als leere Floskeln, mit denen Assad den arabischen Nationalismus und den Widerstand gegen Israel beschwor, während seine Außenpolitik durch und durch pragmatisch und opportunistisch war. Das Regime redete, handelte und kooperierte mit jedem, der den eigenen Interessen dienlich war.

Am Vorabend der arabischen Aufstände hatte Bashar das Land gespalten. Während sein Vater es verstanden hatte, über konfessionelle, soziale und wirtschaftliche Grenzen hinweg eine Unterstützerbasis zu gewinnen und Menschen an sich zu binden, hatte Bashar mit dem neoliberalen Kurs, seiner politischen Kompromisslosigkeit und der staatlichen Unterdrückung entscheidende Gesellschaftsgruppen abgehängt, verloren und gegen sich aufgebracht. Standen zu Hafiz' Zeiten zumindest Teile der Arbeiter und Bauern, Beamten und Angestellten, Mittel- und Unterschicht hinter seiner Führung, hatten genau diese Syrer nach zehn Jahren Bashar die Hoffnung auf Besserung verloren. Mehr noch: Es ging ihnen zunehmend schlechter. Sie mussten zusehen, wie eine korrupte Elite ihr Geld nun auch in Damaskus ausgeben konnte – für Designermode, teures Essen,

Luxusautos und die neuesten Smartphones – während die eigene Familie kaum über die Runden kam.

Der jahrzehntealte Gesellschaftsvertrag in Syrien – politische Unfreiheit gegen eine gesicherte Existenz – war somit außer Kraft. Das Regime verlangte nach wie vor Loyalität und Unterordnung, ohne im Gegenzug etwas dafür zu bieten. Aber warum sollten Syrer, deren Alltag ein einziger Überlebenskampf geworden war, weiterhin staatliche Willkür, Korruption und tägliche Erniedrigungen ertragen? Bashar selbst hatte den Boden für gesellschaftlichen Unfrieden bereitet.

Von der Revolution zum Stellvertreterkrieg

Anfang 2011 begann in der arabischen Welt ein historischer Umwälzungsprozess, der Jahrzehnte andauern wird und – wie wir sehen – mit Fortschritten und Rückschlägen einhergeht. So wie sich gesellschaftliche Umbrüche schon immer und überall innerhalb von Generationen vollzogen und nicht binnen weniger Jahre oder gar Monaten (weswegen der Begriff »Arabischer Frühling« irreführend ist). In Europa etwa dauerte es 200 Jahre von den Ideen der Aufklärung bis zur gesetzlichen Gleichberechtigung aller Gesellschaftsmitglieder – darauf komme ich im Verlauf des Buches noch zu sprechen.

Die Tatsache, dass das Assad-Regime auch Jahre nach dem Ausbruch der Revolution noch an der Macht ist, bedeutet also nicht, dass diese bereits gescheitert ist oder besser gar nicht begonnen hätte. Hunderttausende Syrer sind tot, Millionen vertrieben – nicht wegen der Revolution, sondern wegen Assads Reaktion darauf. Systematisch Menschen zu massakrieren, um sich am Ende als einzig wahre Alternative zu präsentieren, funktioniert nicht. Genauso wenig wie einen Krieg gegen die Zivilbevölkerung zu beginnen und sich dieser dann als Schutzpatron und Friedensstifter anzudienen. Nein, Assads Überlebenskampf um jeden Preis zeigt nur, wie notwendig der Aufstand gegen seine Herrschaft war und immer noch ist. Denn Totalitarismus kann keine echte Stabilität hervorbringen, er lebt von der Unterdrückung der Menschen und wird deshalb zwangsläufig irgendwann Widerstand auslösen.

In Tunesien und Ägypten, im Jemen, in Bahrain, Libyen, Syrien und anderswo war dieser Moment 2011 gekommen. Jahrzehntelang hatten kleptokratische pseudo-säkulare Herrscher die Länder wirtschaftlich ausgebeutet, ihre Bürger erniedrigt, sich mit Hilfe von Militär, Geheimdiensten und Polizei an der Macht gehalten und die Jugend chancen- und perspektivlos gelassen. Das Fass war voll, deshalb reichten einzelne Tropfen, um es zum Überlaufen zu bringen.

In Tunesien zündete sich ein junger Gemüsehändler an, in Ägypten verabredeten sich zivilgesellschaftliche Gruppen in den sozialen Medien zum Demonstrieren – Massenproteste waren die Folge, die innerhalb von Tagen beziehungsweise Wochen die verhassten Despoten Ben Ali und Mubarak stürzten. Das motivierte auch Syrer. Am 28. Januar 2011 übergoss sich Hasan Ali Akleh in der nordöstlichen Stadt al-Hasaka mit Benzin und zündete sich an. Für Anfang Februar riefen Aktivisten auf Facebook und Twitter zu »Tagen des Zorns« auf – doch große Demonstrationen blieben aus. Syrien, das »Königreich des Schweigens«, hielt den Atem an, so kam es mir vor, als ich im Februar 2011 zu Besuch in Damaskus war. Alles war möglich, aber die Zeit schien noch nicht reif für einen Aufstand.

Kleinere, eher spontane Proteste in der Altstadt von Damaskus, vor einzelnen Botschaften zur Unterstützung der Demonstranten in Ägypten und Libyen oder vor dem Innenministerium, wo am 16. März 2011 etwa 200 Oppositionelle und Angehörige die Freilassung von politischen Gefangenen forderten (die zum Teil in den Hungerstreik getreten waren), konnte das Regime mit den bewährten Methoden – Schlagstöcke, Verhaftungen, Assad-treue Gegendemonstranten – auseinandertreiben. Der Tropfen, den das volle Fass in Syrien brauchte, fiel woanders: in der südsyrischen Stadt Daraa. Dort ist Anfang 2011 vieles so wie anderswo in Syrien. Daraa, Hauptstadt der gleichnamigen Provinz, hat 80.000 Einwohner, die überwiegend konservativ und traditionell eingestellt sind. Viele leben von der Landwirtschaft, entsprechend leiden sie unter der erwähnten Dürre und einer ausufernden Bürokratie. Die Geheimdienste gängeln Bauern und Geschäftsleute, indem sie Saatgut und Genehmigungen nur gegen Schmiergelder verteilen, und bereichern sich schamlos. Verantwortlich für Korruption und Willkür ist Geheimdienstchef Atef Najib, Assads Cousin und Statthalter im Süden. Arrogant und skrupellos geht er im März 2011 den entscheidenden Schritt zu weit.

Angeregt durch die Umbrüche in Tunesien und Ägypten malen Schulkinder regimekritische Parolen an die Mauern ihrer Schule, werden verhaftet und gefoltert. Die Familien gehen zu Najib, um die Freilassung ihrer Kinder zu fordern – vergeblich. »Vergesst diese Kinder, geht nach Hause und macht neue, und wenn ihr Hilfe braucht, schickt uns eure Frauen«, soll der gesagt haben. Zu viel der Erniedrigung. Am 18. März tragen Hunderte Bewohner von Daraa ihre über Jahre angestaute Wut auf die Straße.

Das Regime reagiert mit Gewalt. Vier Demonstranten werden erschossen, ihr Beerdigungszug wird zum nächsten Protestmarsch, in den folgenden Wochen solidarisieren sich Städte und Dörfer in ganz Syrien mit dem Widerstand: Hama und Homs, Sarakeb, Jableh und Baniyas an der Küste, Amuda im Norden, al-Raqqa und Deir al-Zor im Osten. Auch im Umland von Damaskus und Aleppo ertönen Protestrufe zur Unterstützung von Daraa. Die Bewegung umfasst alle Konfessionen und Ethnien, sie kennt keine sozialen und religiösen Unterschiede – Junge und Alte, Frauen und Männer, Muslime, Christen und Alawiten, Araber und Kurden marschieren zusammen. Sie rufen »Das syrische Volk ist eines« und »Friedlich, friedlich«. Auf den von Assad-Anhängern gebrauchten Slogan »Gott, Syrien, Bashar und sonst nichts« antworten sie mit »Gott, Syrien, Freiheit und sonst nichts«.

Einzelne Aktivisten, die sich untereinander schon kennen (durch kleinere Aktionen in Damaskus oder gemeinsame Haftzeiten), organisieren in ihren Heimatorten den lokalen Widerstand. Unter der Leitung der Menschenrechtsanwältin Razan Zaitouneh gründen sie die Lokalen Koordinationskomitees (Local Coordination Committees oder LCCs), denen sich immer mehr Gruppen anschließen. Die syrische Revolution wird zu einem Flickenteppich des Widerstandes, getragen von überwiegend jungen Aktivisten unterschiedlicher sozialer Herkunft, die sich zunehmend vernetzen und absprechen. Wichtigster Protesttag ist der Freitag (der Beginn des syrischen Wochenendes), weil das Freitagsgebet in den Moscheen die einzige Möglichkeit zur Versammlung bietet und deshalb als Ausgangspunkt für Proteste genutzt wird. Die Demonstrationen stehen Woche für Woche unter einem Motto – bis heute hat jeder Freitag in Syrien einen Namen. Diese zeigen meist deutlich, worum es den Demonstranten geht, und entwickeln sich im Laufe der Zeit zu politischen Statements und Botschaften des zivilen Widerstandes.

Die ersten beiden Freitage (am 18. und 25. März 2011) heißen jeweils »Freitag der Würde«, denn genau darum geht es den Demonstranten anfangs: Veränderungen und Reformen, die ihnen ein Leben in Würde erlauben, also ohne Angst und wirtschaftliche Sorgen. Es folgen Freitage »der Wut«, »des Widerstands«, der »Freien Frauen« und immer wieder Slogans, die sich an bestimmte Gesellschaftsgruppen richten. Einmal wird unter dem Motto *Azadi*, dem kurdischen Wort für Freiheit, demonstriert, ein anderer Freitag ist nach einem alawitischen Helden benannt, der Karfreitag 2012 heißt »Eine Revolution für alle Syrer«. Daneben gibt es politische Parolen, die sich mal an die eigenen Landsleute richten (»Nein zum Dialog«, »Einheit der Opposition«, »Recht zur Selbstverteidigung« oder »Gefangene der Revolution«), mal an die internationale Gemeinschaft (»Euer Schweigen tötet uns«, »Flugverbotszone«, »Syrer sterben an euren roten Linien«, »Die Lösung liegt in Den Haag, nicht in Genf«, »Wir brauchen Waffen, keine Erklärungen«). Die Motti sind zwar nicht repräsentativ und zum Teil durchaus umstritten, werden aber immerhin in Online-Abstimmungen ausgewählt und bilden Themen und Stimmungen ab, die den zivilen Widerstand beschäftigen.

Auf diese friedliche und breite gesellschaftliche Protestbewegung reagiert das Regime mit einer Dreifach-Strategie: Brutale Gewalt gegen jeden, der mitmacht, gezielte Diskreditierung und Unterwanderung der Bewegung und scheinbare Reformen in Kombination mit leeren Versprechungen. Assads Gewalt ist vielfältig. Demonstrationen werden von Scharfschützen beschossen, das Militär rückt mit Panzern in Gebiete ein, die als Zentren des Widerstandes gelten, verschleppt Verletzte aus Krankenhäusern und sucht nach Anführern und Oppositionellen. Soldaten und Milizionäre gehen von Haus zu Haus, beschimpfen, verhaften und misshandeln Anwohner. Ist ein Gesuchter rechtzeitig untergetaucht, nehmen sie stattdessen einen Bruder mit oder vergewaltigen eine Tochter vor den Augen der Familie. Vor größeren Militäroffensiven werden gezielt Strom- und Telefonleitungen der jeweiligen Stadt gekappt, damit keine Informationen nach außen dringen.

Verfolgt werden alle, die sich am Aufstand beteiligen – das sind bis zum Sommer 2011 ausschließlich und danach überwiegend Zivilisten: Menschen, die Plakate malen, Proteste organisieren, Medikamente schmuggeln, Demonstrationen filmen, Aktivisten verstecken, Verletzte versorgen, Revolutionslieder komponieren und Sprechchöre anführen. Wer verhaftet wird, muss Schreckliches erleiden. Die von ehemaligen Gefangenen geschilderten Folterpraktiken des Regimes sind in Berichten internationaler Organisationen, Interviews und Büchern nachzulesen und menschlich kaum fassbar.[1] Häftlinge werden an den Füßen aufgehängt und mit Kabeln geschlagen, an waagrechten Stangen befestigt, gedreht und mit Knüppeln verprügelt, sie werden gegen die Wand geschmettert, mit Wasser übergossen und unter Strom gesetzt, auf den sogenannten »deutschen Stuhl« geschnallt, der den Körper überdehnt, bis die Wirbelsäule bricht. Ihre Haut wird mit Zigaretten versengt, mit Nagelbürsten blutig gekratzt, mit Rasierklingen zerschnitten. Finger- und Zehennägel werden ausgerissen und verschiedene Körperteile, darunter Genitalien, mit Elektroschocks misshandelt. Jeden Tag sterben in den Haftzentren des Regimes sieben Gefangene unter Folter, zwischen März 2011 und Juni 2016 dokumentierte das Syrische Netzwerk für Menschenrechte (SNHR) 12.679 Todesfälle dieser Art.[2]

Trotzdem geben die meisten Folteropfer an, das Schlimmste sei nicht das körperliche Martyrium gewesen, sondern die psychologische Folter – Schlafentzug, andauernde Foltergeräusche, Scheinhinrichtungen und das Zusehen wie Mitinsassen sterben, wie der eigene Bruder, Vater oder Sohn gequält, die Schwester oder Tochter vergewaltigt wird.

Hinzu kommen die Haftbedingungen. Die Zellen sind so überfüllt, dass Gefangene sich nicht hinsetzen oder -legen können, sondern aufrecht stehen müssen. Das Essen ist nicht ausreichend, das Trinkwasser verschmutzt, Toiletten sind kaum vorhanden oder in katastrophalem Zustand, Infektionskrankheiten breiten sich aus. Medikamente gibt es nicht, Krankheiten und Verletzungen werden nicht medizinisch behandelt, sodass Häftlinge einen langsamen, grausamen Tod sterben. Ermittler der Vereinten Nationen werfen dem Assad-Regime in diesem Zusammenhang die »Vernichtung der Zivilbevölkerung« vor.[3]

Mit der systematischen Folter in seinen Haft- und Verhörzentren will das Regime nicht nur seine Feinde bestrafen und ausschalten, sondern auch deren Umfeld einschüchtern und abschrecken. Beides klappt jedoch nicht. Nach ihren Erlebnissen im Gefängnis sind syrische Aktivisten in der Regel motivierter denn je – einige schließen sich dem bewaffneten Widerstand an. Freunde und Verwandte, die mitbekommen, was in Assads Kerkern passiert, wenden sich vom Regime ab. Gewarnt vom Geheimdienst, verlassen viele ehemalige Häftlinge das Land, weil sie davon ausgehen, dass sie eine weitere Verhaftung nicht überleben würden.

Assad weiß, dass seine Folter- und Gewaltmaschinerie nur funktioniert, wenn sie mit entsprechender Propaganda angeheizt wird. Der Gegner muss entmenschlicht werden, er stilisiert ihn zum abstrakten Todfeind, der eine unmittelbare Bedrohung darstellt und deshalb liquidiert werden muss. In seiner ersten Rede nach Ausbruch der Proteste am 30. März 2011 vor dem Parlament spricht er von einer ausländischen Verschwörung und ihren Agenten, von Verrätern, Terroristen und Feinden Syriens, die das Land destabilisieren wollten. Keine Entschuldigung für die Toten, kein Wort der Versöhnung, stattdessen albernes Kichern des Präsidenten und peinliche Zwischenrufe von hysterischen Abgeordneten. Bashar weigert sich, die Realität im Land anzuerkennen, und entwirft von Anfang an ein Gegen-Szenario, in dem er Syrien vor dem Terror rettet. Sein oberstes Ziel wird es, dieses Narrativ wahr werden zu lassen und so viele Menschen wie möglich – innerhalb und außerhalb Syriens – davon zu überzeugen.

Zunächst erntet er allerdings Spott. Mit absurden Äußerungen und grotesken Inszenierungen machen sich Regimevertreter und staatliche Medien lächerlich – die sozialen Netzwerke sind voller Parodien auf die peinlichen Lügengeschichten der Loyalisten. Assad selbst verliert mit dieser Rhetorik viele, die zunächst an ihn geglaubt und sich im Umgang mit den Protesten eine versöhnliche Reaktion und echte politische Reformen erhofft hatten – vor allem Vertreter der Mittelschicht, die in der Privatwirtschaft gut verdienen und deshalb kein Interesse an einem Aufstand haben.

Mittelfristig geht Assads Rechnung jedoch auf. Es gelingt ihm, den Verlauf der Ereignisse in seinem Sinne zu beeinflussen. Die friedliche Revolution militarisiert sich, der bewaffnete Aufstand radikalisiert sich und wird schließlich von Islamisten und ausländischen Dschihadisten dominiert. Verstärkt wird diese Entwicklung durch die Unfähigkeit der internationalen Gemeinschaft, eine einheitliche Antwort auf den Syrien-Konflikt zu finden, und die daraus folgende Strategie ausländischer Staaten und Akteure, sich zur Wahrung eigener Interessen direkt in Syrien einzumischen: der Iran, die libanesische Hisbollah und Russland auf Seiten des Regimes, Saudi-Arabien, die Türkei und Qatar als Sponsoren islamistischer Brigaden und Parteien, und der Westen mit viel Rhetorik und wenig tatsächlicher Hilfestellung für gemäßigte Rebellen und die politischen Oppositionsbündnisse. Wenig Unterstützung finden im Vergleich zivilgesellschaftliche Gruppen und lokale Verwaltungsstrukturen, die für die Menschen vor Ort oft die wichtigste Rolle spielen. So wird aus einem friedlichen Volksaufstand ein regionaler und internationaler Stellvertreterkrieg und ein Krieg gegen den Terror des IS, der den bis heute entscheidenden Grundkonflikt zwischen dem Assad-Regime und Teilen der Bevölkerung überdeckt und in den Hintergrund treten lässt.

Zurück zur Militarisierung: Deserteure der syrischen Armee, die sich weigern, auf ihre Landsleute zu schießen und die fliehen können, bevor sie selbst hingerichtet werden, gründen im Sommer 2011 die Freie Syrische Armee (FSA). Viele der ehemaligen Soldaten kehren in ihre Heimatorte zurück und schließen sich dort mit frustrierten Aktivisten und freiwilligen Kämpfern zu lokalen Brigaden zusammen. Aus dem Flickenteppich des zivilen Widerstandes wird ein Flickenteppich des bewaffneten Widerstandes. Indem das Regime die Proteste lokal mit aller Härte bekämpft, verhindert es eine nationale Dynamik. Das Besetzen öffentlicher Plätze gelingt nur vorübergehend in Städten wie Homs und Hama, der Marsch in die Hauptstadt wird zum unerreichbaren Traum. Die lokalen Komitees sind schon bald mit dem eigenen Überleben und der Versorgung ihrer Kommunen beschäftigt, die jeweiligen Rebellengruppen mit der Abwehr der Regimeangriffe und der Beschaffung von Waffen. Den Demonstranten fehlt eine politische Führung, den Rebellen ein zentrales Kommando. So ist das Assad-Regime seinen Gegnern vor Ort stets überlegen.

Aber es kann nicht überall gleichzeitig sein. Ab Herbst 2011 gelingt es den Oppositionellen, das Regime mancherorts zu vertreiben. Im Verlauf der Jahre 2012 und 2013 gelten immer mehr Gebiete als »befreit« – vor allem das Umland von Damaskus und Gebiete im Nordosten und Süden des Landes. Bilder von Bashar und Statuen seines Vaters werden zerstört und niedergerissen, die Strukturen des Widerstands entwickeln sich zu Lokalen Räten (Local Councils oder LCs), die zum Teil in demokratischen Prozessen gewählt werden und im Laufe der Zeit staatliche Funktionen übernehmen. Es herrscht Aufbruchsstimmung. Anwälte planen den Aufbau eines unabhängigen Justizsystems und einer eigenen Polizei, an Grenzübergängen heißt es nun »Willkommen im freien Syrien«. Aktivisten veranstalten Kulturfestivals, Technokraten ziehen in die Verwaltung ein, Lehrpläne werden umgeschrieben, unabhängige Zeitungen veröffentlicht, Radiosender gegründet. Studierende, Anwälte, Frauen und Journalisten schließen sich zu neuen unabhängigen Unionen und Verbänden zusammen.

Assad reagiert mit noch mehr Gewalt, er erweitert seine Kriegsstrategie. Ab Februar 2012 lässt er Stadtteile und Ortschaften aus der Luft bombardieren und militärisch abriegeln, um Rebellen und Zivilisten auszuhungern und zur Aufgabe zu zwingen. »Verhungert oder ergebt euch« steht an den Eingängen belagerter Stadtteile nahe der Checkpoints. Den Spruch »Assad für immer oder wir brennen das Land nieder« hinterlassen Milizionäre und Soldaten des Regimes an Hauswänden, wenn sie ein Dorf überrannt oder ein paar Straßenzüge zurückerobert haben. Dahinter steckt jedoch mehr als reine Zerstörung. Überall, wo Assad die Kontrolle verliert, werden die Menschen kollektiv bestraft. In den »befreiten« Gebieten soll auf keinen Fall eine Alternative zu seiner Herrschaft entstehen, stattdessen sollen Tod und Verzweiflung herrschen, nichts soll funktionieren, damit die Regimegegner als unfähig, schwach und korrupt dastehen. Assads Raketen zerstören deswegen gezielt die Infrastruktur dieser Gegenden: Krankenhäuser, Schulen, Marktplätze, Bäckereien, Umspannwerke, Getreidesilos, Katasterämter. Unpräzise Fassbomben, die aus Helikoptern über Wohngebieten abgeworfen werden, verbreiten zusätzlich Terror und Panik. Die Videos von den Folgen dieser Angriffe sind das Grausamste, was einen aus Kriegsgebieten erreichen kann. Sie dokumentieren Assads Bombenterror so detailliert, dass sie kaum ihren Weg in westliche Medien finden.

Um an der Macht zu bleiben, muss Bashar Einigkeit verhindern und die Gesellschaft spalten. Er denkt und handelt deshalb von Anfang an in konfessionellen und ethnischen Kategorien, spielt Sunniten, Christen und Alawiten, Araber und Kurden gegeneinander aus. »Divide et impera«, »teile und herrsche« – diese Strategie beherrschen die Assads seit jeher meisterhaft, und sie funktioniert auch dieses Mal. Ihre Geheimdienste provozieren und manipulieren, sie wiegeln auf und begehen im Namen anderer Verbrechen, sie streuen Gerüchte, erfinden Geschichten und säen in der Gesellschaft so viel Hass, dass der Konflikt zunehmend entlang konfessioneller und ethnischer Linien verläuft.

Zum Zweck der Spaltung bedient sich Assad ausgerechnet seiner beiden langjährigen internen Feinde – der Islamisten und der Kurden, die er entsprechend beeinflusst. Islamische Extremisten sollen den Volksaufstand kapern und einen Dschihad daraus machen. Die Kurden sollen sich heraushalten und eigene nationalistische Interessen verfolgen. Dadurch schaden beide Gruppen der Revolution, denn statt ihre Kräfte zu bündeln und gemeinsam den Sturz des Regimes zu betreiben, bekämpfen sich Islamisten und Moderate, Kurden und Araber irgendwann gegenseitig – und Assad ist der lachende Dritte.

Zwischen Frühjahr und Herbst 2011 entlässt das Regime 1.500 Salafisten und al-Qaida-Anhänger aus dem Gefängnis.[4] Sie sollen die Revolution islamisieren und in ein radikales Licht rücken und werden dabei von Geheimdienstmitarbeitern unterstützt, die mit den Radikalen schon im Irak zusammengearbeitet haben. Einige gründen islamistische Brigaden und entwickeln sich in den folgenden Jahren zu einflussreichen Rebellenführern, andere landen bei ausländischen dschihadistischen Gruppen. Mit den Freilassungen infolge mehrerer Amnestien schafft das Regime Platz in seinen

Haftanstalten – saßen dort vor dem Aufstand vor allem Islamisten, Kurden und ein paar linke, säkulare Oppositionelle, werden nun massenhaft Aktivisten, Demonstranten und unbeteiligte Zivilisten eingesperrt.

Während das Regime alle gemäßigten und zivilen Kräfte brutal verfolgt, lässt es die Salafisten bewusst gewähren – sowohl die syrischen als auch die beiden aus dem Ausland nach Syrien drängenden al-Qaida-Ableger: die Nusra-Front, die seit 2012 aktiv ist, und den Islamischen Staat im Irak und in der Levante (ISIS), der sich im Sommer 2013 von al-Qaida lossagt und unter dem Namen Islamischer Staat (IS) ein Kalifat in Teilen des Iraks und Syriens ausruft. Die Dschihadisten sind die Einzigen, die Assad neben sich duldet, denn er braucht sie, um sich als »geringeres Übel« zu präsentieren. Als der IS in die befreiten Gebiete vorrückt, um dort die FSA-Rebellen und den zivilen Widerstand zu bekämpfen und alternative Regierungsstrukturen zu übernehmen, kommt das Assad sehr gelegen. Mancherorts in der Provinz Aleppo lässt sich nachweisen, dass das Regime und der IS ihre Angriffe auf bestimmte Brigaden koordiniert haben – der IS am Boden, Assad aus der Luft. Einheiten der FSA kämpfen deshalb an zwei Fronten: gegen Assad und gegen den IS.[5]

Gleichzeitig schürt Assad konfessionellen Hass. Provokateure der Geheimdienste mischen sich unter die Demonstranten und verbreiten Parolen, die sich gegen Minderheiten richten (zum Beispiel den Spruch »Alawiten ins Grab, Christen nach Beirut«, mit dem die Protestbewegung als radikal sunnitisch diffamiert werden soll). An der Küste rufen alawitische Shabiha-Milizen zu Racheaktionen auf und erzeugen mit Gerüchten gesellschaftlichen Unfrieden, um Sunniten und Alawiten zu spalten. Im Sommer 2012 begehen sie in mehreren Dörfern zwischen Homs und Hama grausame Massaker, die eine wachsende Wut auf die Alawiten insgesamt erzeugen (das bekannteste ist das von al-Hula am 25. Mai 2012, bei dem 108 Bewohner ermordet werden, fast die Hälfte davon Kinder[6]). Die Armee beschießt von christlichen Dörfern aus Stellungen der Rebellen und nutzt christliche Würdenträger als Sprachrohre der eigenen Propaganda. Das Kalkül dahinter ist einfach: Je größer der Hass der Aufständischen auf Alawiten und Christen, desto größer deren

Angst – und die braucht Assad, um sie zu manipulieren und für seinen Machterhalt zu vereinnahmen.

Religiöse Bezüge nehmen ab 2013 deutlich zu – sowohl bei den Protesten als auch bei den Rebellen. Die Menschen sind verzweifelt, fühlen sich im Stich gelassen und suchen deshalb Zuflucht im Glauben. Gott wird für viele Syrer zum einzigen Beistand. Sprechchöre, die sich auf Gott oder den Propheten Mohammed beziehen, sind deshalb nicht automatisch als politische Forderungen oder ideologische Überzeugungen zu verstehen. Dass immer mehr Brigaden islamistisch auftreten, hat zwei Gründe. Erstens kommt das meiste Geld für den Kampf gegen Assad von reichen Golfarabern, die Wert auf eine islamische Gesinnung legen. Viele Brigaden ändern deshalb ihr Erscheinungsbild und tragen in ihren Propaganda- und Werbevideos schwarz-weiße Fahnen und Stirnbänder mit dem islamischen Glaubensbekenntnis, manche geben sich sogar einen neuen Namen. Zweitens erweisen sich die Islamisten als besser organisiert, erfolgreicher im Kampf und effektiver bei der Versorgung der Bevölkerung. Während sich unterfinanzierte FSA-Einheiten mit Korruption, Entführungen oder Erpressung das Geld für ihre Waffen beschaffen, erscheinen international gut vernetzte Islamisten als ehrliche und unbestechliche Wohltäter.

Erfolgreich ist Assad auch bei der »Neutralisierung« der Kurden. Obwohl es in Städten wie Amuda, Qamishli und al-Hasaka durchaus Proteste gibt und sich junge Kurden dort dem Aufstand anschließen und vor Ort revolutionäre Komitees gründen, verhalten sich die meisten syrischen Kurden zunächst abwartend. Anfang April 2011 bürgert das Regime mehr als 200.000 staatenlose Kurden ein und erfüllt damit eine langjährige Forderung kurdischer Oppositionsparteien. Diese beobachten die Organisationsversuche der syrischen Regimegegner im Ausland mit Skepsis. Viele Oppositionelle tragen einen seit Jahrzehnten fest verwurzelten arabischen Nationalismus in sich, der sich mitunter in chauvinistischem Auftreten und rassistischen Kommentaren gegenüber den Kurden äußert. Hinzu kommt, dass sowohl der im Sommer 2011 gegründete Syrische Nationalrat als auch das im November 2012 gebildete breitere Oppositionsbündnis Nationale Koalition der Syrischen Revolutions- und

Oppositionskräfte ihre Hauptsitze in der Türkei haben und deshalb unter starkem Einfluss des türkischen Präsidenten Recep Tayyip Erdoğan stehen. Dieser will ein Erstarken der Kurden in Syrien auf jeden Fall verhindern, denn er fürchtet, ein weiteres autonomes Kurdengebiet in der Nachbarschaft (wie jenes im Nordirak) könnte die geschätzt 18 Millionen in der Türkei lebenden Kurden in ihrem Kampf für Selbstbestimmung weiter mobilisieren. Er setzt im Norden entlang der Grenze zur Türkei deshalb auf islamistische Kräfte. Zeitweise lässt er sogar den IS gewähren – eine Strategie, die sich rächt, wie die wachsende Zahl von Terroranschlägen in der Türkei zeigt. Die Abhängigkeit der Nationalen Koalition – in der auch kurdische Politiker vertreten sind – von der türkischen Regierung ist so groß, dass sie sich in vielen Punkten dem Diktat Erdoğans beugt und syrische Interessen dabei zum Teil aus den Augen verliert. Kritik äußert sie nicht – weder am gewaltsamen Vorgehen der türkischen Armee gegen die Kurden in der Osttürkei noch an der Verfolgung und Diskreditierung kurdischer Politiker in Ankara. Auch wenn Erdoğan die einflussreichste kurdische Partei Syriens, die Partei der Demokratischen Union (PYD), die der PKK nahesteht und in Nordsyrien ein autonomes Gebiet kontrolliert, in einem Atemzug mit der Terrorgruppe IS nennt, widersprechen syrische Oppositionelle nicht. Sie verlieren deshalb bei ihren kurdischen Landsleuten an Glaubwürdigkeit, die Vertreter der Nationalen Koalition gelten als Lakaien Erdoğans, sollten sie auch noch Kurden sein, werden sie als Verräter beschimpft.

Das Assad-Regime befeuert das Misstrauen zwischen Arabern und Kurden zusätzlich. Schon vor der Revolution sorgten Geheimdienstler dafür, dass junge kurdische Aktivisten als gewaltbereite Separatisten wahrgenommen werden, und hetzten arabische Bewohner gemischter Nachbarschaften entsprechend auf. Mit Ausbruch der Revolution fürchtet das Regime einen kurdisch-arabischen Schulterschluss. Sollten sich weite Teile der kurdischen Bevölkerung an Massenprotesten beteiligen, käme landesweit eine schwer zu stoppende Dynamik in Gang.

Gleichzeitig wird Assad klar, dass er die kurdisch geprägten Gebiete im Nordosten nicht unter seiner direkten Kontrolle halten kann, da er Armee und Polizei an anderen Orten in Syrien braucht.

Er sucht sich deshalb einen pragmatischen Partner, der es nicht auf einen Machtwechsel in Damaskus abgesehen hat, sondern in erster Linie für kurdische Ziele kämpft: die PYD. Als Schwesterpartei der PKK (die Assad senior in den 1990er-Jahren gegen die Türkei unterstützt hatte) hat sie die Rechte und Interessen der Kurden insgesamt im Blick – nicht nur die der syrischen Kurden. Wo immer sich das Regime ab Sommer 2012 zurückzieht, füllt die PYD die Lücke. In den folgenden Jahren baut sie entlang der Grenze zur Türkei eine autonome Verwaltungsregion auf, die von den Kurden als Rojava oder Westkurdistan bezeichnet wird und aus den drei Kantonen Cizîrê (in der Provinz al-Hasaka), Kobanê (in der Provinz al-Raqqa) und Afrin (in der Provinz Aleppo) besteht.

Dort ist Kurdisch inzwischen offizielle Amts- und Unterrichtssprache. Sämtliche Bereiche der öffentlichen Verwaltung – Bildung und Gesundheit, Justiz, innere Sicherheit und verschiedene Dienstleistungen – werden von demokratisch gewählten Räten und Institutionen verwaltet, die besonderen Wert auf lokale Selbstverwaltung und dezentrale Entscheidungsprozesse legen. Andere ethnische Gruppen der Region – Araber, Assyrer und Jesiden – werden miteingebunden, 40 Prozent der kommunalen Räte mit Frauen besetzt, Religion spielt in Politik und Verwaltung keine Rolle. So schön das alles klingt, als Demokratiemodell taugt die Herrschaft der PYD dennoch nicht. Denn sie basiert auf den autoritären und zentralistischen Strukturen einer Partei, die zwar Kritik duldet, aber als Regierungsmacht nicht grundsätzlich infrage gestellt werden will.

Wer sich dem System der PYD nicht unterordnet, wird verfolgt. Als einzige kurdische Partei verfügt die PYD über bewaffnete Kräfte: die Volksverteidigungseinheiten (YPG) und den Sicherheitsdienst Asayish. Politische Gegner werden verhaftet und mundtot gemacht, zivilgesellschaftliche Gruppen außerhalb der Partei klagen über Einschüchterungsversuche, Schikanen und gewaltsame Übergriffe, die die deutsche Organisation kurdwatch dokumentiert.[7] Proteste gegen das Assad-Regime in Qamishli, Amuda und Afrin werden von der PYD entweder verhindert oder gewaltsam aufgelöst. Vielerorts bestehen Regime- und PYD-Strukturen nebeneinander, heimliche Absprachen und Übereinkünfte der Kurdenpartei mit der Führung in Damaskus gelten insofern als sicher.

Revolutionäre und Oppositionelle werfen der PYD deshalb Opportunismus und Verrat an ihren eigenen Werten (Demokratie, Freiheit, Recht auf Selbstbestimmung, Gleichberechtigung und Respekt vor den Menschenrechten) vor. Die meisten arabischen Syrer gehen davon aus, dass die PYD Rojava irgendwann abspalten und unabhängig machen will, und betrachten sie folglich als Gefahr für die Einheit des Landes. International wird die Gruppe wahlweise als Verbündeter und Speerspitze im Kampf gegen den IS wahrgenommen (von den Regierungen der USA und Europas), für ihren zukunftsweisenden Demokratie- und Gesellschaftsversuch gepriesen (von linken Gruppen und Parteien im Westen) oder als Terrororganisation beschimpft und bekämpft (von der türkischen Führung). Nüchtern betrachtet hat die PYD ein autoritär geführtes basisdemokratisches Einparteiensystem aufgebaut, das Stabilität garantiert, die Region effektiv regiert, Frauenrechte fördert, die Menschen versorgt und schützt, dafür aber Loyalität erwartet und keine Fundamentalopposition duldet.

Am wichtigsten erscheint natürlich die kurdische Sicht auf die PYD, aber auch sie ist ambivalent. Traditionell waren Syriens Kurden keine großen Anhänger der PKK und ihres Parteiführers Abdullah Öcalan (der auch von PYD-Mitgliedern verehrt wird). Aber wer zum Beispiel in Qamishli erlebt, dass man als Kurde seine Kultur nicht länger verstecken oder verleugnen muss, wer sieht, wie die eigenen Kinder in der Schule Kurdisch lernen und wie sicher und stabil es im Vergleich zu den apokalyptischen Zuständen anderswo in Syrien ist, der ist durchaus bereit, dafür ein gewisses Maß an Autoritarismus zu ertragen. Tatsache ist, dass die PYD mit ihrem äußerst pragmatischen und ausschließlich die eigenen Interessen verfolgenden Kurs für die Kurden Syriens einiges erreicht hat. Angesichts ihrer ideologischen Verbohrtheit halte ich es jedoch für unwahrscheinlich, dass sie die Widersprüche zwischen Parteiprogramm und Praxis auflösen und echte demokratische Verhältnisse einführen wird, die zwangsläufig mit einem gewissen Machtverlust einhergehen würden.

Assad wendet also größtmögliche Gewalt an und dividiert die Revolution auseinander – bleibt als letztes Element der Dreifach-Strategie sein öffentliches Auftreten und das von ihm übermittelte Bild, das ihn bereit zu Dialog und Versöhnung, entschlossen zu Reformen und nationaler Einheit zeigen soll. In den ersten Monaten nach Ausbruch der Revolution erfüllt Assad scheinbar die wichtigsten Forderungen der Opposition. Er hebt den Ausnahmezustand auf, schafft das Oberste Staatssicherheitsgericht ab (vor dem Jahrzehnte lang unter Ausschluss der Öffentlichkeit militärische Schauprozesse stattfanden), erlaubt angemeldete Demonstrationen und erlässt ein neues Parteiengesetz. Doch alle diese Maßnahmen erweisen sich als reine Makulatur.

Die Notstandsgesetze werden durch Anti-Terror-Gesetze, das Staatssicherheitsgericht durch ein Anti-Terror-Gericht ersetzt. Versuche, eine Demonstration offiziell genehmigen zu lassen, enden mit Verhaftungen und die Neugründung von Parteien ist wegen vielfältiger Auflagen so gut wie unmöglich. Lokale Waffenstillstände, die vom 2012 erschaffenen Ministerium für nationale Versöhnung als Beginn eines Aussöhnungsprozesses gelobt werden, entpuppen sich in der Realität meist als Kapitulation der Opposition und dienen der Wiederherstellung der alten Regime-Ordnung. Was Assad in Damaskus erklärt und beschließt, scheint völlig abgekoppelt von den Ereignissen im Land.

Ausländischen Journalisten gegenüber leugnet und verkehrt Assad Tatsachen mit einer Dreistigkeit, die viele Kollegen verstummen lässt. Anstatt seiner Darstellung der Dinge mit Fakten und Details entgegenzutreten, spulen die Korrespondenten vorgefertigte Fragen ab und lassen Bashar reden – und liefern ihm damit unfreiwillig eine internationale Bühne für seine Propaganda. Ein Interview mit Assad macht jedoch nur Sinn, wenn man es dazu nutzt, ihn sich selbst entlarven zu lassen. Denn in vielen Punkten sind seine Aussagen widersprüchlich, ja geradezu abstrus. Assad verbittet sich zum Beispiel jede Einmischung von außen, kann sich jedoch selbst nur dank ausländischer Söldner an der Macht halten und hat iranische Militärs, libanesische Hisbollah-Kämpfer und russische Kampfjets ins Land geholt. Er will allein das syrische Volk über die Zukunft des Landes und sein eigenes Schicksal entscheiden lassen, betont er immer wieder, dabei verleugnet, vertreibt und vernichtet er Teile genau dieses Volkes. Syrer, die gegen ihn demonstrieren, kämpfen oder vor seinen Massenvernichtungswaffen fliehen, existieren in Assads Parallelwelt nicht. Genauso wenig wie die Schulkinder in Daraa, deren Verhaftung und Folter Assad gegenüber der ARD als »Lügengeschichte« bezeichnet.[8] Oder die 94 Angriffe auf 63 von Ärzte ohne Grenzen unterstützte Kliniken im Jahr 2015.[9] »Wir tun diese Dinge mit Sicherheit nicht«, lautet Assads Antwort auf diese Zahlen im erwähnten Interview.

Im Falle der 16 (von insgesamt 19) belagerten Gebiete, in denen das Regime laut UN und der Organisation Siege Watch zum Teil seit 2012 mehrere Hunderttausend Zivilisten aushungert, behauptet Assad, sie seien gar nicht abgeriegelt, schließlich könnten die Rebellen ihren Nachschub an Waffen hineinschmuggeln. Dass die Menschen Schlupflöcher finden (etwa durch Tunnel), ändert jedoch nichts an der Tatsache, dass Assads Soldaten und Milizionäre niemanden und nichts hinein- und herauslassen, auf Flüchtende schießen und potenzielle Fluchtwege verminen. Angesichts dieser Faktenlage sind Assads Äußerungen blanker Zynismus. Von der BBC mit dem massenhaft dokumentierten Abwurf international geächteter Fassbomben konfrontiert, erwidert Assad lächelnd: »Ich habe nicht gehört, dass die Armee Fässer benutzt oder vielleicht Kochtöpfe.«[10] Nur mit solchen absurden Antworten wird Assads Realitätsverlust offensichtlich und seine Selbstdemontage vorangetrieben.

Dennoch hört man in Europa immer wieder Stimmen, die angesichts der Gräueltaten des IS, der terroristischen Bedrohung für Europa und einer potenziellen Machtübernahme durch Salafisten das Assad-Regime tatsächlich für das »geringere Übel« halten und eine Zusammenarbeit mit Damaskus fordern. Diese Politiker und Experten übersehen, dass Assad und der IS die zwei Gesichter der gleichen Totalitarismus-und-Terror-Medaille sind und sich gegenseitig stärken. Und sie fallen noch immer auf die jahrzehntealte Propaganda des syrischen Regimes herein.

Sämtliche Narrative, auf die sich Damaskus bis heute beruft – vom säkularen, die Minderheiten beschützenden, den islamistischen Terror bekämpfenden antiimperialen Widerstandsregime – stammen von Vater Assad. Und alle erweisen sich bei näherer Betrach-

tung als Kulissen, die beliebig hin- und hergeschoben, auf- und abgebaut werden – je nachdem, wer im Publikum sitzt. Dabei lassen
sie sich leicht umwerfen und entlarven.

Das Regime ist säkular? Keineswegs. Laut syrischer Verfassung
muss der Präsident Muslim sein, das islamische Recht ist die
Hauptquelle der Gesetzgebung.[11] Personenstands- und Erbrecht
werden von den verschiedenen Glaubensgemeinschaften geregelt,
es wird folglich geheiratet, geschieden und geerbt, wie es die katholische Kirche, die drusischen Scheichs oder die islamische Geistlichkeit in Syrien vorsehen. Rein standesamtlich kann man nichts
regeln, Syrer brauchen für alle persönlichen Dinge Gottes Segen.
Religion dient dem Assad-Regime zur Legitimierung und Verfesti-
gung von Macht, alle offiziellen Religionsvertreter – ob Mufti, Pat-
riarch, Bischof oder drusischer Scheich al-Aql – sind vom Geheimdienst abgesegnet und fungieren nicht selten als indirekte Sprecher
des Regimes.

Assad schützt die Minderheiten? Falsch. Sunniten, Christen, Alawiten, Drusen und Ismaeliten lebten in Syrien seit Jahrhunderten
gut zusammen, dafür brauchten sich nicht die Assads. Diese beschützen die Minderheiten nicht, sie benutzen sie. Das trifft insbesondere auf Alawiten und Christen zu. Das Regime schürt Ängste
und Hass unter den Konfessionen, um sie im eigenen Interesse zu
manipulieren.

Da offizielle Kirchenvertreter aus den genannten Gründen auf
Seiten des Regimes stehen, fällt vielen syrischen Christen in dem
aktuellen Konflikt eine eindeutige Positionierung schwer. Einerseits
lehnen sie das Regime und seine Gewalttaten ab, andererseits fürchten sie eine radikal-islamische Alternative, die sie bedrängen oder
rechtlich schlechter stellen könnte.

Die größte Gefahr besteht für die Christen jedoch darin, wegen
der Äußerungen ihrer Patriarchen und der Geheimdienstzusam-
menarbeit mancher Bischöfe, Priester und Nonnen als Nutznie-
ßer des Regimes oder Verräter der Revolution wahrgenommen zu
werden. Im Namen der Christen bis heute das Assad-Regime zu
unterstützen, das seit Jahren Verbrechen gegen die Menschlichkeit
begeht, ist nicht nur mit Blick auf christliche Moral und Nächsten-
liebe verwerflich, sondern auch politisch verantwortungslos. Euro-

päische Politiker sollten syrischen Kirchenoberhäuptern deshalb entsprechend skeptisch begegnen.

Bei den Alawiten ist die Mobilisierung durch das Regime noch stärker. Sie befinden sich in einer Art Geiselhaft der Assads. Vater Hafiz hat den Alawiten ihre konfessionelle Identität genommen, indem er sie im Laufe der Jahre auf ihre Rolle als Helfershelfer einer Diktatur reduziert hat. Unter seiner Herrschaft fanden Alawiten Anstellung im öffentlichen Dienst, im Militär und in den Geheimdiensten, wo sie deutlich überrepräsentiert sind. Auf diese Weise wurden sie Stützen des Systems – und damit der Macht der Assads, über die sie sich selbst zunehmend definierten. Deshalb werden die Alawiten in Syrien weniger als eigenständige Religionsgemeinschaft, sondern als herrschende Minderheit wahrgenommen. Ein falscher Eindruck, denn bis heute leben viele Alawiten in großer Armut. Neben dem Assad-Clan und der angeheirateten Verwandtschaft profitierten auch treu ergebene Sunniten, Christen und Drusen vom Klientelismus der Präsidentenfamilie. Nach dem erwähnten Loyalitätsprinzip haben Vater und Sohn Vertreter aller Konfessionen für den eigenen Machterhalt vereinnahmt. Daher rührt auch die gesellschaftliche Basis des Regimes. Sie gründet zwar vor allem auf wirtschaftlichem Vorteil, persönlichen Beziehungen und Angst, ist aber eine weitere Erklärung dafür, warum sich Bashar in der aktuellen Krise so lange an der Macht halten kann. Die Alawiten hat Assad junior in den vergangenen fünf Jahren ganz konkret für den eigenen Überlebenskampf benutzt. Sie treten als Soldaten, Shabiha-Milizionäre und Folterknechte in Erscheinung, wodurch sie den Hass der Regimegegner auf sich ziehen und die alawitische Gemeinschaft insgesamt in Verruf und Gefahr bringen. Im Kampf gegen die Rebellen dienen alawitische Soldaten als Kanonenfutter, viele junge Männer aus den Küstengebieten fliehen deshalb vor einer Zwangsrekrutierung.

Ein weiteres Märchen ist das von Assad als Bollwerk gegen die Extremisten. Der syrische Präsident kämpft gegen internationale Dschihadisten und radikale Islamisten? Schön wäre es. In Wahrheit ist der Islamische Staat Assads Lieblingsfeind – er braucht ihn als Schreckgespenst, um selbst zivilisiert auszusehen. Wie erwähnt hat Assad die Dschihadisten in Syrien groß gemacht, denn diese gingen in die von der Opposition kontrollierten Gebiete und griffen dort die gemäßigten Rebellen an – ganz im Interesse des Regimes, das diese gleichzeitig aus der Luft bombardierte.

Seit Beginn der Revolution bekämpft das Regime vor allem den gemäßigten Widerstand – Aktivisten, Demonstranten und nationale Rebellengruppen –, während es die Extremisten verschont. Die Syrer und die Welt sollen sich zwischen Assad und dem IS entscheiden müssen und sich im internationalen Kampf gegen den Terror hinter das Regime stellen.

Zum Schluss noch die erwähnte außenpolitische Propaganda, die besonders bei deutschen Linken verfängt. Damaskus leistet tapfer Widerstand gegenüber den imperialistischen Ambitionen und Wirtschaftsinteressen des Westens? Reine Rhetorik. Die Assads haben immer mit den USA und Europa zusammengearbeitet – wenn es ihren Interessen diente. Vater Hafiz unterstützte im Zweiten Golfkrieg 1990 die US-geführte Koalition gegen Saddam Hussein mit syrischen Truppen. Wichtigste Außenhandelspartner für den Export von Rohöl und Baumwolle waren über viele Jahre europäische Länder wie Deutschland, Frankreich und Großbritannien. Nach dem 11. September 2001 kooperierten Syriens Geheimdienste mit US-Behörden, Terrorverdächtige wurden nach Syrien gebracht und dort unter Folter verhört. Schließlich wurde Bashar ab 2008 wegen seiner Kontakte zur libanesischen Hisbollah und palästinensischen Hamas ein gefragter Gesprächspartner des Westens, im Januar 2011 schickten die USA wieder einen eigenen Botschafter nach Damaskus. Pläne für einen Regimewechsel von außen, wie sie dem Westen im aktuellen Konflikt gerne unterstellt werden, gibt es spätestens seit Barack Obamas Einzug ins Weiße Haus 2009 nicht mehr.

Auch mit Blick auf Palästina verfolgten die Assads ausschließlich eigene Ziele. Je nach regionaler Gemengelage wurde die Palästinensische Befreiungsbewegung (PLO) unterstützt oder ihr Vorsitzender Jassir Arafat geschwächt, Massaker in Libanons Palästinenserlagern wurden nicht verhindert, Fatah-Mitglieder in Syrien verfolgt, Hamas-Funktionäre geduldet. Politisch waren die Palästinenser ein Spielball des syrischen Regimes, das den eigenen Konflikt mit Israel auf den Golanhöhen nur über Stellvertreter führte, allen voran die Hisbollah im Libanon. Die Entstehung eines unabhängigen palästinensischen Staates oder eines bilateralen Friedensvertrages zwischen Israelis und Palästinensern waren nicht in Assads Interesse. Damaskus' »internationale Solidarität« und »Unterstützung des Widerstands gegen Besatzung und Unterdrückung« waren und sind Worthülsen, weiter nichts.

Verlassenes Volk, zerfallendes Land – Syrien heute

Wo stehen die Syrer heute? Weit unten, verlassen, in tiefer Dunkelheit. Eine halbe Million Menschen sind wahrscheinlich tot – sie haben Glück gehabt, meinen viele die noch leben. Zwölf Millionen, mehr als die Hälfte der Bevölkerung, sind Vertriebene, schutzlos, schlecht versorgt und ohne Perspektive, verletzt, versehrt und traumatisiert. Fünf Millionen von ihnen sind in die Nachbarländer geflüchtet, wo sie in improvisierten Verschlägen oder feuchten Kellern (Libanon), in Wüstencamps (Jordanien) oder in abgeschotteten Lagern und auf der Straße (Türkei) vor sich hinvegetieren, ausgebeutet und erniedrigt werden. Millionen syrische Kinder gehen seit Jahren nicht zur Schule, Mädchen werden früh verheiratet aus Angst vor Vergewaltigungen, Jungen zum Betteln und Arbeiten geschickt. Wer gespart hat, gibt sein letztes Geld den Schleppern für das Versprechen auf eine Zukunft in Europa – und endet auf dem Grund des Mittelmeers, an einem Zaun, unter einer dünnen Zeltplane oder in einem überfüllten Abschiebezentrum am Rande eines Kontinentes, der für sich in Anspruch nimmt, zivilisiert zu sein, die Menschenrechte zu achten und Schutzbedürftigen zu helfen.

Unterdessen löst Syrien sich auf – in multiple Realitäten und Einflussgebiete, deren Grenzen dynamische Frontverläufe sind. Vereinfacht gesagt ist das Land unter vier Kriegsparteien aufgeteilt: Assad, dem IS, der kurdischen PYD und verschiedenen islamistischen und gemäßigten Rebellengruppen.

Das Zentrum von Damaskus, die westlichen Teile der Provinzen Homs und Hama, die Küste sowie Teile der Provinzen Idlib und

Aleppo im Norden und Quneitra, Daraa und Sweida im Süden befinden sich in den Händen des Regimes. Dort ist es sicherer als anderswo, auch wenn Rebellen entlang der Front (zum Beispiel in Aleppo und Damaskus) Raketen auf Wohngebiete der anderen Seite feuern und der IS Selbstmordanschläge in Damaskus und den Küstenstädten Tartus und Latakia verübt. Die Menschen halten still und ziehen die Köpfe ein. Sie haben noch immer einiges zu verlieren – einen Job, ein Einkommen, relative Sicherheit, ein einigermaßen funktionierendes Bildungs- und Gesundheitssystem, eine Wasser- und Stromversorgung, die zwar zwischendurch zusammenbricht, aber nicht in Trümmern liegt, und Nahrungsmittel, die teuer, aber verfügbar sind, auch weil der allergrößte Teil der UN-gesteuerten humanitären Hilfe in Regime-kontrollierten Gebieten landet. Die Syrer dort haben deshalb Angst, große Angst – vor dem Sicherheitsapparat des Regimes, vor einer Machtübernahme durch Extremisten, vor der Rache ihrer Landsleute, deren Leid sie seit Jahren stillschweigend hinnehmen. Manche haben sich in Assads Parallelwelt eingerichtet, andere kritisieren seine Abhängigkeit vom Ausland. Darunter Vertreter des Regimes, die sich von iranischen Generälen und russischen Militärs bevormundet fühlen. Immer weniger Bewohner dieser Gebiete sind bereit, sich für Assads Machterhalt zu opfern, weswegen dem Regime die syrischen Soldaten ausgehen und es seinen Krieg inzwischen weitgehend mit ausländischen schiitischen Söldnern führt.

In Regionen unter IS-Herrschaft (im Osten des Landes in Teilen der Provinzen al-Raqqa, Deir al-Zor, Aleppo, al-Hasaka und Homs) verhalten sich die meisten Menschen so unauffällig wie möglich, um nicht bestraft zu werden. Sie harren aus und halten sich an die strengen Regeln der Dschihadisten in der Hoffnung, dass der Albtraum bald vorbei sein wird. Frauen müssen Körper und Gesicht schwarz verhüllen, Rauchen und Musikhören sind verboten, die Lehrpläne von unliebsamen weltlichen Inhalten bereinigt worden. Öffentliche Auspeitschungen und Hinrichtungen sind an der Tagesordnung. Daneben gibt es einen »normalen« Alltag mit stabilem Brotpreis, Märkten, Job- und Einkaufsmöglichkeiten – wer sich fügt, kann (über)leben. Es sei denn, er wird Opfer einer Rakete der internationalen Anti-IS-Koalition, die zwar (im Gegensatz zu

Assad) ausschließlich militärische Ziele anvisiert, dabei aber auch Zivilisten trifft.

Die Lage in der autonomen Kurdenregion Rojava habe ich bereits beschrieben: relative Sicherheit und Stabilität, eine recht gut funktionierende öffentliche Ordnung mit Schulen und medizinischer Versorgung, dafür ein autoritär geführtes Einparteiensystem, das Unterordnung verlangt. Nahrungsmittel sind teuer, die Mieten wegen der vielen Binnenflüchtlinge (zum Beispiel in Qamishli) hoch, es kommt zu Anschlägen des IS oder Kämpfen zwischen den PYD-Kräften und Anhängern des Regimes.

Am schlimmsten ist die Lage zweifellos in den von der Opposition gehaltenen Gebieten – im Umland von Damaskus, in Teilen der Provinzen Idlib und Aleppo im Norden und Daraa im Süden sowie einzelnen Orten und Stadtteilen der Provinzen Homs und Hama. Sie stehen unter Dauerbeschuss, täglich gibt es Tote und Verletzte, die Infrastruktur ist weitgehend zerstört. Manche Gebiete werden über Monate und zum Teil Jahre belagert und nicht ausreichend versorgt. In Ost-Ghuta, dem östlichen Umland von Damaskus, muss die gesamte Hilfe seit 2013 geschmuggelt werden, medizinische Güter, Babymilch, Nahrungsmittel.

Meist konkurrieren mehrere bewaffnete Gruppen um Macht, Nachschub und Legitimität in der Bevölkerung. Feindseligkeiten untereinander führen zu Entführungen und Verhaftungen, Rebellen sind mit internen Kämpfen beschäftigt, Einheiten der FSA gelten als korrupt, islamistische Brigaden drangsalieren zivilgesellschaftliche Gruppen. Mancherorts demonstrieren die Bewohner deshalb nicht mehr nur gegen das Assad-Regime, sondern auch gegen lokale Machthaber wie die Nusra-Front und andere bewaffnete Gruppen. In diesem Umfeld haben die Lokalen Räte und Basiskomitees einen schweren Stand. Sie sind aber umso wichtiger, da sie Nahrungsmittel verteilen, Untergrundkliniken und Schulen betreiben, die Gewalttaten und deren Opfer dokumentieren, kaputte Strom- und Wasserleitungen reparieren und gesellschaftliches Engagement wie Bibliotheken, Workshops und Freizeitaktivitäten für Kinder ermöglichen.

Alle bewaffneten Konfliktparteien in Syrien begehen Verbrechen, viele sind bereits als Kriegsverbrechen oder Verbrechen gegen die Menschlichkeit identifiziert worden. Auch Rebellen misshandeln Gefangene, richten ihre Feinde hin und töten mit willkürlichem Granatbeschuss Zivilisten. Die Grausamkeiten des IS – Köpfen, bei lebendigem Leibe Verbrennen, Erhängen, Erschießen, Auspeitschen und Hand abhacken – sind bekannt. Die PYD rekrutiert Minderjährige für ihren Kampf, verhaftet politische Gegner und hat einzelne von ihnen getötet.

Und doch müssen wir die Gewalt in Syrien in den richtigen Maßstab setzen, um den Konflikt zu verstehen. Das Syrische Netzwerk für Menschenrechte dokumentiert (neben einigen anderen Nichtregierungsorganisationen, die zu ähnlichen Ergebnissen kommen) sämtliche getöteten Zivilisten des Konflikts, bei denen der Name des Opfers sowie Zeitpunkt und Ort seines Todes bestätigt sind – es handelt sich folglich um Mindestzahlen. Monat für Monat führen sie ihre Statistik des Grauens; geordnet nach verantwortlicher Kriegspartei. Das Assad-Regime ist demzufolge zwischen März 2011 und März 2016 für 94,7 Prozent der getöteten Zivilisten verantwortlich. Es tötete 183.827 Zivilisten, darunter 19.594 Kinder – zehn Kinder pro Tag. Durch das Regime starben in den fünf Jahren außerdem 553 Mediziner und 479 Journalisten und Medienaktivisten. Im Vergleich dazu töteten syrische Rebellen im gleichen Zeitraum 2.959 Zivilisten (668 Kinder), der IS 2.196 Zivilisten (307 Kinder), die Nusra-Front 356 Zivilisten (47 Kinder) und die PYD 416 Zivilisten (61 Kinder). Auch die internationalen Kriegsparteien werden statistisch erfasst. Bei russischen Angriffen starben bis zum 1. März 2016 insgesamt 1.984 Zivilisten (443 Kinder). Das bedeutet, Russland tötete in nur fünf Monaten mehr syrische Kinder als der IS und die Nusra-Front zusammen in vier Jahren (denn Russlands Intervention begann am 30.9.2015). Die US-geführte internationale Koalition gegen den IS (die im September 2014 startete) ist verantwortlich für den Tod von 311 Zivilisten (97 Kinder).[12]

Unsere Wahrnehmung, dass der IS in Syrien der Hauptfeind und der Inbegriff des Bösen ist, passt folglich nicht mit der Realität im Lande zusammen. Für uns mag der IS die größere Gefahr darstellen – denn sein Terror betrifft uns unmittelbar und Assad tötet »nur« Syrer – aber für die meisten Syrer (auch die, die wir in Deutschland persönlich fragen können) ist das Assad-Regime der schlimmste Verbrecher und sein Luftkrieg gegen die Zivilbevölkerung der wichtigste Grund für ihre Flucht. Gäbe es keine Raketenangriffe und Bombenabwürfe, wären sie geblieben, bestätigen viele.

Füllen wir die Zahlen mit Bildern: Weite Teile Syriens liegen in Schutt und Asche, das Umland von Damaskus, Aleppo, Homs und viele kleinere Städte sind Trümmerlandschaften, die an das zerstörte Deutschland nach dem Zweiten Weltkrieg erinnern. Wer überlebt, ist oft für immer gezeichnet – mit schweren Verbrennungen, dem Verlust einer Hand oder eines Auges, notamputierten Armen oder Beinen. Die Fotos und Aufzeichnungen, mit denen der Fotograf Kai Wiedenhöfer die Schicksale syrischer Kriegsopfer in Jordanien und im Libanon dokumentiert, lassen erahnen, was der syrischen Gesellschaft noch bevorsteht.[13]

Hunderttausende Syrer, die zum Teil seit Jahren ausgehungert werden, ernähren sich von gekochten Blättern und Gewürzen, Kinder leiden unter chronischem Eiweißmangel, mehr als 600 Menschen sind an Unterernährung und mangelnder medizinischer Versorgung infolge der Blockadepolitik des Regimes gestorben. Inzwischen ist diese ein lukrativer Zweig der Kriegswirtschaft geworden, von dem Regierungsvertreter, Militärs und Soldaten an Checkpoints sowie Assad-loyale Geschäftsleute, lokale Händler und Rebellenführer profitieren.[14] Was mehr als 200.000 Häftlinge in Assads Gefängnissen erleiden, habe ich bereits geschildert, etwa 60.000 sind dort bereits qualvoll gestorben.[15]

Der Staatsterror ist ausführlich dokumentiert – von internationalen Nichtregierungsorganisationen wie Human Rights Watch, Amnesty International, Ärzte ohne Grenzen, Physicians For Human Rights, Siege Watch und verschiedenen UN-Organisationen, aber auch von syrischen Gruppen wie dem Syrischen Netzwerk für Menschenrechte, The Syria Campaign, der Union Syrischer Medizinischer Hilfsorganisationen (UOSSM), dem Violations Documentation Center (VDC), der Syrian American Medical Society (SAMS) und anderen. Außerdem gibt es einige mehrsprachige und professionell arbeitende Online-Medien, die mit syrischen Korrespondenten vor Ort arbeiten oder Interviews mit Verantwortlichen führen. Und auch westliche Journalisten waren in den vergangenen Jahren immer wieder in Syrien und bestätigen mit ihren Berichten und Reportagen, was wir jeden Tag im Internet sehen können.

Staubbedeckte Kinder rennen in Panik aus Explosionswolken oder bitten die Leichen ihrer Väter und Mütter unter Tränen, nicht zu gehen. Ein Mann steht auf den Trümmern eines Hauses und zeigt verzweifelt auf die Stelle, an der das Bett mit seinen vier Kindern stand – alle vier und seine Frau werden leblos aus dem Schutt gezogen. Rettungskräfte befreien unter Betonplatten eingeklemmte Babys, bevor deren Wimmern verstummt. Zwei Jungen schauen zu, wie Ärzte vergeblich versuchen, ihren kleinen Bruder zu retten, bitterlich weinend streicheln sie anschließend sein Gesicht. Mütter wiegen ihre in weiße Tücher gewickelten Kinder, als würden sie nur schlafen. Männer sammeln nach Explosionen Überreste menschlicher Körper ein, Frauen suchen auf Gemüsemärkten nach Körperteilen ihrer Söhne, die sie zum Einkaufen geschickt hatten, oder flehen Ärzte in überfüllten Untergrundkliniken an, die leblosen Körper ihrer kleinen Töchter doch wieder lebendig zu machen. Am Straßenrand halten Rettungskräfte kurz nach einem Bombeneinschlag eine Großmutter fest, die nach ihren Enkeln in dem zerstörten Haus suchen will, sich aber selbst in Gefahr bringen würde, weil auf den ersten Angriff oft ein zweiter folgt, der die Helfer treffen soll. Hinter Sandsäcken an Kellerfenstern kämpfen Ärzte in provisorischen Operationssälen um das Leben von Jugendlichen, bis die nächste Rakete sie selbst trifft – denn in Syrien sterben Mediziner nicht WÄHREND sie Leben retten, sondern WEIL sie Leben retten. Und schließlich das etwa dreijährige Kind in Duma bei Damaskus. Es liegt unter Geröll begraben, nur sein Kopf schaut heraus – es ist Nacht, die Mutter versucht es zu beruhigen. Niemand ist da, um die schweren Steine wegzuräumen, das Kind schließt die Augen und dreht das Gesicht weg, der Film bricht ab. 27 Sekunden, die sich nicht löschen lassen.

Das alles entspringt nicht einem übertriebenen Drehbuch zu einem zweistündigen Horrorfilm, sondern ist Alltag für Hundert tausende Syrer – Tag für Tag, Woche für Woche, Monat für Monat, Jahr für Jahr. Wir schauen weg, schauen zu, schalten ab, fühlen uns schlecht. In jedem Fall wissen wir genau, was passiert, denn in Syrien findet der am besten dokumentierte Völkermord in der

Geschichte der Menschheit statt. Die Beweislast gegen Assad und seine engsten Vertrauten ist erdrückend. Nicht zuletzt durch die von dem Militärfotografen mit Decknamen Caesar außer Landes geschmuggelten Fotos getöteter Gefangener, von denen Strafjuristen und Ankläger früherer Kriegstribunale sagen, sie hätten noch nie so schlagende Beweise für Kriegsverbrechen und Verbrechen gegen die Menschlichkeit gesehen.[16]

Die Fotos belegen den entscheidenden Unterschied zwischen der Gewalt des Regimes und der Gewalt der anderen: Assads Verbrechen sind systematisch, sie werden von offiziellen Stellen befohlen, ausgeführt und dokumentiert. Ein ganzer Staatsapparat ist mit der Vernichtung von Menschen beschäftigt und setzt dazu sämtliche ihm zur Verfügung stehenden Mittel ein: Kampfjets, Raketen, Chemiewaffen, Soldaten, Milizen, Geheimdienste, Inhaftierung, Folter und Belagerung. Das erklärt die deutlichen Unterschiede bei den Opferzahlen.

Zivilisten schützen und versorgen – Eine Lösung ist möglich

Die Frage, die sich die Syrer deshalb seit Jahren stellen und auf die keiner eine befriedigende Antwort weiß, lautet: Warum tut niemand etwas? Warum lässt die Welt offensichtlichen Massenmord einfach geschehen?

Politisch und geostrategisch finden sich natürlich Erklärungen. Der Westen ist kriegsmüde – allen voran die USA. Auf den Interventionismus George W. Bushs, der mit seinen interessengeleiteten Militäraktionen und als Besatzungsmacht im Irak und in Afghanistan verbrannte Erde hinterließ und al-Qaida im Nahen Osten erst groß machte, folgte die krampfhafte Nicht-Einmischung von Barack Obama, der Soldaten nach Hause holen und sich auf kein weiteres Abenteuer in der Region einlassen wollte – zu Recht. Beide Extreme hatten für Syrien jedoch verheerende Auswirkungen. Bush bereitete al-Qaida im Irak, aus der später ISIS und der IS hervorgingen, den Boden. Und Obama sah zu, wie sich die Dschihadisten in Syrien breitmachten, weil gemäßigte Rebellen nicht genug Unterstützung bekamen. Vermeintliche »rote Linien« konnte Assad ungestraft übertreten, etwa im August 2013, als das Regime mehrere Vororte von Damaskus mit Chemiewaffen angriff. Obama war klar in der Sprache, aber planlos und zögerlich im Handeln.

In Abwesenheit der Amerikaner eine eigene, zugleich ehrliche und effektive Nahostpolitik zu entwerfen, gelingt den Europäern nicht. Zunächst bestehen sie für ein Engagement in Syrien auf ein UN-Mandat, von dem sie wissen, dass sie es nicht bekommen, weil Russland mit seinem Veto jedes Vorgehen gegen seinen Verbündeten Assad verhindert. Damit hat der Kreml die aus seiner Sicht richtige Lehre aus dem NATO-Einsatz in Libyen gezogen. Denn dort wurde 2011 ein UN-Mandat, das durch die Enthaltung Russlands im Weltsicherheitsrat zustande kam, weit überdehnt – statt ausschließlich Zivilisten zu schützen, wurde am Ende das Regime von Muammar al-Gaddafi gewaltsam gestürzt. Genau das soll sich in Syrien auf keinen Fall wiederholen, so die Überzeugung in Moskau, schließlich ist das Land das letzte im Nahen Osten unter russischem Einfluss.

Doch das internationale Mandat ist für die Europäer nur ein Vorwand, schließlich gibt es inzwischen ein halbes Dutzend UN-Resolutionen, die (mit Zustimmung Russlands) den Einsatz von Chemiewaffen (auch Chlorgas, das weiterhin als Kriegswaffe angewendet wird) verbieten, den Abwurf von Fassbomben ächten sowie den ungehinderten Zugang für humanitäre Hilfe in alle Regionen Syriens und die Freilassung von politischen Gefangenen fordern. Doch selbst auf diesem völkerrechtlich eindeutigen Terrain sind europäische Staaten nicht bereit, sich in Syrien zu engagieren. Sie schicken lieber Flugzeuge gegen den IS – ohne UN-Mandat.

So bezahlen die Syrer den Preis für die außenpolitischen Fehler des Westens in den zehn Jahren vor Ausbruch der Revolution. Syrien ist der einzige Ort, an dem eine internationale Militäraktion zum Schutz von Zivilisten dringend geboten wäre. Sämtliche Akteure, die der Westen vorgibt zu unterstützen – Opposition, ziviler Widerstand, FSA-Rebellen – stellen seit Jahren einstimmig nur diese eine Forderung. Sie wollen weder Bodentruppen noch einen Sturz des Regimes von außen, sondern lediglich Schutz vor den Luftangriffen Assads. Und dennoch passiert nichts – keine Flugverbotszone, keine Schutzzone, keine Bombenverbotszone. Dabei würden Gebiete, die nicht aus der Luft angegriffen werden, in entscheidenden Bereichen Abhilfe schaffen. Sie würden Menschenleben retten, Geflüchteten eine Rückkehr ermöglichen, den Aufbau alternativer politischer Strukturen ermöglichen und Assad zu politischen Kompromissen am Verhandlungstisch zwingen.

Und falls jemand moralische Glaubwürdigkeit für ein politisches Leitmotiv hält: Wo, wenn nicht in Syrien, sollte die völkerrechtlich verankerte Schutzverantwortung für Zivilisten gelten? Die fatalen Ergebnisse der westlichen Interventionen in Afghanistan, Irak und Libyen sind jedenfalls kein Argument dagegen. Denn die Ausgangslage ist in Syrien eine komplett andere. Dort geht es nicht darum, einen Krieg zu beginnen, um einen Regimewechsel von außen herbeizuführen, sondern darum, einen Krieg beenden zu helfen, den die Regierung dieses Landes selbst begonnen hat und gegen die eigene Bevölkerung führt. Die syrische Katastrophe ist nicht das Ergebnis von zu viel, sondern im Gegenteil von zu wenig westlicher Einmischung.

Die beispielhaften »Karrieren« junger Syrer veranschaulichen die Dynamik, die dadurch in Gang kommt. Viele gehen zunächst zur Freien Syrischen Armee, um für die Ziele zu kämpfen, für die sie zuvor demonstriert haben: Würde und Freiheit. Dort bekommen sie aber nicht mal ein eigenes Gewehr, deshalb schließen sie sich den von der Türkei, Qatar und Saudi-Arabien besser ausgestatteten islamistischen Brigaden wie Ahrar al-Sham oder Jaish al-Islam an. Als die Nusra-Front ihnen dann einen monatlichen Sold anbietet, mit dem sie ihre Familie durchbringen können, wechseln sie weiter. So werden sie innerhalb weniger Jahre von friedlichen Demonstranten zu al-Qaida-Kämpfern.

Sind diese jungen Männer deshalb Terroristen? Haben sie sich auch ideologisch beeinflussen lassen? Schwer zu sagen. Offensichtlich ist nur eines: Wer über Jahre in seinem Kampf für legitime Ziele wie Selbstbestimmung und Freiheit im Stich gelassen wird, radikalisiert sich, verliert den Glauben an die Menschheit (vor allem die im Westen) und verroht. Die USA und Europa haben in Syrien bewusst anderen das Feld überlassen. Wir brauchen uns deshalb nicht zu wundern, wenn der Aufstand gegen Assad heute von Salafisten dominiert wird.

Aus europäischer Sicht geht es sogar noch schlimmer. Sollte der Westen tatsächlich irgendwann beschließen, gemeinsam mit Assad den IS zu bekämpfen, ohne Damaskus daran zu hindern, Zivilisten zu bombardieren, dann werden wir nicht nur eine weitere Schlacht gegen den Terror verlieren, sondern Syrien zum Sammelbecken des internationalen Dschihadismus machen. Der IS würde zur Schutzmacht der Sunniten in der Region, die seine Propaganda zu 100 Prozent bestätigt sähen: Der Westen führt in Wahrheit einen Krieg gegen den Islam und interessiert sich nicht im Geringsten für Kleinkinder unter zerstörten Wohnhäusern.

Wer den Terror des IS besiegen möchte, muss deshalb zunächst den Staatsterror Assads beenden. Erst wenn die Syrer sicher vor den Luftangriffen des Regimes sind und ein Machtwechsel in Damaskus auf dem Weg ist, können sie sich zum Kampf gegen den IS vereinen. Unsere Fixiertheit auf den IS verhindert eine Lösung des Syrienkonflikts. Sie hat dazu geführt, dass fast alle Weltmächte mit Kampfjets und Tornados über Syrien fliegen, dabei aber nur eigene Interessen verfolgen und nicht die der Syrer. Russland bombardiert Gebiete, die Assad von verschiedenen Rebellengruppen zurückerobern möchte, und trifft vor allem Zivilisten. Die USA und ihre Partner (Frankreich, Großbritannien, Deutschland, Jordanien und andere) bekämpfen den IS und töten nebenbei ebenfalls Zivilisten. Dabei braucht Syrien nicht mehr, sondern weniger Bomben! Die Menschen in Aleppo, Idlib, dem Umland von Damaskus, Daraa und al-Raqqa blicken nach oben und sehen einen Himmel voller Flugzeuge – doch kein einziges von ihnen ist gekommen, um sie zu schützen oder mit Hilfsgütern zu versorgen. Sie fliegen alle, um zu töten.

Es geht in Syrien also nicht einfach um mehr Einsatz, sondern um den richtigen. Dieser muss drei Aspekte beinhalten, um erfolgreich das Land zu befrieden: Versorgung und Schutz von Zivilisten, Verhandlungen für einen politischen Übergang, Kampf gegen den IS. Die Reihenfolge ist dabei entscheidend. Denn der IS kann erst besiegt werden, wenn in Damaskus eine andere Regierung sitzt,[17] und einen geordneten Machtwechsel wird es in Syrien nur geben, wenn es sich für keine Kriegspartei mehr lohnt weiterzukämpfen und alle zu Kompromissen bereit sind. Dafür braucht es in der Logik der Militärs zunächst ein militärisches Patt, ein Gleichgewicht des Schreckens. Und dieses lässt sich am effektivsten und glaubwürdigsten herstellen, wenn der Westen die Lage der Menschen in den oppositionellen Gebieten verbessert.

Aktuell hat das Regime die Oberhand, weil an seiner Seite zwei Staaten (Russland und Iran) und eine schlagkräftige Miliz (Hisbollah) mit ihrer gesamten Militärleistung direkt und vor Ort kämpfen, während die Rebellen nur indirekt, unzuverlässig und unter Auflagen mit Waffenlieferungen unterstützt werden. Assad hat deshalb keinen Grund, zu verhandeln oder gar Zugeständnisse zu machen. Regimevertreter fahren zu den von den Vereinten Nationen moderierten Gesprächen nach Genf, um den Anschein eines politischen Prozesses zu erwecken, sind in Wahrheit aber nicht bereit, Macht abzugeben.

Assads Lösung besteht aus einer »Regierung der Nationalen Einheit«, in die er ein paar handverlesene, »loyale« Oppositionelle integrieren will, die seine Herrschaft nicht anzweifeln – mit Übergang hat das wenig zu tun. Ein Ende der Gewalt lässt sich damit jedenfalls nicht erreichen, denn solange Assad in Damaskus herrscht, wird kein syrischer Rebell – egal ob islamistisch, national oder säkular – aufhören zu kämpfen. Es geht nicht darum, ob Washington oder Moskau Assad im Amt halten will oder nicht, sondern um die Wahrnehmung der Syrer. Angesichts dessen, was Millionen von ihnen in den vergangenen Jahren durchgemacht haben, steht außer Frage, dass diese sich mit Assads Führung jemals arrangieren werden. Mit Bashar an der Macht kann das Land keinen Frieden finden.

Der Vorschlag der Opposition sieht eine »Übergangsregierung mit voller Exekutivgewalt« vor (wie sie auch UN-Resolutionen formulieren), an der Vertreter beider Seiten beteiligt würden, die kein Blut an den Händen haben. Assad und sein Führungskreis dürften demnach keine Rolle darin spielen. Über alle Lager hinweg – Muslimbrüder, Linke, Liberale, Sozialdemokraten, Freie Syrische Armee und islamistische Rebellen – sind sich die Assad-Gegner einig, dass man mit Regimevertretern zwar ohne Vorbedingungen verhandeln muss, aber nicht regieren wird. Denn ohne Machtwechsel kein glaubwürdiger Neuanfang. Von der Opposition zu verlangen, dass sie während einer Übergangszeit mit Assad gemeinsam regiert, ohne dass dieser die Luftangriffe auf Zivilisten einstellt, würde ihr den letzten Funken Legitimität nehmen. Denn welcher Syrer im Land sollte sich von einer Opposition vertreten fühlen, der es nur darum geht mitzuregieren, ohne in der Lage zu sein, das Morden zu stoppen?

Die Positionen der beiden Seiten sind unvereinbar, die regelmäßigen Treffen mit UN-Vermittlern in Genf suggerieren deshalb einen politischen Prozess, für den die Voraussetzungen noch gar nicht geschaffen sind. Um diese herbeizuführen, muss der Druck auf das Assad-Regime steigen – und zwar dadurch, dass bestehende UN-Resolutionen in zwei Punkten konsequent umgesetzt werden: Zivilisten in Syrien müssen sowohl mit Nahrungsmitteln und Medikamenten versorgt als auch vor Luftangriffen geschützt werden.

Bisher gelangt die gesamte humanitäre Hilfe der Vereinten Nationen und ihrer Partnerorganisationen (des Syrischen Arabischen Roten Halbmondes und des Internationalen Komitees des Roten Kreuzes) nur dorthin, wo Assad sie haben will. Weil das Regime in Damaskus offizielles UN-Mitglied ist, fahren die Hilfskonvois ohne seine Genehmigung in Syrien nirgendwohin. Dieses juristisch nachvollziehbare Prinzip hat zur Folge, dass bis zu 99 Prozent der Güter in Gebieten unter Regimekontrolle verteilt werden (unter anderem an Soldaten und Milizionäre), während Syrer in den von Assad belagerten Regionen nur sporadisch versorgt werden. Kinder und Alte verhungern, obwohl wenige Kilometer entfernt UN-Vorräte lagern. Im Jahr 2015 wurden fast 75 Prozent der UN-Anfragen nicht einmal beantwortet, die übrigen zumeist abgelehnt.[18] Selbst bei vorliegender Genehmigung werden Konvois in letzter Minute am Checkpoint abgewiesen (wie am 12. Mai 2016 in Daraya[19]). Kommen Hilfsgüter an, wird das belieferte Gebiet nach dem Verlassen der Laster bombardiert[20] (wie am 10. Juni 2016 ebenfalls in Daraya[21]).

Indem sie Assads Veto zu ihrer Arbeitsgrundlage gemacht haben, sind die Vereinten Nationen zu Erfüllungsgehilfen seiner Kriegsstrategie des Aushungerns geworden. Sie haben in Syrien ihre Unabhängigkeit und Neutralität verloren und missachten den Grundsatz jeder humanitären Hilfe, nach dem Hilfsgüter diejenigen Menschen erreichen müssen, die sie am dringendsten benötigen. All das, obwohl drei Resolutionen des Weltsicherheitsrats (2165, 2191, 2258) sie dazu ermächtigen, Hilfsgüter ohne Genehmigung des Regimes auszuliefern. Sie sollten die Zusammenarbeit mit Damaskus deshalb an Bedingungen knüpfen, die eine Versorgung aller Not leidenden Zivilisten sicherstellen. Hält sich das Regime nicht daran, sollten die UN ihre Kooperation mit Damaskus aussetzen. Da Assad auf die UN-Hilfe nicht verzichten kann, wird er sich mit großer Wahrscheinlichkeit kooperativ zeigen – die Belagerung von Hunderttausenden Syrern könnte auf diese Weise gebrochen und mittelfristig beendet werden.[22]

Auch ein militärisches Engagement zum Schutz von Zivilisten lässt sich mit UN-Resolutionen (2139, 2118, 2209) begründen. Der Einsatz von Fassbomben, Chemiewaffen und Angriffe auf zivile Ziele sind demnach verboten und könnten verhindert werden, indem sämtliche Gebiete außerhalb der Herrschaft des IS zu Bombenverbotszonen erklärt werden. Dort dürfen zwar alle fliegen, aber keiner bombardieren. Wer dies missachtet, wird abgestraft – nicht durch Kampfjets (die ins Visier der russischen Luftabwehr geraten könnten), sondern von Kriegsschiffen im Mittelmeer aus. Ein Helikopter, der weiterhin Fassbomben über Aleppo abwirft, würde abgeschossen, alternativ könnte der Militärflughafen, von dem aus er gestartet ist, angegriffen werden. Ziel wäre es, Luftangriffe auf Zivilisten spürbar zu bestrafen, damit diese ausbleiben. Nicht mehr und nicht weniger.

Eine solche Strategie der militärischen Nadelstiche würde mehreres bewirken: Millionen Menschen wären besser geschützt und müssten nicht mehr fliehen. Zehntausende Geflüchtete, die im Grenzgebiet zur Türkei und entlang der Grenze zu Jordanien ausharren, könnten in ihre Heimat zurückkehren. Assad stünde unter wachsendem Druck und sähe sich gezwungen, ernsthaft zu verhandeln und einer schrittweisen Machtübergabe zuzustimmen. Dadurch könnten sich syrische Rebellengruppen mehr und mehr auf den Kampf gegen den IS konzentrieren und neben den kurdischen Einheiten der PYD als Bodentruppen mit der internationalen Anti-IS-Koalition zusammenarbeiten.

Russland, das seit Oktober 2015 amerikanische Verbündete in Syrien angreift, sollte damit rechnen müssen, dass die USA dies verhindern – entweder durch eine entsprechende Ausstattung der Rebellen mit Boden-Luft-Raketen und panzerbrechenden Waffen oder indem sie im Gegenzug russische Verbündete ins Visier nehmen. Was nach einer gefährlichen Eskalation klingt, wäre in Wirklichkeit der erste Schritt heraus aus der Spirale der Gewalt, die nicht der Westen, sondern Assad selbst mit seinen Verbündeten in Gang gesetzt hat. Erst die glaubwürdige Bereitschaft der Amerikaner und Europäer, sich militärisch mehr für die Assad-Gegner zu engagieren, wird Moskau abwägen lassen. Statt den entschlossenen Manövern des russischen Präsidenten Vladimir Putin orientierungslos hinterherzulaufen, sollte der Westen ihnen etwas entgegensetzen. Da die russische Intervention in Syrien teuer und zu Hause unpopulär ist, wird Putin mittelfristig einlenken. Zumal es ihm nicht um Assad geht, sondern um Russlands Einfluss in der Region und die Stellung als Weltmacht. Assad dabei zu helfen, das ganze Land zurückzuerobern und seine Macht langfristig zu sichern, liegt nicht in Putins Interesse. Er würde damit in die George-W.-Bush-Falle tappen, bei der ein direktes militärisches Eingreifen mit vielen zivilen Toten den Hass breiter Bevölkerungsteile auf die Fremdherrschaft lenkt. Im Falle Syriens ist die Konstellation sogar noch ungünstiger: Die Unterstützung des Massenmörders Assad, der als Alawit mit schiitischer Rückendeckung des Iran und christlicher Hilfe Russlands (der Kreml holt sich dafür sogar den Segen der orthodoxen Kirche) das syrische Volk vernichtet, macht Moskau zum Hassobjekt der Sunniten in der Region. Statt mit seinem Syrien-Feldzug die Terrorgefahr für Russland zu verringern – wie offiziell behauptet –, erhöht Putin diese dramatisch.

Moskau hat mit seiner massiven Präsenz in Syrien den Preis für den Abgang Assads in die Höhe getrieben und sichergestellt, dass es auch in der Zeit nach Assad ohne Russland nicht gehen wird. Gleichzeitig braucht Putin für Syrien eine Exit-Strategie – und der einzige Ausgang besteht für die Russen in einer Verhandlungslösung. Bei den Gesprächen der Internationalen Unterstützergruppe (ISSG, zu der neben den USA und Russland auch europäische Staaten wie Deutschland, Frankreich und Großbritannien sowie die Regionalmächte Iran, Saudi-Arabien und die Türkei gehören) sollten deshalb gemeinsame Interessen im Vordergrund stehen, allen voran das Ziel, staatliche Strukturen in Syrien zu bewahren beziehungsweise diese wiederherzustellen. Daran ist nicht nur Amerikanern, Europäern und Russen gelegen, sondern auch den Syrern selbst. Genau das wird mit Assad jedoch nicht möglich sein, da dieser die Kontrolle über Teile des Landes verloren hat, in denen er die Verwaltung und Infrastruktur entweder gezielt zerstört oder der kurdischen PYD überlässt.

Um Syrien als Staat zu erhalten, braucht es zweierlei: ein Ende des Missbrauchs staatlicher Institutionen als Instrumente persönlicher Herrschaft und den Aufbau föderaler Strukturen. Wer Syriens Staatlichkeit retten will, muss sie zunächst von Assads Einfluss befreien, denn sämtliche Institutionen – Armee, Geheimdienste, Polizei, Partei, Parlament, Justiz und Verwaltung – dienen in erster Linie dem Machterhalt seines Regimes.

Daneben sollte eine Dezentralisierung des Staates den unterschiedlichen regionalen Entwicklungen, der Autonomie der Kurden und der örtlich erstarkten Zivilgesellschaft Rechnung tragen. Die in den »befreiten« Gebieten entstandenen Strukturen – Provinzräte, Lokale Räte und Komitees, die vor Ort Verantwortung übernommen haben und zum Teil regierungsnahe Aufgaben wie Zivilschutz, Bildung, Gesundheit, Rechtsprechung und Polizei erfüllen, müssen bei einer Neuordnung des Landes genauso miteinbezogen werden wie die autonome Verwaltung der PYD. Leider ist der Begriff Föderalismus bei den meisten Syrern negativ besetzt, sie sehen darin keine Chance zur Stabilisierung eines Landes, sondern verbinden damit einen staatlichen Auflösungsprozess, der ihnen Angst macht.

Es ist also Mut gefragt. Mut, Zivilisten (auch mit militärischen Mitteln) zu schützen, gesichtswahrende Diplomatie mit mehr Druck zu betreiben und die Stimmungen im Land stärker miteinzubeziehen. Dafür sollten Europäer und Amerikaner auf diejenigen Syrer hören, die sich seit mehr als fünf Jahren für ein freies, plurales und demokratisches Syrien einsetzen: mehr als einhundert zivilgesellschaftliche Gruppen, Nichtregierungsorganisationen und Tausende gewöhnliche Bürger,[23] die, sobald sie weniger bombardiert werden, sofort wieder demonstrieren gehen (wie nach Beginn des Waffenstillstands im Februar 2016 an mehr als 100 Orten im Land). »Die Revolution ist eine Idee und Ideen lassen sich nicht töten«, stand damals auf einem ihrer Plakate. »Assad kann die Feuerpause brechen, aber nicht den unbezwingbaren Geist der Revolution« auf einem anderen.

Nach all dem, was diese Menschen in den vergangenen Jahren durchlitten haben, fordern sie noch immer den Sturz des Regimes. Sie wollen sich nicht zwischen Assad und den Dschihadisten entscheiden müssen, lieber riskieren sie ihr Leben für eine politische Vision, die sie mit Begriffen wie »demokratisches Syrien« und »Freiheit für alle« beschreiben. Diese Syrer haben unsere uneingeschränkte Solidarität verdient. Und zwar nicht erst, wenn sie unter Einsatz ihres Lebens, mittellos und traumatisiert Europa erreichen, sondern schon vorher.

Angesichts von mehr als 500.000 geflüchteten Syrern, den damit einhergehenden innenpolitischen Debatten und gesellschaftlichen Verwerfungen hat kein Land Europas ein größeres Interesse an einem Ende des Syrienkrieges als die Bundesrepublik Deutschland. Sie sollte die grenzenlose Grausamkeit dieses Konfliktes nicht nur als Argument für die Aufnahme von Geflüchteten und ein diplomatisches Engagement verstehen, sondern auch als Grund, den Menschen in ihrer Heimat beizustehen, damit sie gar nicht erst fliehen müssen. Europäische Politiker nennen das »Bekämpfung von Fluchtursachen« – tun in Syrien aber nichts dafür. Dabei sind die notwendigen Maßnahmen längst bekannt, denn der Konflikt bietet bei aller Komplexität eine einmalige und einfache Chance: Er lässt sich lösen, indem der Westen sich für die Zivilisten im Land einsetzt. Wer syrische Kinder, Frauen und Alte vor Luftangriffen schützt und mit dem Nötigsten versorgt, setzt das entscheidende Signal gegen staatlichen und nicht-staatlichen Terror, gegen den Massenmord des Assad-Regimes und die Unterdrückung durch Extremisten. Dieses Signal könnte den Beginn eines politischen Übergangs auslösen, der zwar schwierig, langwierig und schmerzhaft sein wird und wie in anderen Staaten der Region mit Rückschlägen einhergehen wird, aber zunächst einmal ein Licht am Ende des Tunnels entzündet. Millionen Syrer hätten dadurch etwas Entscheidendes zurückgewonnen – die Aussicht, irgendwann in ihre Heimat zurückkehren zu können. Bis dahin werden sie vieles ertragen, für ihre Zukunft kämpfen und manchen Kulturschock überwinden müssen – auch in Deutschland.

Syrer bei uns – Warum wir Angst haben und uns missverstehen

In Deutschland sind alle gestresst, niemand hat Zeit!
Jugendliche unter 18 dürfen Alkohol trinken und Sex haben, aber nicht rauchen!
Im Bus müssen ältere Menschen stehen, weil ihnen keiner Platz macht!
Männer küssen sich mitten auf der Straße!
Viele fahren Fahrrad, obwohl sie ein Auto haben!
Frauen schleppen schwere Einkaufstüten und niemand hilft ihnen!
Manche Kinder haben keinen Vater, sondern zwei Mütter!
Bei roten Ampeln bleiben die Leute stehen, auch wenn kein Auto kommt!
Jungen und Mädchen gehen fast nackt zusammen schwimmen und trotzdem passiert nichts!
Eltern reden mit ihren Babys wie mit Erwachsenen!
Männer lesen in der U-Bahn, auch wenn eine hübsche Frau gegenüber sitzt!
Um deutsche Freunde zu treffen, muss ich zwei Wochen vorher einen Termin vereinbaren!

Diese und viele andere Dinge fallen Syrern in Deutschland auf. Sie sind überrascht bis schockiert, deshalb das Ausrufezeichen hinter jedem Satz. Wir Deutsche finden das alles normal, manches vielleicht übertrieben, anderes schade oder kritikwürdig, aber das meiste doch ganz richtig so.

Es gibt also in vielen Bereichen nicht nur unterschiedliche Wahrnehmungen, sondern auch andere Ansichten, was zwangsläufig zu kleineren und größeren Kulturschocks führt. Die Frage ist aber weniger, wie wir diese Unterschiede überwinden, glattbügeln und zu einer einheitlichen Sichtweise kommen können – denn die gibt es schon unter Deutschen nicht. Es geht vielmehr darum herauszufinden, was der nicht verhandelbare Kern unseres gesellschaftlichen Konsenses ist.

Schnell und zu Recht wird dann auf das Grundgesetz verwiesen, manchmal auch ohne sich zu vergegenwärtigen, was dort gleich am Anfang steht. Dass nämlich kein Mensch (auch kein Araber, Kurde oder Afrikaner) wegen seiner Herkunft oder Religion diskriminiert werden darf und alle Menschen (auch Muslime) das Recht auf freie Religionsausübung haben. Wer gegen den Bau von Moscheen demonstriert, verlässt den Boden des Grundgesetzes. Oder anders formuliert: Wer glaubt, Araber oder Muslime seien generell kaum zu integrieren, »weil sie einfach nicht zu uns passen«, müsste sich zunächst für eine Änderung des Grundgesetzes einsetzen. Denn in seinem Sinne darf vom Einzelnen nie auf eine Gruppe geschlossen werden – ganz einfach, weil das Rassismus ist. Und, um einen Gedanken des *SPIEGEL ONLINE*-Kolumnisten Sascha Lobo aufzunehmen, weil Zivilisation Differenzierung voraussetzt. »Zivilisiert zu sein bedeutet, nacheinander neun Schwarzhaarigen zu begegnen, die sich alle als Arschlöcher erweisen, und trotzdem dem zehnten Schwarzhaarigen nicht deshalb in die Fresse zu hauen«,[24] schreibt Lobo.

Wer es also ernst meint mit dem Grundgesetz und unserer Zivilisiertheit, der muss sich die Mühe machen, genauer hinzuschauen und über die eigenen unverrückbaren Überzeugungen Klarheit zu gewinnen. Dafür hat jeder Mensch einen inneren Kompass, der sich nach Erlerntem, Gebräuchlichem und dem eigenen Verstand ausrichtet und einen so durch den Alltag navigiert. Erst recht, wenn er sein Land, die Gesellschaft, den vertrauten Kulturkreis verlässt.

Auch ich war während meiner Anfangszeit in Damaskus von vielen Dingen überrascht und von manchen schockiert. Bei offensichtlichen Unterschieden zwischen Deutschland und Syrien fragte ich mich oft: Hat das mit Religion, Kultur, Patriarchat oder Diktatur zu tun? Wie finde ich das? Will ich das? Kann ich mich anpassen? Oder muss ich sogar dagegen vorgehen? Da ich mein Leben lang gerne gereist bin, zum Teil im Ausland studiert habe und vor meiner Auswanderung nach Syrien auch in Lateinamerika mehrere Monate gelebt und gearbeitet hatte, wusste ich um diesen inneren Kompass, der sich bei jeder Auslandserfahrung neu justiert. Vor allem, weil man nach längerer Zeit wieder nach Hause kommt und die Dinge zumindest kurzzeitig mit den Augen eines Fremden betrachtet. Dann blickt man von außen auf sein Leben, seine Familie, die Arbeit und Kollegen, vermeintliche Werte und darauf, wie der Alltag so funktioniert, und staunt, wie anders einem das alles vorkommt – im Guten wie im Schlechten. Diese Erfahrungen helfen mir jetzt, die vielen verzerrten Sichtweisen, die sich in den aktuellen Debatten in unserem Land widerspiegeln, zu erkennen und zu verstehen. Als gebürtige Deutsche und Wahl-Syrerin, die sowohl von ihren deutschen Wurzeln als auch von ihren Erfahrungen und Erkenntnissen in Syrien geprägt ist.

Doch zurück nach Damaskus. Ich hatte nie und habe noch immer kein Problem damit, mich konservativ zu kleiden. Frauen wie Männer sind dort in der Öffentlichkeit sehr korrekt angezogen. In der Stadt tragen Frauen lange Mäntel, Röcke oder Hosen mit Blusen oder Shirts und Jacken, die Männer Stoffhosen mit Hemden, Jeans mit T-Shirts und Jacken. In ländlichen Gebieten sieht man Frauen und Männer in unterschiedlich geschnittenen langen Gewändern (sogenannten *Galabias*). Nackte Beine oder Schultern zeigen beide in der Regel nicht. Auch macht es mir nichts aus, mich im Taxi auf die Rückbank zu setzen – weil syrische Frauen üblicherweise nicht neben dem Fahrer sitzen. Aber wenn bei der Erziehung von Mädchen und Jungen mit zweierlei Maß gemessen wird, dann macht mich das sehr wütend. Ebenso wie die Willkür und Arroganz von Polizisten und Beamten gegenüber Leuten ohne *wasta*, das heißt ohne persönliche Kontakte, ohne Vitamin B. Auf diese ungerechten und für mich ärgerlichen Verhältnisse komme ich noch zu sprechen, hier seien sie nur erwähnt, um zu erklären, woran ich mich in Syrien nicht gewöhnen konnte und in keinem Land der Welt gewöhnen werde, weil es mir gegen den Strich geht. Weil es meinen Verstand beleidigt und meine innere Überzeugung verletzt. Andersrum werden Syrer hierzulande auch ihre »heiligen Kühe« haben – Prinzipien, die sie hochhalten und verteidigen, egal wo sie leben. Für den einen mag das der Respekt vor dem Älteren sein, für den anderen die Wahrung der Intimsphäre, für den dritten die Bedeutung der Familie.

In diesem Kapitel gehe ich den verschiedenen Wahrnehmungen der Syrer, ihren und unseren Kulturschocks nach, um sie mit den diversen Lebenswelten in Deutschland abzugleichen. Nur wenn wir einander verstehen, können wir Ängste ablegen, Missverständnisse bereinigen und gemeinsam – Tür an Tür – den Alltag in diesem Land gestalten.

Tücken des Alltags – Aufeinander zu oder aneinander vorbei?

Jeder Syrer beherrscht mindestens ein englisches Wort: »welcome«. Das ist nicht viel, sagt aber einiges über die Bedeutung dieses Wortes aus. Einen Fremden willkommen zu heißen ist in Syrien so wichtig, dass man sich alle Mühe gibt, richtig verstanden zu werden. Welche englische Phrase den Deutschen spontan einfällt? Vielleicht »how are you?« oder »thank you«. Meine Tochter brachte neulich folgenden ersten englischen Satz mit nach Hause: »Today is Friday, the weather is cloudy.«
    Die Syrer sind keine Fremdsprachengenies. Das hat allerdings nicht mit mangelnder Begabung zu tun, sondern mit dem schlechten Englisch- und Französischunterricht an den Schulen und Universitäten. Tatsächlich erweisen sich gerade junge Syrer aus einem städtischen Umfeld als ziemlich sprachbegabt, wenn sie in Deutschland entsprechende Angebote nutzen und persönlich ins Gespräch kommen können. In Syrien lernen Schüler und Studierende zwar grammatikalische Grundregeln verschiedener Fremdsprachen, aber sie kommunizieren kaum, wodurch sich die Sprache nicht entwickeln kann. Als meine Schwägerin im dritten Jahr englische Lite-

ratur an der Universität von Aleppo studierte, konnte sie zwar Shakespeare zitieren, aber über das Wetter konnte sie sich mit meiner Mutter kaum unterhalten.

Das Wort »welcome« haben Reisende in Syrien ständig im Ohr. Der Krämer begrüßt einen damit, der Obsthändler ruft es hinterher, der Taxifahrer wiederholt es gleich mehrfach, und beim Bummel durch die Suqs, die Einkaufsmeilen der Altstadt, wird das »Welcome« zum Klangteppich. Dabei kommt es anders als in Ländern mit Massen- und Pauschaltourismus in Syrien wirklich von Herzen. Als langjährige Bewohner der »Achse des Bösen« freuen sich die Syrer über jeden, der nach Damaskus reist – allen Vorurteilen und Warnungen zum Trotz. Für diesen unbeirrbaren Mut wird der Reisende mit einer Überdosis Gastfreundschaft bedacht: ein Glas Tee hier, ein spontanes Mittagessen dort, ein frisch gemixter Erdbeer-Limone-Saft als Kostprobe, eine Handvoll Pistazien im Vorbeigehen und am Ende des Tages eine Einladung zum Abendessen. Nach spätestens zwei Tagen hat er verstanden, dass Schurkenstaaten nicht aus Schurken bestehen, sondern lediglich von Schurken regiert werden.

Inzwischen gibt es in Syrien kaum noch Touristen, obwohl der Alltag mancherorts erstaunlich normal verläuft – im Zentrum von Damaskus etwa oder in den Küstenstädten Latakia und Tartus. Im Suq al-Hamidiya, Damaskus' größtem Altstadtbasar, scheint auf den ersten Blick alles wie immer. Händler sitzen vor ihren Läden, syrische Hausfrauen kaufen ein, kleine Jungen servieren Tee, in Imbissen und Restaurants herrscht viel Betrieb und das Angebot an Plakaten von Bashar al-Assad scheint noch größer geworden zu sein. Nur die vielen bettelnden Frauen und Kinder sind neu – sie haben in Homs, Daraa oder anderswo alles verloren und sind nach Damaskus geflohen, weil sie hier vor Assads Bomben sicher sind und durch internationale Hilfsorganisationen versorgt werden. Und das ferne Grollen der Raketen, die das Regime auf die von Rebellen kontrollierten Vororte abschießt, und die Granaten der Aufständischen, die zuweilen auch das Stadtzentrum treffen, erinnern daran, dass ein paar Kilometer weiter Krieg herrscht.

Finanziell spürbar ist dieser vor allem für Syriens Tourismusindustrie – Hotels, Reiseführer und Kunsthandwerksläden. Wer auf traditionelles Handwerk spezialisiert ist – Mosaikdosen aus Holz,

Silbertabletts, Tischdecken und die fein gewobene Seide Damast – kämpft wirtschaftlich ums Überleben. Manch bekannter Händler, der in seinem Laden vergeblich auf Kunden wartet, vertreibt seine Ware inzwischen über das Internet an Stammkunden in Europa und den USA. Die wenigen UN-Mitarbeiter oder ausländischen Journalisten, die noch gelegentlich durch Damaskus' Altstadt bummeln, sind umso willkommener.

Lässt sich der Krieg im Zentrum von Damaskus zumindest vorübergehend verdrängen, ist er in Aleppo allgegenwärtig. Dort gleicht der größte überdachte Altstadt-Suq des Orients einer in Trümmern versunkenen Geisterstadt. Die Läden zerschossen, ihre Besitzer geflohen, die Ware geplündert. Ein Gang durch Aleppos Suq war früher so intensiv – das Gedränge, die Rufe, die Gerüche – dass manchem meiner deutschen Besucher schwindelig wurde. Heute herrscht in den Gassen Totenstille. Vielen ehemaligen Syrien-Reisenden blutet das Herz, wenn sie von der Zerstörung dieser faszinierenden Orte erfahren. Sie erinnern sich an die Gastfreundschaft, die sie damals erlebt haben, und nutzen jetzt mit einem Engagement in der Flüchtlingshilfe die Gelegenheit, den Syrern etwas von ihrer Willkommenskultur zurückzugeben.

Ein Griff in die Klischeeschublade: Vorurteile, Rassismus und Schwarz-Weiß-Denken

Mir wurde das permanente »welcome« irgendwann zu viel. Schließlich war ich in Syrien nicht auf der Durchreise, sondern fühlte mich dort jahrelang ziemlich heimisch. Ich sprach arabisch, arbeitete als Journalistin, hatte viele syrische Freunde und fühlte mich als Teil der Gesellschaft. »Gut integriert« also, nach deutschem Maßstab. Ehrlicherweise ist das als weiße Europäerin in Damaskus kein besonderes Verdienst, weil die Syrer es einem wirklich leicht machen. Mit einer Deutschen will jeder befreundet sein, denn bekanntermaßen bauen die Deutschen stabile Autos und Waschmaschinen (für die es in Syrien auch nach 30 Jahren noch Ersatzteile gibt), spielen gut Fußball, sind zuverlässig, pünktlich, gründlich und nicht überheblich – so weit der erste Griff in die Klischeeschublade. Dass ein Sudanese in Damaskus die gleichen Erfahrungen macht wie ich, wage ich zu bezweifeln. Womit wir beim Thema Rassismus sind, das ich weder den Syrern noch den Deutschen ersparen kann.

Leider sind Wahrnehmungen in Syrien so schwarz-weiß wie überall auf der Welt. Von einem schwarzen Afrikaner nimmt man generell an, er sei arm und ungebildet. Und weil er nichts hat, kann er nur kommen, um einem etwas wegzunehmen. Der weiße Europäer dagegen gilt als reich und gebildet, er kommt nicht aus Not, sondern aus Interesse, und bringt deshalb sicher etwas mit, mindestens Devisen. Wie verzerrt diese Bilder sind, zeigt ein Blick auf die weltweite Verteilung von Macht und Ressourcen, noch dazu vor dem Hintergrund der europäischen Kolonialgeschichte, unserer kapitalistischen Weltordnung und westlicher Hegemonialbestrebungen.

Aber die Vorurteile sitzen tief. Auch bei uns. In einem Berliner Krankenhaus wird die schwarze OP-Schwester von einer aus der Elternzeit zurückkehrenden Ärztin für die neue Putzfrau gehalten. Als ich einen asiatisch aussehenden jungen Mann in Konstanz nach dem Weg frage und er uns in bestem Schwäbisch Auskunft gibt, wundert sich meine Oma über dessen Deutschkenntnisse, bis ich ihr erkläre, dass der Mann hier geboren und aufgewachsen ist. Und bei der Bank wird ein seit Jahren hier lebender und gut Deutsch sprechender peruanischer Freund, der ein Konto eröffnen will, komplett ignoriert – die Mitarbeiterin würdigt ihn keines Blickes, sondern spricht stattdessen mit mir, obwohl ich ihn nur zufällig begleite.

Jeder, der vermeintlich fremd aussieht oder einen undeutschen Namen hat, kann von solchen Begebenheiten erzählen. Und sie passieren immer häufiger, weil Vorurteile, die in uns allen schlummern, inzwischen offen geäußert werden und zu rassistischen Feindseligkeiten führen. Manchmal ertappen wir uns vielleicht selbst dabei, »Fremde« auszugrenzen oder vorab zu verurteilen – in Gedanken oder mit Taten. Aber woher kommt all die Angst? Warum dieses Misstrauen? Und wohin führt das unsere Gesellschaft?

Was ich in Syrien erlebte, hat ebenfalls mit Stereotypen zu tun. Als weiße Europäerin wurde ich das »Welcome« einfach nicht los. Obwohl es gut gemeint war, fühlte ich mich dadurch ausgegrenzt.

Denn auch nach mehreren Jahren stempelte man mich damit immer wieder zur Fremden ab. So ungefähr muss sich jetzt der seit zehn Jahren in Deutschland lebende syrische Internist fühlen, wenn er in München aus dem Zug steigt und von einer jungen Frau mit einem »herzlich willkommen« und einer Hand voll Bananen begrüßt wird. Oder der ägyptischstämmige Journalist, der sich nach den Diskussionen über sexuellen Missbrauch von Frauen oder einem Terroranschlag von allen misstrauisch beäugt fühlt.

Dahinter steckt eine bittere Realität. Ich kenne Deutschtürken, Deutschsyrer und Deutschiraner, die Angst davor haben, für einen Geflüchteten gehalten zu werden. Sie überlegen, wie sie sich kleiden und verhalten sollten, um sofort als Deutsche erkennbar zu sein. Manche dieser Menschen mit dem berühmten »Migrationshintergrund« ziehen sich zurück und wollen mit den Neuankömmlingen lieber nichts zu tun haben. Vielleicht weil sie sich selbst nicht als vollwertige Bürger fühlen, weil der Boden, auf dem sie hier stehen, noch zu wackelig ist oder weil sie fürchten, ihre eigene Fluchtgeschichte oder Erinnerungen an eine entfernte Heimat könnten sie einholen. Einige von ihnen wählen sogar die Alternative für Deutschland (AfD) in der irrigen Annahme, dadurch kämen weniger Ausländer nach Deutschland, die dem eigenen Image schaden könnten, sodass es ihnen langfristig besser ergehe. Andere packen an, machen mit und sind als Übersetzer, Versteher und Erklärer unverzichtbar. Diese Deutschen, deren Vater oder Mutter in einem anderen Land als Deutschland geboren wurden, sind die Brückenbauer, die wir so dringend brauchen.

Leider haben auch sie immer noch zu kämpfen. Um fachliche Anerkennung, eine gute Ausbildung, Gleichberechtigung im Beruf, selbst um eine Wohnung und einen Job. Die Bewerbung eines Mohammeds ist weniger aussichtsreich als die eines Daniels, Frauen mit Kopftuch vermeiden Wohnungsbesichtigungen, weil sie erleben, dass ihr Name sofort von der Liste der Bewerber gestrichen wird. Das ist offener Rassismus und widerspricht nicht nur geltendem Recht, sondern auch den Prinzipien unseres Grundgesetzes, das jede Benachteiligung aufgrund von Herkunft und Religionszugehörigkeit verbietet. Aber es ist leider gängige Praxis, nicht nur in ostdeutschen Großstädten oder auf dem Land, sondern mitten in Berlin, Köln und München. Wann immer es eine »biodeutsche« Alternative gibt – den Daniel oder die blonde Frau ohne Kopftuch – wird diese bevorzugt. Weswegen ich von meinen syrischen Verwandten gerne vorgeschickt oder mitgenommen werde in der Hoffnung, meine bloße Anwesenheit könnte ihre Lage verbessern – ob bei der Wohnungssuche, bei der Ausländerbehörde, im Jobcenter oder bei der Studienberatung.

Umarmen, küssen oder Hand aufs Herz: Wie viel Nähe wollen wir?

Zum Ankommen gehört das Begrüßen – ein Thema, das bei vielen Menschen große Unsicherheit auslöst. Soll man als Mann einer Frau mit Kopftuch nun die Hand geben oder lieber nicht? Strecke ich als Frau dem Syrer ganz demonstrativ meine Rechte hin, um mal zu sehen, wie er es mit der Gleichberechtigung hält? Kann ich die syrischen Kinder in der Notunterkunft von Anfang an auf den Schoß nehmen? Und die traumatisierte Mutter nach einem langen und persönlichen Gespräch zum Abschied umarmen?

Ich persönlich glaube, dass unser Bauchgefühl uns meist das »Richtige« tun lässt – »richtig« in dem Sinne, dass es nicht missverstanden wird und niemanden verletzt. Daneben müssen wir uns klarmachen, dass es, genau wie bei uns, auch unter Syrern herzliche und eher schüchterne Menschen gibt. Welche, die uns mit offenen Armen empfangen würden, und andere, die erst mal vorsichtig nicken. Dennoch gibt es ein paar Unterschiede, die zu kennen sicher weiterhilft.

Körperliche Nähe und offen gezeigte Zuneigung sind in Syrien durchaus verbreitet – auch im öffentlichen Raum, allerdings nur innerhalb des eigenen Geschlechts und nicht zwischen Männern und Frauen. Händchen haltende Männer (auch Soldaten) und untergehakt laufende Mädchen sind ein verbreitetes Bild – zur Begrüßung küssen und umarmen sich nicht nur Frauen, sondern auch Männer untereinander. Gegenüber dem anderen Geschlecht sind die Syrer grundsätzlich reservierter. Berührungen werden eher vermieden, es sei denn, die äußeren Umstände sind entsprechend eindeutig – zum Beispiel, wenn ein Politiker formal begrüßt wird. Treffen sich zwei befreundete Paare, umarmen sich die Frauen und die Männer untereinander mit Küsschen, während sich der Mann und die Frau des jeweils anderen Paares per Handschlag oder mit warmen Worten begrüßen.

Wie groß die Bandbreite auch unter Syrern ist, erlebte ich in Berlin bei einer Konferenz syrisch-medizinischer Hilfsorganisationen, die ich moderierte. Während die meisten der älteren, seit Langem in Deutschland arbeitenden Ärzte mir zur Begrüßung die Hand gaben, begegneten mir zwei jüngere Syrer auf andere Art. Einen hatte ich einmal zuvor getroffen, ohne zu zögern küsste er mich rechts und links auf die Wangen. Der andere kam gerade aus Idlib, hielt etwas Abstand und gab mir mit einer angedeuteten Verbeugung zu verstehen, dass er keine direkte Berührung wünsche. Ich erwiderte seinen Gruß mit einem kurzen Nicken und einem Lächeln, was ihn offensichtlich erleichterte. Wahrscheinlich empfand er von allen den größten Respekt für mich.

Es beruht jedenfalls auf einem Missverständnis, wenn jeder verweigerte Handschlag als Diskriminierung der Frau gedeutet wird. Schließlich unterstellen wir einer konservativen Muslimin, die einen Mann nicht per Handschlag begrüßen möchte, auch keine Männerfeindlichkeit. Je nach Besitzer kann es im Gegenteil ein Zeichen von Respekt oder Ehrerbietung sein, wenn sich der Mann die Hand aufs Herz legt und leicht verbeugt. Es geht also nicht darum, die Frau abzuwerten, indem man sie anders begrüßt als einen Mann – das ist vielmehr das, was wir daraus machen. Wir Frauen im Westen wittern hinter jeder Andersbehandlung Abwertung, weil unsere Emanzipation vor allem darin besteht, alles so zu machen wie die Männer. Folglich wollen wir auch so behandelt werden wie Männer. Eine ziemlich unemanzipierte Sicht auf die Dinge, aber dazu mehr an anderer Stelle.

Grundsätzlich sollten wir alle sensibel sein für das individuelle Bedürfnis nach Nähe und Abstand unseres Gegenübers. Ich persönlich finde es unangenehm, in Frankreich von wildfremden Männern bei der ersten Begegnung dreimal geküsst zu werden. Aber wenn sie nun mal dabei sind, drehe ich mich nicht weg, denn ich will sie nicht bloßstellen. Andererseits freue ich mich über Franzosen, die meine Zurückhaltung wahrnehmen und sich deshalb mit meiner ausgestreckten Hand begnügen oder einem höflichen Lächeln. So ähnlich könnte es einer konservativen Syrerin gehen, die es nicht gewohnt ist, jedem Mann gleich die Hand zu geben. Ein Deutscher könnte deshalb beobachten, ob sie sich eher zurückhält oder direkt auf ihn zukommt, und entsprechend von Weitem grüßen oder ihr die Hand geben. Andersrum sollten Geflüchtete eine spontan ausgestreckte Hand nicht ausschlagen, weil sich ihr Besitzer vermutlich sehr vor den Kopf gestoßen fühlen wird.

Einfacher wird es im Umgang mit Kindern, denn dieser ist in Syrien viel herzlicher und unbefangener als bei uns. Unsere älteste, in Damaskus geborene Tochter wurde als Baby gerne mal für ein Gruppenfoto entführt, auf der Parkbank nebenan geherzt oder durch das Flugzeug gereicht. Als sie laufen konnte, wurde sie von den Kellnern im Restaurant an die Hand genommen und verschwand für 20 Minuten in der Küche. Was deutsche Mütter und Väter in Panik versetzen würde, ist in Syrien selbstverständliches gesellschaftliches Miteinander. Das liebevolle Knuddeln, Küssen und in die Wange zwicken syrischer Kinder ist also durchaus erlaubt – sie selbst ertragen es mit bewundernswertem Gleichmut, ihre Eltern erfüllt es mit Stolz. Unsere Kinder finden das Kneifen und Knutschen ihrer syrischen Verwandtschaft dagegen furchtbar. Durch ihre Sozialisation in Deutschland sind sie so wenig daran gewöhnt, dass sie dem lieber aus dem Weg gehen, was auf die anderen dann wiederum unhöflich oder unterkühlt-deutsch wirkt.

In Deutschland sind wir misstrauisch gegenüber Fremden, die unser Kind an die Hand nehmen wollen. Und das nicht ohne Grund, denn zu oft hört man von schlimmen Folgen. Am 1. Oktober 2015 verschwindet der kleine Mohammed vor dem Berliner Landesamt für Gesundheit und Soziales. Ein 32-jähriger Deutscher schenkte ihm ein Kuscheltier, woraufhin der vierjährige Flüchtlingsjunge ganz selbstverständlich an seiner Hand mitging. Er wurde sexuell missbraucht und erdrosselt, der pädophile Täter hatte zuvor bereits einen über Wochen vermissten deutschen Sechsjährigen entführt und getötet. Mohammed kam aus Bosnien, nicht aus Syrien, aber ein syrisches, afghanisches oder irakisches Kind wäre ein ebenso leichtes Opfer wie Mohammed.

Erwachsene sind in Syrien in erster Linie Respektspersonen, denen sich Kinder unterzuordnen haben. Der Respekt vor dem Alter zieht sich als Leitgedanke durch viele Bereiche des Zusammenlebens und zeigt sich auch bei der Begrüßung. Wenn sich Verwandte längere Zeit nicht gesehen haben, küssen Kinder zunächst die Hände ihrer Eltern und Großeltern und führen sie anschließend zur eigenen Stirn. Das passiert in manchen Familien täglich, meistens aber beim Wiedersehen am Wochenende, nach einer Reise oder längeren Abwesenheit. Was sich wie eine aufwendige Geste anhört, ist in Wirklichkeit eine fast beiläufige, weil selbstverständliche Bewegung. Übrigens berühren die Lippen dabei den eigenen Daumen, nicht die Hand des anderen – ganz wie im Europa der »gnädigen Damen«. Danach folgt nicht selten eine innige Umarmung, der Handkuss ist also Ausdruck von Respekt vor dem Alter, nicht die eigentliche Begrüßung.

Ich finde das eine schöne Geste und hatte deshalb von Anfang an kein Problem, meine Schwiegereltern auf diese Weise zu begrüßen – was mir als Deutscher große Sympathie einbrachte. Indem ich diese Tradition übernahm, war für alle offensichtlich, dass ich mich nicht als etwas Besseres fühlte (was man Europäern gerne unterstellt), sondern der ganzen Verwandtschaft auf Augenhöhe begegnete. Entsprechend willkommen war ich am Ende nicht nur als Deutsche in Syrien, sondern auch als neues Mitglied einer syrischen Großfamilie.

Es kann also nicht schaden, Syrer in Deutschland erst mal willkommen zu heißen. »Welcome« werden sie verstehen, »willkommen« sollten sie lernen. Ansonsten hilft auch *»ahlan wa sahlan«* – für all jene, die für ein hundertprozentiges Verständnis bereit sind, mindestens ein arabisches Wort zu lernen.

Ich und wir – Der Einzelne und die Gemeinschaft

An ihrem ersten Schultag in Berlin lernten unsere Kinder das Wort »Ich«. Wahrscheinlich, weil Ich in Deutschland, wie auch in anderen westlichen Gesellschaften, die Richtung unseres Denkens und

Handelns vorgibt. Das mag man kritisieren oder befürworten – es zeigt, worum es bei uns heutzutage vor allem geht: um das Individuum. Welches erste Wort die Schulanfänger in Damaskus lernen, weiß ich leider nicht. Ganz groß geschrieben wird in jedem Fall vom ersten Tag an die Gemeinschaft. Ein Syrer ist zunächst mal Teil einer größeren Einheit, er definiert sich über seine Familie, die weitere Verwandtschaft, seine Nachbarschaft, seinen Wohnort, seine kulturelle oder religiöse Zugehörigkeit.

»Woher kommst du?«, fragen sich Syrer untereinander als Erstes, in Deutschland heißt es eher »Was machst du?«. Bei uns reicht zum Kennenlernen der Vorname, in Syrien hat der Nachname eine viel größere Bedeutung, da es in jeder Stadt und Region einige große Familienclans gibt, mit denen die meisten um ein paar Ecken herum verwandt sind. Zwei Syrer, die sich begegnen, klären deshalb automatisch, ob sie nicht zufällig jemanden aus dem Umfeld des anderen kennen. Vielleicht hat der eine einen Schwager, dessen Neffe mit der Großcousine des anderen verheiratet ist?

Die Gemeinschaft bestimmt nicht nur die Identität eines Syrers, sie beeinflusst auch sein Verhalten. Dagegen ist ein Deutscher zunächst mal er selbst und sonst gar nichts, er denkt und tut, was er für richtig hält. In Deutschland soll der Einzelne sich entfalten und verwirklichen, er darf frei entscheiden, muss sich nicht gegen seinen Willen unterordnen und darf machen, was er will, solange er sich an die Gesetze hält. Weswegen wir ziemlich viele Gesetze brauchen, die das gesellschaftliche Zusammenleben regeln. Zu welcher Uhrzeit man in Deutschland zum Beispiel Rasen mähen oder laut Musik hören darf, wer wann welchen Treppenabsatz reinigen sollte und auf welcher Breite der Schnee auf dem Bürgersteig vor dem Haus weggeschippt werden muss. Auch die Höhe einer Hecke oder das Abernten eines Kirschbaumes, dessen Äste über dem Nachbargrundstück hängen, sind gesetzlich geregelt.

Für Syrer ist das schwer nachvollziehbar. Sie sind in Fragen des Zusammenlebens eher an gesellschaftliche Normen gewöhnt als an staatliche Gesetze. Versucht ein Kind, im fahrenden Bus über Sitze zu klettern, heißt es in Deutschland »das ist verboten«, in Syrien reicht das kurze arabische Wort *aib*. Diese drei Buchstaben bedeuten wörtlich »Schande«, in Erziehungsmomenten stehen sie für »das macht man nicht« oder »das schickt sich nicht«. Damit hat sich das Thema in Damaskus meist erledigt. In Berlin dagegen folgt nicht selten eine Diskussion, in deren Verlauf das Kind mehr oder weniger logische Argumente für sein Verhalten anführt: »Ich will aber klettern.« »Sei doch nicht so ein Angsthase.« »Ich pass schon auf.« »Wo steht das mit dem Verbot?« Syrische Kinder lernen zu gehorchen und sich anzupassen, deutsche Kinder lernen kritisch zu hinterfragen und zu argumentieren.

Von Familiengefügen und Kindererziehung, Großzügigkeit und moralischer Flexibilität

Was man tut und was man lieber lässt, erfahren wir von den Menschen, die uns erziehen – unseren Eltern, weiteren Verwandten, Lehrern und Erziehern in Kindergarten und Schule. Daraus entwickelt sich eine Art Verhaltenskodex, von dem manche behaupten, er sei kulturell spezifisch. Schauen wir also genauer hin. In Syrien steht generell das Wohl der Ältesten im Mittelpunkt, in Deutschland das der Jüngsten – angesichts der Altersstruktur der Gesellschaft keine überraschende Erkenntnis. Denn während die Bevölkerung in Syrien zu 37 Prozent aus Kindern (unter 15-Jährige) und nur zu vier Prozent aus Rentnern (über 65-Jährige) besteht, sind es in Deutschland 13 Prozent Kinder und 21 Prozent Rentner.

Gesellschaftlich wünschenswertes Verhalten beinhaltet in Syrien, Nachbarn und Gäste höflich zu begrüßen, vor der Tür die Schuhe auszuziehen, Fremden niemals die Füße entgegenzustrecken (was beim Sitzen auf dem Boden nicht immer einfach ist) und älteren Menschen Platz zu machen. Man packt stets mit an und hilft, bedient immer zunächst den Gast und die Älteren, wäscht sich vor und nach dem Essen die Hände, ist in der Mittagszeit ruhig, kümmert sich um jüngere Geschwister und fragt um Erlaubnis, bevor man etwas unternimmt. Und ganz wichtig: Wer das Haus verlässt, zieht saubere Kleidung an und frisiert die Haare. So weit die Benimmregeln, wie ich sie bei meiner syrischen Großfamilie erlebt habe (die im kleinstädtischen Milieu der konservativen unteren Mittelschicht lebt und folglich manches anders macht als eine reiche

Großstadtfamilie) – Neffen und Nichten werden in diesem Sinne erzogen.

Kein Wunder, dass einer dieser Neffen (inzwischen Ende 20) entsetzt ist, als ich mit ihm in einer vollen Berliner Tram stehe, eine ältere Dame einsteigt und keiner der jüngeren Fahrgäste für sie seinen Platz räumt. Ich merke, wie er innerlich ganz aufgebracht ist, so unverschämt findet er das. Auch in Zügen herumfläzende Teenager, die sich mit ihren Taschen breitmachen und über Kopfhörer laut Musik hören, findet er als Syrer abstoßend. Er ist damit aufgewachsen, an andere zu denken und Rücksicht zu nehmen, während ein junger Deutscher vielleicht eher sich selbst und seine Bedürfnisse im Blick hat. Was nicht heißen soll, dass es keine unverschämten Syrer gäbe.

Tatsächlich scheint die Konfrontation mit der Freiheit bei manchen zu größerer Unverschämtheit zu führen. Diese Leute sitzen einem verhängnisvollen Missverständnis auf: Sie verwechseln Freiheit mit asozialem Verhalten. Auch unter hier geborenen oder aufgewachsenen Jugendlichen, deren Eltern nach Deutschland eingewandert sind, gibt es Einzelne, die mit ihrem Verhalten provozieren. Und in den 1950er-Jahren mag sich ein katholischer Oberbayer in München oder ein protestantischer Küstenbewohner in Hamburg ganz ähnlich aufgeführt haben. Kaum den engen Fesseln des Heimatdorfes entflohen, vergaßen sie ihr gutes Benehmen, sobald sie die Freiheit und Anonymität der Großstadt atmeten. Heute sind vor allem Jugendliche aus Zuwandererfamilien mit diesem Widerspruch konfrontiert. Manche versuchen, den konservativen Regeln ihres Elternhauses zu entkommen, indem sie besonders laut und rücksichtslos, also vermeintlich »cool« sind. Dabei verkennen sie völlig, dass die Freiheit des Einzelnen da endet, wo sie einen Mitmenschen einschränkt, belästigt oder verletzt.

Entscheidend für das Verhalten dieser Jugendlichen ist nicht die Religion, sondern die konservative Gesellschaft, aus der sie beziehungsweise ihre Eltern kommen und aus der sie sich vermeintlich »befreien«, indem sie über das Ziel hinausschießen. Das kann ein Christ aus Syrien, ein Schiit aus dem Libanon, ein Alevit aus der Türkei, ein Sunnit aus Afghanistan oder ein Hinduist aus Indien sein. Egal woran ihre Eltern glauben, sie haben sich von ihren religiösen und kulturellen Wurzeln entfremdet und finden es aufregend, Tabus zu brechen und Grenzen zu überschreiten. Sie denken, wenn in Deutschland »alles möglich« ist, können sie ihre Umwelt hier getrost ignorieren – dabei basiert gerade eine freiheitliche Ordnung wie die deutsche auf der Verantwortung und dem sozialen Verhalten des Einzelnen.

Es ist deshalb wichtig, zu uns Kommenden von Anfang an klarzumachen, dass Freiheit niemals unbegrenzt ist, sondern im Gegenteil Grenzen braucht, um zu funktionieren. Und dass diese Grenzen für alle gleichermaßen gelten und möglichst freiwillig, das heißt aus Überzeugung eingehalten werden und nicht gezwungenermaßen. Ein in Deutschland lebender Mann lässt seine aufreizend gekleidete Nachbarin in Ruhe, weil er sie als Frau, sprich als gleichwertigen Menschen achtet, und nicht, weil gesellschaftliche Kontrolle, Sanktionierung durch die Großfamilie oder staatliche Gesetze ihn dazu zwingen – im Optimalfall zumindest. Auf Grenzen hinzuweisen, macht es den Geflüchteten leichter, sich in Deutschland zu orientieren. Syrer sind an Grenzen gewöhnt. Es darf uns also nicht darum gehen, dass Geflüchtete zum Zwecke einer falsch verstandenen Integration alles Erlernte und Anerzogene über Bord werfen. Sich an das zu erinnern, was sich in der Heimat schickt und was nicht, hilft ihnen auch hier.

Dann könnte manch deutscher Jugendlicher auch etwas von seinem syrischen Mitschüler lernen – teilen und Großzügigkeit zum Beispiel, eine für Syrer sehr wichtige Eigenschaft. Wer mit syrischen Geflüchteten zu tun hat – als freiwilliger Helfer zum Beispiel – hat das sicher schon bemerkt. Syrische Kinder teilen instinktiv und ohne zu überlegen. Die *SPIEGEL ONLINE*-Kolumnistin Margarete Stokowski, die sich in einer Novembernacht 2015 beim Berliner Landesamt für Gesundheit und Soziales umschaut, trifft dort einen syrischen Vater mit zwei Kindern, der offenbar seit zehn Tagen keine Unterkunft mehr hat. Um zwei Uhr morgens holt der achtjährige Sohn – der nur noch eine funktionierende Niere hat – eine Packung Kekse hervor, öffnet sie, gibt seiner jüngeren Schwester einen Keks und der deutschen Journalistin auch einen. »Ich muss mich zusammenreißen, um nicht zu heulen«, schreibt Stokowski.[25]

Diese selbstverständliche Großzügigkeit lässt sich in Syrien überall beobachten – im Bus, im Park, beim Picknick. Egal was es gibt, ob Kirschen, Gurken, Nüsse oder Kekse, sie werden stets auch den Nachbarn angeboten. Dabei gebietet es die Höflichkeit, zunächst abzulehnen und sich mehrfach bitten zu lassen, bevor man zugreift. Umgekehrt führt das durchaus zu Frustmomenten. Freundinnen aus Deutschland, die mich während meiner Zeit in Syrien besuchten, scheiterten regelmäßig bei dem Versuch, unseren Proviant mit den Sitznachbarinnen im Bus zu teilen. »Sie wollen wirklich nicht«, sagten sie mir dann, nachdem sie die Tüte mit den Pistazien zwei- bis dreimal hinübergestreckt und die Syrerinnen immer dankend abgelehnt hatten. Erst wenn ich mich auf Arabisch einmischte und Sätze wie »das geht nicht«, »ihr müsst was nehmen«, »nur mir zuliebe«, »ich werde sonst traurig« sagte, griffen die Menschen zu. In Deutschland wäre das Nötigung, in Syrien ist es ein gesellschaftlich eingeübtes Höflichkeitsritual.

Aber es gibt auch kulturelle Ähnlichkeiten. Gerade älteren Lesern mögen die Regeln meiner syrischen Verwandtschaft durchaus vertraut vorkommen. Hat man in Deutschland früher nicht auch auf saubere Fingernägel und gekämmte Haare geachtet? Und auf »ordentliches«, sprich respektvolles Benehmen? Ging es zu Zeiten unserer Großeltern und Urgroßeltern nicht vor allem darum, dass Kinder den Erwachsenen gehorchten? Ganz ähnlich ist es in Syrien heute noch. Die Älteren geben die Regeln vor, an die sich die Jüngeren zu halten haben. Kritisches Hinterfragen oder Widerworte sind unerwünscht und gelten als ungebührlich. Autoritär nennen wir diesen Erziehungsstil hierzulande, er gilt als veraltet, obwohl sich manche Deutsche vielleicht durchaus mehr Respekt und Folgsamkeit von der Jugend wünschen.

Viele der als typisch syrisch beschriebenen Verhaltensweisen gehören auch in Deutschland noch immer zum Erziehungskodex, Hilfsbereitschaft und Rücksichtnahme zum Beispiel oder das Händewaschen und Schuheausziehen. Aus heutiger Sicht problematisch ist eher die Durchsetzung solcher Regeln. In einer streng autoritären Erziehung sind Kinder keine gleichwertigen Partner mit eigenem Willen und eigener Meinung, sondern in erster Linie Befehlsempfänger. Statt altersgemäß auf Augenhöhe zu kommunizieren und gemeinsame Regeln auszuhandeln, entscheiden die Eltern für ihre Kinder. »Tu, was ich dir sage!« statt »mach, was du für richtig hältst«. Noch problematischer ist die Sanktionierung von Fehlverhalten. Wer nicht folgt, wird bestraft – auch körperlich. Das hieß bei uns früher Backpfeife, Kopfnuss oder eine Tracht Prügel und war ein selbstverständlicher, weil nach damaligem Verständnis notwendiger Teil der Erziehung. »Wer nicht hören will, muss fühlen«, war ein beliebter Spruch unserer Großeltern. In Syrien gilt er bis heute. Ein Klaps auf die Finger oder auf den Po ist normal, ältere Kinder werden zum Teil mit Hilfsmitteln wie Gürteln geschlagen. In ländlichen Gebieten wenden auch Lehrer in der Schule bis heute Körperstrafen an, obwohl diese gesetzlich verboten sind – dann gibt es Stockschläge auf die Handflächen oder eine Ohrfeige. Manchen Lesern wird das bekannt vorkommen, denn mit den gleichen Methoden durften Lehrkräfte in der Bundesrepublik Deutschland noch bis 1973 ihre Schüler züchtigen. Die DDR hatte Körperstrafen an Schulen bereits 1949 abgeschafft.

In Wirklichkeit ist das Thema Gewalt natürlich viel komplexer. Es betrifft nicht nur die Erziehung, sondern auch familiäre Strukturen und die Gesellschaft als Ganzes. Wer selbst Erfahrung mit Gewalt macht, gibt diese häufig weiter, sodass Prügel und Erniedrigung sich fortsetzen – von Mann zu Frau, von den Eltern zu den Kindern, von älteren zu jüngeren Geschwistern.

Angesichts dessen, was die Syrer in den vergangenen Jahren erlitten haben und wie alltäglich Tod und Gewalt in Syrien geworden sind, müsste die Gesellschaft eigentlich komplett verroht sein. Fast alle Syrer, die hierherkommen, haben Grausames erlebt – Bomben- und Raketenangriffe, Scharfschützen, Vergewaltigungen, Hinrichtungen, Folter und Misshandlungen unvorstellbaren Ausmaßes. Wer überlebt hat, ist meist traumatisiert, leidet unter Panikattacken, Schlafstörungen, Depressionen oder einer posttraumatischen Belastungsstörung. Diese Menschen brauchen Hilfe, professionelle psychologische Betreuung wird es für die meisten jedoch nicht so schnell geben. Umso wichtiger ist es, Verständnis aufzubringen und den Syrern dabei zu helfen, ihre diversen Kreisläufe der Gewalt zu durchbrechen.

Die Kindererziehung bietet dafür eine große Chance. Denn, so banal das klingt, Syrer lieben Kinder über alles. Viele sind nur ihretwegen hier – Mütter und Väter konnten den Krieg in Syrien oder die Armut in den Nachbarländern lange Zeit ertragen, aber was für sie unerträglich wurde, war die Perspektivlosigkeit. Die Aussicht, dass ihre Kinder als Analphabeten heranwachsen und keine Chance auf ein erfülltes Leben haben würden. Die größte Motivation der zu uns flüchtenden syrischen Eltern ist folglich, für ihre Kinder ein neues Leben aufzubauen. Ein Leben in Sicherheit und Würde – und dazu gehört in Deutschland, dass auch Eltern ihre Kinder nicht schlagen.

Die meisten Syrer wissen, dass Gewalt in der Erziehung bei uns ein gesellschaftliches Tabu und gesetzlich verboten ist. Es sollte deshalb nicht darum gehen, sie zu belehren oder ihnen zu drohen, sondern vielmehr sie davon zu überzeugen, dass Prügeln nichts bringt. Das ist nicht einfach, denn auch in unserer Großfamilie gelten die Kinder des strengen Onkels als wohlerzogener als diejenigen des gutmütigen Onkels. Was die Verwandtschaft darauf zurückführt, dass sie vor dem einen Angst haben und vor dem anderen eben nicht.

Dass Angst nicht gleichbedeutend ist mit Respekt und dass Respekt auf Gegenseitigkeit beruht, weil man nur einfordern kann, was man den Kindern auch selbst vorlebt, ist schwer zu vermitteln. Auch hierzulande klafft zwischen schöner Theorie und anstrengender Praxis eine Lücke. Selbst deutsche »Bildungsbürger-Eltern«, die absolut davon überzeugt sind, dass sie ihren Kinder mit dem gleichen Respekt begegnen sollten, den sie sich umgekehrt auch von ihnen wünschen, haben zuweilen Probleme bei der Umsetzung. Was meistens mit einem Zustand der Überforderung zu tun hat. Sie sind gestresst, es wird ihnen alles zu viel und am Ende verlieren sie die Nerven und die Kinder sind die Leidtragenden.

Wenn aber deutsche »Normalbürger«, die vergleichsweise sorglos leben, das Gefühl der Überforderung kennen und nicht im Griff haben – wie mag es dann den geflüchteten Müttern und Vätern in den Turnhallen und Heimen gehen? Einem Vater, dessen Frau bei der Bombardierung ihres Wohnhauses in Syrien gestorben ist und der nun mit seinen drei Kindern alleine in Deutschland ist?

Der nicht weiß, wie es weitergeht und seinen Kindern nicht erklären kann, warum sie schon zweimal die Unterkunft wechseln mussten und auch nach vier Monaten noch nicht in die Schule gehen können? Vielleicht besteht die größte Sorge dieses Vaters darin, seine Kinder könnten sich nicht ordentlich benehmen und ihn dadurch als »unfähigen Vater« blamieren? Weshalb er auf die vertrauten und eingeübten Erziehungsmethoden zurückgreift – Schläge. Eine alleinerziehende syrische Mutter kämpft mit den gleichen Problemen. Sie möchte in Deutschland wohlerzogene Kinder präsentieren, schließlich sind diese so etwas wie ihr Aushängeschild.

Kinder können Eltern mit großem Stolz erfüllen, aber auch eine Schande für die Familie bedeuten. Denn in einer Gesellschaft, in der das Kollektiv mehr zählt als das Individuum, wirkt sich das Verhalten des Einzelnen stets auf das Ansehen der ganzen Familie aus. Mancher Syrer wird jeglichen Kontakt zu seinem in Deutschland lebenden Bruder abbrechen, wenn er erfährt, dass dieser Alkohol trinkt oder seine Tochter einen festen Freund hat, ohne verheiratet zu sein. Und der Einfluss der Verwandtschaft wirkt auch in die Ferne, was für viele hier lebende Syrer einen großen Druck bedeutet und im Einzelfall zu einem tiefen Zwiespalt und schizophrenem Verhalten führen kann.

Über die Jahre entwickelt sich daraus mitunter eine skurrile Situation. Viele (nicht nur syrische) Familien arrangieren sich mit dem Doppelleben der Verwandtschaft – alle wissen Bescheid, aber keiner sagt etwas. Den konservativen Eltern in Syrien ist klar, dass ihre Tochter in Deutschland Alkohol trinkt und ins Freibad geht (hier eine Selbstverständlichkeit – dort ein Skandal), sprechen es aber nicht an, um einen gesellschaftlich gebotenen Bruch zu vermeiden. Umgekehrt hält sich die junge Frau beim Heimatbesuch an die dortigen Regeln und würde auch in Deutschland niemals in Gegenwart der Eltern ein Bier trinken.

Interessant ist, wie unterschiedlich Deutsche und Syrer diese offensichtliche Doppelmoral bewerten. Was uns verlogen vorkommt, finden Syrer rücksichtsvoll, auch wenn sie seit Jahrzehnten in Deutschland leben. Ich erinnere mich an die Diskussion mit einer deutsch-syrischen Bekannten, die zu bestimmten Anlässen gerne eine Zigarette raucht und ein Glas Wein trinkt. Ihr Vater ist Syrer, die Mutter Deutsche, sie hat ihre Kindheit und Jugend teils in Frankfurt, teils in Damaskus verbracht. Bis heute weiß der Vater nicht, dass seine Tochter trinkt und raucht – dabei ist sie inzwischen Anfang 50, ihr Vater fast 80 Jahre alt. Ich schüttelte den Kopf. »All die Jahre hast du deinen Lebensstil verleugnet und ihm was vorgespielt«, sagte ich zu ihr. »Das habe ich aus Respekt getan, weil ich weiß, wie sehr es ihn schmerzen würde«, antwortete sie. Jemanden anzulügen habe doch nichts mit Respekt zu tun, erwiderte ich. Sie sei doch eine selbstständige, beruflich erfolgreiche und kluge Frau, die zu dem stehen müsse, was sie macht – auch gegenüber ihrem Vater. »Ich liebe ihn aber so sehr, dass ich ihm das nicht antun will«, erklärte sie. Das sei nicht verlogen, sondern eine Form der Rücksichtnahme, die wir Deutschen vielleicht nicht nachvollziehen könnten.

Wahrscheinlich hat sie recht. Zu dem zu stehen, was man für richtig hält, egal wo und wem gegenüber, ist in Deutschland ein hoher Wert. Wer persönliche Überzeugungen nicht auch in der Öffentlichkeit vertritt, verrät diese und sich selbst gleich mit. Syrer sind da »flexibler«, weil sie die Wahrnehmung und Gefühle des anderen stärker miteinbeziehen. Womit wir wieder bei der Ursprungsannahme wären: dem Gegensatz zwischen Individuum und Gemeinschaft und dem Spannungsfeld zwischen der Freiheit des Einzelnen und dem Einfluss von Familie und Gesellschaft.

Hier in Deutschland soll sich jeder selbst überlegen, wovon er überzeugt ist, und das dann auch nach außen vertreten – stets verbunden mit dem Risiko, Freunde und Verwandte vor den Kopf zu stoßen. In Syrien schaut man eher, ob das eigene Verhalten auch niemanden verletzt oder was für einen wichtige Personen davon halten. Im Zweifelsfall passt man sich eben an und verleugnet dann mal diesen oder jenen Aspekt seines Lebens. Mit Opportunismus hat das nichts zu tun, weil nicht der eigene Vorteil, sondern die Gefühle des anderen im Vordergrund stehen.

Deutsche kennen diese Rücksichtnahme am ehesten von Reisen in andere Länder. Da überlegen wir uns auch, wie unser Handeln oder unsere Kleidung wahrgenommen werden. Ein solches kultursensibles Verhalten ist richtig und wichtig. Denn nicht alles, was man hier tut, muss auch in Syrien getan werden, nach dem Motto

»wenn ich in Deutschland in Boxershort oder Bikini auf dem Balkon sitze, mache ich das in Syrien auch«. Worum es mir geht, sind grundsätzliche Überzeugungen, für die man sich unabhängig von Kultur einsetzen sollte. Die Gleichwertigkeit von Frau und Mann etwa.

Bestimmte Werte öffentlich zu vertreten, ohne sie auch persönlich konsequent umzusetzen, empfinden wir alle als verlogen. Das passiert in Deutschland massenhaft, aber in Syrien ist es noch verbreiteter, weil dort das Bild nach außen wichtiger ist als bei uns. Der schöne Schein, die heile Fassade müssen unbedingt gewahrt werden. Bei der Kindererziehung kann sich das sehr negativ auswirken, denn Eltern sind oft inkonsequent und erziehen Kinder unbewusst zu Verheimlichung und Lügen. Fast alle syrischen Männer rauchen zum Beispiel, aber 14-jährige Jungen sollen natürlich noch nicht damit anfangen. Viele tun es trotzdem – heimlich, so wie auch Jugendliche in Deutschland heimlich rauchen und in den USA heimlich trinken.

Der Unterschied beginnt bei der Reaktion der Eltern. Deutsche und amerikanische Eltern, die mitbekommen, was ihre Kinder hinter ihrem Rücken tun, werden versuchen, sie davon abzuhalten, mit Überzeugungsarbeit und Strafen. Es geht ihnen darum, dass Rauchen schädlich ist, Alkoholkonsum in unkontrolliertem Maße auch, und dass Letzteres außerdem weitere schlimme Folgen haben kann: Beleidigungen und Schlägereien, Verkehrsunfälle, sexuelle Übergriffe oder sonstige Straftaten. Syrische Eltern werden das Rauchen ihrer Söhne dagegen weitgehend ignorieren und totschweigen nach dem Motto: »Es kann nicht sein, was nicht sein darf.« Hauptsache, niemand bekommt es mit und der Sohn erdreistet sich nicht, in aller Öffentlichkeit – womöglich vor den Augen seines Vaters – zu rauchen. Was er mit seinen Kumpels treibt, ist egal, solange niemand davon erfährt. Erwischt ihn allerdings ein Nachbar, wird es peinlich für die Familie und folglich zum Ärgernis der Eltern. In Deutschland geht es um das Prinzip, in Syrien um das gute Ansehen.

Für das erwähnte Doppelleben manch syrischer Familie im Exil bedeutet das, dass ab einem gewissen Alter auch die Kinder mitspielen müssen. Während der Sommerferien in Damaskus dürfen sie auf keinen Fall erwähnen, dass ihr Vater jetzt daheim in Dortmund ein kühles Bier trinken und mit der Familie an den Badesee fahren würde. Das ist zugegebenermaßen etwas plakativ. Ich kenne viele Syrer, die auch in Deutschland ihren Überzeugungen treu bleiben und etwa als Muslime keinen Alkohol trinken und fünfmal am Tag beten oder als Katholiken sonntags in die Kirche gehen und sich nie scheiden lassen würden.

Aber jeder Syrer gerät in einer liberalen Gesellschaft wie der deutschen in Situationen, in denen er froh ist, dass seine Mutter oder sein Vater in der Heimat ihm gerade nicht über die Schulter blicken können. Wenn etwa zwei knutschende Teenager in der U-Bahn auf der Bank gegenüber so tun, als wären sie alleine. Oder wenn ihnen drei betrunkene Penner mit ihren frei laufenden Hunden pöbelnd entgegenkommen. Oder auch wenn die Kindergartengruppe der Tochter splitternackt im Hof mit Wasser spielt. Für diese und unzählige andere Momente gilt in Syrien: »*aib!*«– »das macht man nicht!«. Man knutscht nicht in der Öffentlichkeit, betrinkt sich nicht und beschimpft keine anderen Leute auf der Straße und man läuft nicht nackig durch die Gegend – egal in welchem Alter.

Es ist deshalb für jeden Syrer in Deutschland eine große Herausforderung, den für ihn passenden Mittelweg zu finden zwischen »Was will ich?«, »Was würden meine Eltern sagen?«, »Was ist hier üblich?« und »Was finde ich eigentlich richtig?«. Sich jahrelang zu verbiegen, um es allen recht zu machen, ist sicher keine gute Lösung. Genauso wenig wie die eigene Herkunft zu verleugnen und Deutsche in allem nachzuahmen oder umgekehrt die Wirklichkeit in Deutschland auszublenden und weiterhin alles so zu machen wie in Syrien. Irgendwo zwischendrin liegt wohl der richtige Weg – auch »gelungene Integration« genannt. Und bei jedem Menschen sieht sie anders aus.

Wie eine Gesellschaft aus Individuen entsteht

Doch zurück zu der Frage, wie wir zu einem Individuum werden. Dass wir in Deutschland Kindern eher auf Augenhöhe begegnen, erwähnte ich bereits. Wie früh wir sie bereits ernst nehmen, zeigt sich besonders im Umgang mit Kleinkindern. Je nach Bildungsgrad und sozialer Schicht sprechen deutsche Mütter (auch viele Väter, aber im Vergleich soll es hier um die Mütter gehen) in den ersten Lebensjahren fast ständig mit ihren Kindern, wenn sie mit ihnen interagieren. Sie erklären, was sie gerade machen, wohin sie gleich gehen, warum sie sich warm anziehen müssen, was noch zu erledigen ist und wer später zu Besuch oder wieder nach Hause kommt. Dabei reden sie zwar dem Kindesalter angemessen, aber in vollständigen Sätzen. Syrern kommt das dann so vor, als ob die Deutschen mit ihren Babys wie mit Erwachsenen sprechen.

In Syrien werden Kinder unter drei Jahren dagegen – vereinfacht gesagt – nicht ganz für voll genommen. Sie werden zwar bestens versorgt, von älteren Cousins und Cousinen, Tanten und Onkeln bespielt und zum Lachen gebracht, sehr geliebt und geknuddelt, aber sie werden nicht aktiv in den Alltag eingebunden. Sie laufen mit, ohne Teil des Geschehens zu sein, was nicht bedeutet, dass sie keine Aufmerksamkeit bekommen! Sie werden bewundert und geküsst – »Gott möge sie beschützen« –, aber dann geht's weiter ohne viele Erklärungen oder Interaktion. Meine Freundinnen in Damaskus zum Beispiel kümmerten sich rührend um den Nachwuchs, sprachen aber kaum mit diesem. Ihre Kinder wurden hübsch angezogen, schick frisiert, aber wohin es gleich ging und aus welchem Grund, erfuhren sie nicht. Die jungen Mütter begannen zu kochen, ohne zu erwähnen, was es nachher zu essen geben würde. Sie telefonierten und verabredeten sich, ohne zu erzählen, wer da angerufen hatte. Und sie bewahrten ihre Kinder nebenbei vor Gefahren, ohne sie zu warnen, dass das Messer scharf, die Lampe heiß und die Treppe steil sei. Statt langer Erklärungen gab es lieber einen kurzen Klapps auf die Hand. »Das versteht der Kleine doch sowieso noch nicht«, meinten sie, ohne zu ahnen, was Kinder in dem Alter alles mitbekommen – bewusst und unbewusst.

Richtig aufgefallen ist mir das erst, als unsere Tochter in Damaskus geboren wurde und ich instinktiv anfing, mit ihr zu reden und ihr nebenbei alles Mögliche zu erklären. Ich erinnere mich noch genau an einen Besuch bei unserer syrischen Familie in Qamishli, als unsere Tochter knapp zwei Jahre alt war – also in dem Alter, in dem Kinder einen eigenen Willen entwickeln und gerne das genaue Gegenteil von dem machen, was wir von ihnen wollen. Sie verstehen fast alles und finden es interessant, auszutesten was passiert, wenn sie nicht auf uns hören. Unsere Tochter entdeckte auf dem Balkon vor der Küche einen Handfeger, mit dem sie spielte, um wenig später damit im Wohnzimmer aufzutauchen. Dort gehörte er natürlich nicht hin. Schon gar nicht im Hause meiner Schwiegermutter, das so sauber ist, dass man dort zu jedem Zeitpunkt vom blanken Boden essen könnte. Das meine ich wörtlich, nicht übertrieben.

Hätte ihr gleichaltriger Cousin den Handfeger angeschleppt, wäre Folgendes passiert: Seine Mutter wäre aufgesprungen und hätte ihn ermahnt, den Handfeger sofort zurückzubringen. Er hätte wahrscheinlich nicht gehört, eine drohend erhobene Hand hätte ihn vielleicht zum Einlenken gebracht, vielleicht auch nicht. Schließlich hätte ihm die Mutter den Handfeger weggenommen und ihn zurückgebracht (oder ihn versteckt, um eine Wiederholung des Ganzen zu vermeiden).

Im Falle unserer Tochter passierte etwas anderes: Ich sagte zu ihr, auf Deutsch: »Oh, hast du einen Besen gefunden? Toll. Hast du denn schon damit sauber gemacht?« Sie (stolz): »Ja!« Daraufhin ich: »Weißt du noch, wo du den Handfeger gefunden hast?« Sie: »Ja.« Ich (ungläubig): »Wirklich? Dann zeig doch mal. Bring den Besen mal genau dahin zurück, wo du ihn gefunden hast.« Kaum hatte sie alles verstanden, rannte sie zum Balkon. Meine Schwägerinnen waren beeindruckt. Sie hatten kein Wort verstanden und wollten nun wissen, was ich zu ihr gesagt hatte. Da erläuterte ich, dass ich ihr keinen Befehl erteilt hätte, der in dem Alter oft nur Widerwillen auslöst, sondern für sie eine Herausforderung daraus gemacht hätte, den Handfeger wegzubringen. Ich hatte sie als knapp Zweijährige ernst genommen und nicht einfach über sie bestimmt.

Das Einzige, was in unserer syrischen Großfamilie fehlte und ich als echten Mangel empfand, waren Bücher. Bücher für Kinder und Bücher für Babys. Die hatten wir deshalb immer selbst dabei und sie erfreuten sich großer Beliebtheit auch bei den älteren Cousinen und Cousins. Syrische Mütter oder Väter, die mit ihrem kleinen Kind ein Buch anschauen, habe ich in den sieben Jahren, die ich in Damaskus gelebt habe, glaube ich, nie gesehen. Was nichts mit Geld und geringer Bildung, sondern eher mit einem anderen Erziehungsverständnis zusammenhängt. Wohlhabende und durchaus gebildete Damaszener kaufen ihren Sprösslingen mit Vorliebe teures buntes Plastikspielzeug. Hauptsache es blinkt und klingelt, am besten in Verbindung mit einfachen englischen Wörtern, damit die Kleinen schon früh etwas lernen. Wer wenig Geld hat, gibt seinen Kindern Alltagsgegenstände zum Spielen – meist Küchenutensilien wie Sieb, Trichter, Kochlöffel, Plastikschüsseln und Schaumschläger, wobei syrische Väter im Umgang mit ihren Babys und Kindern bevorzugt auf ihr eigenes »Lieblingsspielzeug« zurückgreifen: Schlüsselbund und Handy. Bücher treten erst dann in das Leben syrischer Kinder, wenn es darum geht lesen zu lernen, also meist mit der Einschulung. Die ersten Bücher unserer Neffen und Nichten waren in der Regel Schulbücher.

Dass sich solche Gepflogenheiten manchmal auch nicht ändern, wenn Syrer schon lange in Europa leben, stellte ich fest, als wir einen Onkel in den Niederlanden besuchten. Obwohl er seit 17 Jahren in Europa lebt, hatte sein fast dreijähriger Sohn noch nie ein Buch angeschaut. In missionarischem Eifer ging ich los und kaufte ein Bilderbuch aus Pappe ohne Text, um es mit ihm anzuschauen. »Bücher zerreißt er bloß«, kommentierte der Onkel. Na klar, dachte ich, man muss sich natürlich mit ihm hinsetzen und ihm zeigen, was man mit einem Buch macht – anschauen, umblättern, erzählen, zuklappen – und nicht herumwerfen, darauf herumkauen und zerreißen. Aber das ist der entscheidende Punkt. Syrische Eltern versorgen ihre Kinder, aber sie spielen nicht mit ihnen (Ausnahme: Mütter machen Fingerspiele mit ihren Babys, Väter spielen mit älteren Söhnen Fußball oder Karten). Wozu auch? Es gibt immer einen Haufen anderer Jungen und Mädchen in der Nähe, mit denen sich die eigenen Kinder egal in welchem Alter beschäftigen. Die Idee, sich als Vater oder Mutter gezielt Zeit für die Kinder (nicht für deren Schularbeiten) zu nehmen, ist den meisten Syrern fremd.

Umso seltsamer wird dieser Syrer das Gebaren deutscher Eltern finden, die mit ihrem Nachwuchs Sandburgen bauen und puzzeln, die Memory, Fangen und Verstecken spielen, den Kleinen stundenlang vorlesen und das Fahrradfahren beibringen. Dieses Engagement ist toll. Aber manche Eltern hierzulande, so empfinde ich es, übertreiben, wenn sie die Kinder ständig in den Mittelpunkt stellen. In vielen deutschen Familien dreht sich alles nur um das Wohl und die Interessen des Kindes – was gekocht, gekauft, gegessen, am Wochenende unternommen oder für die Ferien geplant wird. Das Familienleben richtet sich komplett nach den Bedürfnissen der Kleinen, die beim Essen als erste bedient und ansonsten danach gefragt werden, was sie anziehen, spielen oder als nächstes machen wollen. Der Begriff »Helikopter-Eltern« wird von Fachleuten für Väter und Mütter verwendet, die das Leben ihrer Kinder Tag und Nacht überwachen und kontrollieren wollen, um sie zu schützen, zu fördern und nichts dem Zufall zu überlassen. Ich finde, das Bild des Hubschraubers passt auch ganz gut zu jenen, die nicht unbedingt über, dafür aber ständig um das Leben ihrer Kinder kreisen. Deren Rotoren sich nur um den Nachwuchs drehen ohne dass sie merken, wie viel Kraft und Anstrengung sie dieses Leben kostet und wie negativ sich diese übertriebene Aufmerksamkeit auf die Kinder auswirkt.

Natürlich sollen Kinder zu selbstbewussten Menschen heranwachsen, die auf sich und ihre Umgebung vertrauen. Aber einem siebenjährigen Kind zu vermitteln, dass es alleine über sich bestimmen kann, führt zu Missverständnissen, einem übertriebenen Ego und einem gestörten Verhältnis zu Autoritäten. Die Auswirkungen erleben wir dann in der Schule. Ein Freund, der als Lehrer in einer Berliner Grundschule arbeitet, erzählte mir neulich von den täglichen Diskussionen, die er mit seinen Fünftklässlern führt. Seiner Aufforderung, dies oder jenes zu tun, begegneten manche Zehnjährigen mit dem Satz »du kannst nicht über mich bestimmen, ich darf in meinem eigenen Tempo lernen«. »Gut«, sagte der Lehrer (selbst Vater zweier Kinder), »du entscheidest, was du lernen willst und in welchem Tempo, aber jetzt ist Stillarbeitszeit und alle müssen an ihrem Unterrichtsstoff weiterarbeiten.« Darauf der Schüler: »Ich habe aber keine Lust dazu und du kannst mich nicht zwingen.« Was soll man dazu sagen?

Seine Sechstklässler beriefen sich gerne auf Freiheit und Demokratie, erzählte unser Freund weiter. Die Elf- und Zwölfjährigen argumentierten konsequent und logisch – so wie sie es gelernt haben: »Wir leben in einem freien Land!« »Ja, in einer Demokratie, und da entscheidet die Mehrheit. Also stimmen wir ab: »Wer will alles einen Film schauen?« Fast alle Mitschüler melden sich. »Siehst du, die Mehrheit will jetzt einen Film schauen, also schauen wir einen Film.« Inzwischen hat sich unser Lehrer-Freund entschieden, die Schule zu wechseln. In einem anderen Stadtteil mit anderen Elternhäusern sei es vielleicht einfacher, die eigene Autorität durchzusetzen, hofft er. So wie ihm geht es womöglich vielen Lehrern in Deutschland.

Natürlich ist es richtig, Kindern frühzeitig zu vermitteln, dass Menschen zwar verschieden sind, aber alle die gleichen Rechte haben, dass jeder frei entscheiden darf und dass man abstimmen kann, wenn man sich uneins ist. Dennoch gibt es Bereiche, in denen die Erwachsenen entscheiden, was zu tun ist – im besten Fall in gegenseitigem Einvernehmen, ansonsten eben auch mal gegen den Willen der Kinder. »Die Freiheit der Person ist unverletzlich«, so steht es im Grundgesetz. Aber das bedeutet nicht, dass Kinder hierzulande machen dürfen, was sie wollen, oder komplett alleine über sich bestimmen können. Diesen wichtigen Unterschied zu erklären, gehört auch zur Erziehung. Und kann mitunter mühsam und nervenaufreibend sein. Zum Beispiel wenn mein freundliches »guten Morgen« um kurz vor sieben mit dem pampigen Satz »ich will aber noch schlafen und du kannst nicht über mich bestimmen« erwidert wird und sich daraus eine Diskussion über Schulpflicht und Unterrichtsbeginn entspannt. In Syrien finden solche Gespräche eher nicht statt. Der Unterschied zwischen Erwachsenen und Kindern ist dort eindeutig, während er sich in Deutschland mancherorts aufzulösen scheint.

Gerne alleine oder unfreiwillig einsam

Wir sehen also, in Deutschland leben 81 Millionen Individualisten (denn schon die Zweijährigen sind unbedingt mitzuzählen), die die meiste Zeit mit sich selbst beschäftigt sind. Für einen Syrer, der sich sein Leben lang über eine Gemeinschaft definiert hat, der sich im Kreise seiner Familie geborgen und alleine ziemlich verloren fühlt, dessen Alltag aus Netzwerken besteht, die ihn auffangen (Freunde, Nachbarn, Kollegen, Kommilitonen), der an eine vertraute Umgebung gewöhnt ist, weil das Leben auch in syrischen Städten bis heute dörflichen Charakter hat, sodass fast jeder jeden kennt, ist das ein Schock. »Die Deutschen reden nicht miteinander, keiner kennt seine Nachbarn, alle haben es eilig, keiner grüßt von Weitem auf der Straße, beim Einkaufen wechseln die Leute kein Wort« – so schildern viele Syrer ihre ersten Eindrücke in Deutschland. Anonymität überall und mittendrin ein Syrer, der gerade dem Krieg entkommen ist, das Mittelmeer und die Balkanroute überlebt hat. Und sich dabei ständig fragt, wie es seiner Familie geht, egal wo sie ist.

Wie wird sich dieser Mensch fühlen? Er fühlt sich fremd. Wahrscheinlich zum ersten Mal in seinem Leben. Denn fremd zu sein, ist für die meisten Syrer ein unbekanntes Gefühl, sie empfinden es als unerträglich und fast wie eine Strafe.

Wir können dem Fremdsein dagegen durchaus etwas abgewinnen – ganz gezielt gehen wir weit weg von zu Hause, um etwas Neues kennenzulernen, Spannendes zu erleben, andere Menschen zu treffen oder auch nur, um der heimischen Vertrautheit, die wir mitunter als »Muff« bezeichnen, mal zu entkommen. Wer als Syrer zum Studium oder aus beruflichen Gründen die Heimat verlässt, geht möglichst dorthin, wo schon Verwandte oder Freunde von ihm leben. Sollte er tatsächlich niemanden kennen, sucht er die Nähe anderer Syrer.

Ich dagegen habe um jeden Deutschen in Damaskus anfangs einen Bogen gemacht. Ich wollte schließlich Einheimische kennenlernen, mein Arabisch verbessern und nicht in einer »Expat-Blase« leben (in der sich Diplomaten oder Angestellte großer Unternehmen als sogenannte »Expatriats« häufig einrichten). Dieser etwas verkrampfte Ansatz hat in Syrien funktioniert, weil sich das Leben dort nicht nur für Syrer, sondern für jeden schnell vertraut anfühlt. Während es sich in Deutschland nicht nur für Ausländer, sondern auch für Deutsche oft kalt und anonym anfühlt.

Wenn aber die deutsche Mehrheitsgesellschaft abweisend wirkt oder reagiert, wie sollen sich Zuwanderer dann integrieren? Selbst bei optimalen Bedingungen wie bei einer syrischen Familie in unserem Bekanntenkreis – der Mann Anwalt, die Frau ohne Kopftuch und zwei Kinder in der örtlichen Kita –, die umgeben ist von wohlgesinnten linksliberalen Bildungsbürgern, kommen kaum Kontakte zustande, erzählt mir die Mutter frustriert. Die Nachbarn grüßen alle freundlich, man wechselt ein paar Worte, aber Freundschaften entwickeln sich nicht. Mit wem soll meine syrische Bekannte da ihr Deutsch üben?

Die Verlockung ist groß, sich mit anderen Syrern zu umgeben, um sich weniger einsam zu fühlen. So wie es Deutsche, die nach Südamerika oder in die USA geflohen oder ausgewandert sind, ebenfalls gemacht haben. Wir sprechen in diesem Zusammenhang von Parallelgesellschaften, die uns Angst machen, weil dort vieles anders ist. Tatsächlich sind Stadtteile, in denen bestimmte ethnische Gruppen leben, jedoch kein Problem an sich, sondern ein typisches Merkmal von Einwanderungsländern – denken wir nur an Chinatown, Little Italy und Little Germany in New York. Migranten suchen automatisch die Nähe von Landsleuten, die schon länger in der neuen Heimat leben, denn diese können ihnen mit Informationen, Tipps und Kontakten das Ankommen erleichtern und mit informellen Netzwerken bei der Job- und Wohnungssuche helfen.

Problematisch wird es nur, wenn die Segregation unfreiwillig erfolgt, wenn Zuwanderer also gezwungen sind, in bestimmten Vierteln zu wohnen, weil sie woanders keine Wohnung finden. Das müssen wir aktuell vermeiden, denn dann ist die Ghettoisierung nur eine Frage der Zeit, weil sie mit einer sozialen Abwärtsspirale einhergeht. Geflüchtete, die kaum Deutsch sprechen und keine Arbeit haben, ziehen in eine Gegend, die dadurch unattraktiver für andere wird. Deutsche Mittelstandsfamilien und erfolgreiche Migranten ziehen weg, die Kaufkraft sinkt, die Infrastruktur wird schlechter, das Viertel verwahrlost und die Kriminalität nimmt zu. In solchen erzwungenen Nachbarschaften wohnen am Ende vor allem nicht integrierte Zuwanderer und sozial schwache Deutsche.

Es geht deshalb nicht in erster Linie darum, jede ethnische Absonderung zu verhindern und die Gesellschaft um jeden Preis zu durchmischen, sondern darum, Zwang zu verhindern (auch eine erzwungene Vermischung kann Integration verhindern, wenn Menschen zusammenleben müssen, die sich im Alltag ständig reiben, und Migranten keine Netzwerke bilden können). Dazu sollte die Politik erschwinglichen Wohnraum in mehreren Stadtteilen bereitstellen. Wählen dann viele Syrer die Nähe eines türkischen Supermarktes, eines großen Parks oder einer Moschee, kann das ihre Integration durchaus beschleunigen und Deutschland kulturell bereichern. Parallel darf eine Gesellschaft nur im juristischen Sinn nicht werden – deutsche Gesetze gelten überall, gegenüber Gewalt egal von welcher Seite muss null Toleranz herrschen. Gleichzeitig sollten »Biodeutsche« im Umgang mit Ausländern ihre Doppelmoral ablegen. Wenn hier lebende Franzosen, Spanier, Engländer und Japaner ihre Kinder zweisprachig erziehen, finden das alle toll, während albanische, arabische oder kurdische Mütter im Bus angegiftet werden, sie sollten mit ihren Kindern doch gefälligst deutsch sprechen.

Gesellschaftlich Fuß zu fassen, ist in Deutschland definitiv schwerer als in Syrien. In meiner Damaszener Nachbarschaft kannte ich innerhalb von wenigen Monaten so viele Menschen, wie ich sie in Berlin nach mehreren Jahren kenne – und Letzteres nur Dank der Kontakte über die Kinder, sprich Kita und Schule. Auf dem Weg von meiner Wohnung in Shaalan, dem modernen Geschäftszentrum von Damaskus, zum Minibus oder Taxi grüßte ich mindestens vier Menschen: den Schuhverkäufer unten im Haus (der dem Geheimdienst zuverlässig über mich berichtete), den Bäcker gegenüber, den Händler an der Ecke und den Besitzer des Internetcafés ein paar Meter weiter.

Im Verlauf eines Tages führte ich unzählige Mini-Konversationen:

»Guten Morgen Abu Ahmad, wie geht's deiner Frau und dem Baby?« »Hallo Kristin, gut, danke. Wann kommt deine Mutter mal wieder zu Besuch?«

»Willkommen Kristin, komm doch rein und schau, was ich gestern gebacken habe!«

»Danke Um Tariq, ich muss weiter, ein andermal *insha-Allah*.«

»*As-salamu-aleikum*, Ibrahim. Was für eine Hitze!«

»*U-aleikum as-salam*, Kristin, willkommen. Ja, es soll noch heißer werden. Ist es in Deutschland auch so heiß im Sommer?«

»Nicht ganz so schlimm. Ich brauche, glaube ich, doch eine Klimaanlage.«

»Mein Cousin kennt sich damit aus, sag Bescheid, wenn du Hilfe brauchst.«

So geht es von morgens bis abends – auf der Straße, beim Krämer (große Supermärkte gibt es in Syrien nur sehr wenige), bei der Arbeit, an der Universität, im Saftladen und Stammrestaurant. Syrer sprechen und plaudern gern, auf respektvolle Weise und innerhalb bestimmter Grenzen. Daran hat auch der Krieg nichts geändert. Die Themen mögen zum Teil andere, der Frohsinn mancherorts Verzweiflung gewichen sein. Aber selbst in Aleppo scherzen die Menschen zwischen den Luftangriffen – Sarkasmus und Ironie helfen ihnen, den Wahnsinn zu ertragen. Überall, wo ein Leben auf der Straße möglich ist (weil keine Bomben fallen), stehen Menschen zusammen und unterhalten sich. Sie reden über die Familie und das Wetter, über den Job und die gestiegenen Preise, darüber, wer geflohen und wer gestorben ist, welcher Nachbar es nach Europa geschafft hat, und über die Verlogenheit der Welt. Die syrische Gesprächskultur hat überlebt – so scheint es. Hinzu kommen viele kleine Begegnungen, bei denen nur kurz ein paar Floskeln ausgetauscht werden. Diese verschönern dennoch den Alltag – wegen ihrer sprachlichen Poesie und freundlichen Aussage. Die arabische Sprache hält für fast jede Alltagssituation entsprechende Redewendungen bereit. Wer diese kennt, wird schnell für einen Muttersprachler gehalten, weil man sie nicht im Sprachkurs, sondern nur im gesellschaftlichen Zusammenleben lernt.

Meinen persönlichen Lieblingsspruch setzt man ein, wenn man einen hart arbeitenden oder erschöpften Menschen trifft, beispielsweise einen Straßenkehrer. In Damaskus passierte dann Folgendes. Der Straßenkehrer trat zur Seite, um mich durchzulassen. »*Allah iaatik al afie*«, sagte ich zu ihm, das bedeutet »Gott gebe dir Gesundheit«. Er antwortete: »*Allah iaafiki*«, »dir auch«, denn zu jeder Redewendung gehört eine passende Antwort. Diese kurze Interaktion macht alle Beteiligten froh. Ich verleihe meiner Dankbarkeit Ausdruck, der Straßenkehrer fühlt sich respektiert, wir wünschen uns gegenseitig Gesundheit. Alles bestens. In Deutschland würde ich der Frau des Hausmeisters, die gerade unser Treppenhaus wischt, gerne etwas Ähnliches sagen, oder auch den Jungs von der Berliner Stadtreinigung, wenn sie die Müllcontainer aus unserem Hof rollen.

Dass auch Deutsche gerne plaudern, merkt man erst, wenn der erste Schritt getan und man mit anderen ins Gespräch gekommen ist. Ansonsten wirkt die deutsche Gesellschaft eher verschlossen. Auf dem Land ist es anders, aber für einen Syrer nicht zwangsläufig besser. Wer in einer abgelegenen Unterkunft wohnt und Deutsche nur im lokalen Supermarkt sieht, hat kaum eine Chance auf soziale Nähe und Kommunikation. Auch dort kann sich ein Syrer ziemlich verlassen fühlen.

Tatsächlich muss man Hilfsbereitschaft und Freundlichkeit hierzulande oft erst einfordern, damit man sie bekommt. Nicht weil die Deutschen nicht nett und hilfsbereit sind, sondern weil sie sich lieber aus allem raushalten und dem anderen gegenüber nicht »übergriffig« sein wollen. Vieles gilt als Privatsache, jeder macht sein eigenes Ding, wer was will, muss es sagen. Ein Beispiel: Ein syrischer Freund, der seit einigen Jahren in Deutschland lebt, hatte sich bei einem Fahrradunfall den Arm gebrochen und eine kleine Schnittwunde am Kinn zugezogen. Nach der Erstversorgung im Krankenhaus fuhr er mit dem Zug und einer Tasche zu seiner Familie nach Stuttgart. Kein Mitreisender kam auf die Idee, ihm mit seinem Gepäck zu helfen, obwohl er offensichtlich verletzt war und Schmerzen hatte. Natürlich hätte ihm jeder geholfen, den er gebeten hätte, aber in Syrien wären ihm sofort mehrere Personen von sich aus zur Hilfe geeilt. Er schimpfte, wie unsozial, kaltherzig und egoistisch die Deutschen seien. Ich versuchte ihm zu erklären, dass die Menschen auch hierzulande gerne helfen, aber meistens erst, wenn man sie darum bittet. Innerlich schämte ich mich.

Meins oder unseres: Wem gehört was?

Deutlich wird der Unterschied zwischen »westlichem« Individualismus und »östlichem« oder besser »südlichem« Gemeinschaftssinn auch beim Thema Eigentum (tatsächlich sind südeuropäische Gesellschaften der syrischen gar nicht so unähnlich, die Grenze verläuft deshalb eher zwischen Nord und Süd). Die Einteilung in »meins« und »deins« beginnt bei uns im Sandkasten und setzt sich bis zur Auflösung von Omas Hausstand fort. Das hat damit zu tun, dass wir in unserem kapitalistischen und auf Konsum ausgerichteten System Dingen einen hohen, oft auch persönlichen Wert beimessen. Wer endlich seinen Traumschal in den passenden Farben zum Wintermantel und der gewünschten Qualität gefunden hat, hängt daran und wird ihn nicht wieder hergeben. In Syrien dagegen ist ein Schal zunächst mal ein Schal, nicht mehr und nicht weniger. Als mich, vor dem Krieg, eine Freundin aus Damaskus in Berlin besuchte und ich ihr schönes Tuch bewunderte, nahm sie es ab und schenkte es mir. Ich habe es heute noch.

Mir fällt es trotz all der Jahre in Syrien bis heute schwer, mich von diesem Besitzdenken frei zu machen. Dabei ist genau das die eigentliche Befreiung! Einer Freundin passt mein T-Shirt wie angegossen und die Farbe steht ihr super? Behalte es! Ein Kollege sieht meinen Kugelschreiber und fragt, ob ich ihm genau so einen aus Deutschland besorgen könnte, er würde mir auch das Geld dafür geben. Bitte, du kannst ihn haben! Meine Schwägerin braucht einen warmen Pulli und ich habe fünf? Such dir einen aus! Dabei besteht wahre Größe darin, nicht den Pulli herzuschenken, den ich schon lange aussortieren wollte, sondern ein Lieblingsstück.

Hinterher fühlt es sich in der Regel gut an, sich mit Leichtigkeit von etwas getrennt zu haben. Dann merkt man auch, dass dieses Ding gar nicht so wichtig war, wie man zunächst dachte. Vorausgesetzt, man tappt nicht in die »Berechnungsfalle«. Denn wer anfängt zu rechnen – aufzurechnen, vorzurechnen, nachzurechnen – bekommt Bauchgrummeln und hat schon verloren. Gedanken wie »jetzt habe ich ihr aber schon zweimal was geschenkt, sie könnte ja auch mal ...« oder »das letzte Mal habe ich das Taxi bezahlt, mal sehen, ob er dieses Mal ...« oder »die Strickjacke war aus reinem Kaschmir, ob ich so etwas noch mal im Ausverkauf finde ...« oder »wenn die wüssten, was Nike-Turnschuhe in Deutschland kosten ...« vergiften augenblicklich das gute Gefühl, das man beim Geben hat und das es im Grunde zum Selbstzweck macht.

Die Sache mit dem Eigentum geht jedoch noch viel weiter. Denn in Syrien fragt man nicht, wenn man die Jacke der Schwester oder die Schuhe des Bruders nimmt – sie gehören sowieso allen, es ist eine Art Kollektiveigentum. Und das ist mit unserem Verständnis von Eigentum schwer zu vereinbaren. Okay, wir leihen etwas aus, aber dafür wollen wir gefragt werden. Oder wir schenken etwas her, dann treffen wir die Entscheidung. Aber ungefragt in unseren Kleiderschrank zu greifen, finden wir nicht nur übergriffig, es grenzt für uns an Diebstahl.

Eine Deutsche, die einige Jahre in Syrien lebte und gut vernetzt war, erzählte mir einmal folgende Geschichte: Ihre Freundin wollte verreisen und bat sie, ihr beim Kofferpacken zu helfen. Sie ging zu ihr und packte ein, was ihr die Freundin reichte. Bis sie auf einmal zwei Unterhosen in der Hand hielt, die eigentlich ihr gehörten. Sie war so schockiert, dass sie nicht wusste, wie sie reagieren sollte. Einerseits fand sie es ungeheuerlich, dass die Freundin sich offensichtlich in ihrem Wäschefach bedient hatte. Andererseits wusste sie, wie normal das Teilen von Kleidung in Syrien unter Geschwistern und Freunden war, und wollte nicht als engstirnige, spießige Deutsche dastehen. Sie sagte also so beiläufig wie möglich: »Sag mal, sind das nicht meine Unterhosen?« Ihre Freundin schaute kaum auf: »Ach ja, kann sein, nimm sie ruhig mit, wenn du willst.«

Wann immer sich unsere Töchter um ein *Playmobil*-Pferd streiten und mich irgendwann fragen, wem es denn nun gehöre, oder die Ältere der beiden ihren früheren Lieblingspullover in der Schublade der Jüngeren findet und behauptet, er würde ihr noch passen, muss ich an Hala und Zeynab denken, die Schwestern einer libanesischen Freundin. Ich habe oft bei ihrer Familie in Beirut übernachtet, wenn ich zu Recherchen im Libanon war, und fand es immer interessant, die libanesische mit der syrischen Gesellschaft zu vergleichen, und festzustellen, dass es in vielen Bereichen kaum Unterschiede gibt.

Wie unsere Töchter sind Hala und Zeynab zwei Jahre auseinander und teilten sich ein Zimmer. Bei meinem ersten Besuch waren beide Anfang 20. Ich stellte fest, dass Hala das gleiche Top hatte wie Zeynab – die eine hatte es am Vortag getragen, die andere trug es jetzt –, bis ich begriff, dass die beiden sich nicht nur das Zimmer, sondern auch den Kleiderschrank und sämtliche Dinge in ihren Regalen teilten (obwohl Zeynab etwas schlanker war). Hosen, Röcke, T-Shirts, Socken, Strumpfhosen, BHs und Nagellack. Das Konzept von »meins« und »deins« war ihnen vollkommen fremd. Hatte Zeynab einen neuen Rock gekauft, zeigte sie ihn sofort der Schwester, um zu sehen, wie er Hala passte. Nie habe ich erlebt, dass es Streit um die gemeinsamen Klamotten gab – dafür zogen sich die Schwestern stundenlang an und wieder um, bis das Outfit stimmte – was mir als ziemliche Zeitverschwendung erschien. Aber Harmonie und Eintracht zwischen den beiden waren bewundernswert, vor allem rückblickend. Allein die Vorstellung, die Kleidungsstücke unserer Töchter in einen gemeinsamen Schrank zu packen (wenn sie älter sind und womöglich beiden gleichzeitig passen), verursacht mir graue Haare.

In Deutschland denken wir eher darüber nach, Rückzugsräume zu schaffen, also Möglichkeiten, die Kinder zu trennen, damit Ruhe einkehrt. Viele Kinder haben hierzulande von klein auf ein eigenes Zimmer. Sie werden mit der Vorstellung groß, diese vier Wände gehörten ihnen und seien ihr eigenes Reich, in dem sie selbst bestimmen und in das sie sich bei Bedarf zurückziehen können. Alleine zu sein ist somit ein positiv besetzter Wert, den wir schon früh vermitteln. Denn sich zurückzuziehen, seine Ruhe zu haben und sich Zeit nur für sich zu nehmen, ist uns ein dringendes Bedürfnis. Endlich alleine, denken wir Deutsche dann. Für die meisten Syrer ein schwer nachvollziehbares Verhalten, denn alleine zu sein ist für sie ein eher bedauernswerter Zustand. Er bedeutet, man ist verlassen und hat niemanden, der sich kümmert, sei es Familie, Freunde oder Nachbarn. Auch wenn junge Leute ab einem gewissen Alter gerne mehr Privatsphäre hätten und mitunter darunter leiden, dass ihre Familie ihnen kaum Rückzugsmöglichkeiten lässt – auf Dauer ist in Syrien niemand gerne alleine.

Entsprechend ungewöhnlich war es, dass ich – noch dazu als Frau – in Damaskus alleine wohnte. Tatsächlich habe ich außer anderen Ausländern in Syrien niemanden getroffen, der alleine lebt. Syrer wohnen bei ihren Eltern, bis sie heiraten. Und ziehen später wieder zu ihnen oder nehmen sie bei sich auf, wenn diese älter sind. Seniorenheime gibt es nicht. Wer zum Studium in eine andere Stadt muss, kommt entweder bei Verwandten unter, zieht ins Studentenwohnheim, wo sich jeweils sechs Studierende ein Zimmer teilen (Männer und Frauen getrennt), oder gründet mit Geschwistern oder Freunden eine Wohngemeinschaft.

Das hat einerseits finanzielle Gründe, die meisten jungen Syrer könnten sich eine eigene Wohnung gar nicht leisten. Andererseits kennen sie das Alleinsein nicht und fürchten es eher – deshalb käme auch ein reicher Student nicht auf die Idee, sich alleine ein Zimmer zu suchen, erst recht nicht in einer fremden Stadt. Syrer sind von Kindheit an gewohnt, immer in Gesellschaft zu sein, mit Geschwistern und Eltern, Cousins und Cousinen, Onkeln und Tanten, Nachbarskindern und Schulfreunden. Nachts schlafen sie zu mehreren in einem Raum, weshalb mein Gästezimmer in Damaskus nur von Deutschen, aber nie von Syrern genutzt wurde, diese legten sich lieber auf das Sofa im Wohnzimmer.

Zu Hause viel los: Privatsphäre und Gastlichkeit

Der durchschnittliche Tag eines Jungen in Syrien besteht (neben Verpflichtungen wie Schule, Studium oder Jobben) aus spontanen Begegnungen, Kurzbesuchen und Verabredungen. Je nach Alter eine Runde Fußball auf der Straße, ein Glas Tee bei einem Cousin, Besorgungen für die Mutter, Mittagessen bei der Tante, im Laden des Vaters aushelfen, eine Runde Backgammon im Café und abends Fußballschauen und Kartenspielen mit Freunden.

Ein Mädchen verbringt mehr Zeit zu Hause, aber das bedeutet nicht, dass sie weniger Leute trifft – im Gegenteil, das soziale Leben findet gerade im ländlichen Syrien überwiegend in den Häusern und nicht an öffentlichen Orten wie Cafés oder Restaurants statt – ein weiterer grundlegender Unterschied zwischen hier und dort.

Hofhäuser, Villen und Wohnungen sind in Syrien deshalb in einen privaten und einen öffentlichen Bereich unterteilt. So können Gastlichkeit und gesellschaftliches Miteinander ausgiebig zelebriert werden, ohne dass diese die Privatsphäre der Familie stören. Jedes Heim – egal ob herrschaftlich oder ärmlich – verfügt über einen Raum, in den Besucher geführt werden. Manchmal ist es ein eigenes Zimmer, das ausschließlich dem Empfang von Gästen dient, manchmal ist es das größte von zwei oder drei Zimmern, das nachts zum Schlafen und tagsüber für alles Mögliche genutzt wird. Es ist immer aufgeräumt und empfangsbereit, mit Teppichen ausgelegt und mit vielen Sitzmöglichkeiten ausgestattet. Entlang der Wände liegen Matratzen und Kissen auf dem Boden, das einzige Möbelstück ist meist ein Regal, auf dem der Fernseher steht. In den vornehmen Häusern der städtischen Oberschicht stehen Sessel und gepolsterte Stühle bereit mit kleinen Holz- und Glastischchen davor. Unabhängig von der Ausstattung finden in jedem syrischen Besucherraum bequem zehn bis zwanzig Personen Platz.

Die Bewirtung der Gäste folgt bestimmten Regeln. Welche Speisen und Getränke zum Beispiel in welcher Reihenfolge angeboten werden. Bei einem spontanen Besuch außerhalb der Essenszeiten wird Schwarztee (dieser wird süß getrunken) aufgetischt, dazu etwas Selbstgebackenes oder auch Salziges in Form von Nüssen und Kernen, die auf kleinen Tellerchen und Schälchen im Raum verteilt werden, sodass jeder Gast sich bedienen kann. Etwas später oder alternativ gibt es Kuchen oder Gebäck in Kombination mit Cola oder Limonade. Zwischendurch auch gerne Obst, möglichst verschiedene Sorten jeweils ansehnlich auf mehrere Teller drapiert, dazu Messer und extra Teller für die Schalen. Schwarzer Kaffee ist normalerweise das letzte Getränk, das angeboten wird, er kostet am meisten und gilt traditionell als krönender Abschluss eines Besuches. Wer also einem Gast zur Begrüßung Kaffee vorsetzt, möchte ihn schnell wieder loswerden – je nach Umfeld und Besucher wird das nach wie vor so verstanden. Viele Syrer sehen das inzwischen allerdings entspannter.

Niemals würde ein Gast in Syrien in den anderen Teil der Wohnung gehen, ohne ausdrücklich dazu aufgefordert zu werden. Die Privatsphäre ist für Syrer extrem wichtig, da Handlungen wie schlafen, sich an- oder umziehen, Körperpflege und anderes als intim gelten, also niemanden etwas angehen. Außerdem tragen Syrer zu Hause andere Kleidung als draußen. Sie laufen in bequemen Jogginghosen oder Pyjamas herum, die Männer im Sommer im Unterhemd, die Frauen oft ohne Kopftuch. So würden sie aber nicht auf die Straße gehen, deshalb wollen sie auch einem offiziellen Gast so nicht begegnen. Kündigt sich Besuch an, der nicht verwandt und nicht der beste Freund ist, zieht sich der Besuchsempfänger schnell etwas »Ordentliches« an, während der Gast in dem Empfangsraum wartet, bis er offiziell begrüßt und entsprechend umsorgt wird. Es kann aber durchaus

Familienmitglieder geben, die anderweitig beschäftigt sind oder mit dem Gast nichts zu tun haben und deshalb in einem anderen Zimmer bleiben, wo sie auch nicht gestört werden.

Die Tatsache, dass Syrer gesellige Menschen und nicht gerne alleine sind, bedeutet folglich nicht, dass sie sich mit 200 Fremden in einer Turnhalle wohlfühlen. Der Verlust von Privatsphäre macht ihnen genauso zu schaffen, wie er uns treffen würde. In vielen Notunterkünften wurden deshalb Stellwände oder Vorhänge eingezogen, damit sich die Geflüchteten wenigstens alleine umziehen können oder als Familien ein paar Quadratmeter für sich haben. Wenn Menschen aber über Monate in einer solchen Sammelunterkunft zusammengepfercht sind, ohne Beschäftigung und ohne zu wissen, wann und wie es weitergeht, drehen sie auf die eine oder andere Weise durch – dabei ist es völlig egal, welcher Nation sie angehören. Sie werden depressiv oder aggressiv, krank oder kriminell. Wie sagte doch André Schulz, der Vorsitzende des Bundes deutscher Kriminalbeamter, schon im Oktober 2015 so treffend: »Würde man 1500 Franken mit 1500 Oberbayern, also zwei fremde Kulturen, in einen leer stehenden Baumarkt ohne jegliche Privatsphäre quetschen und diese über Wochen zum Nichtstun verdammen, würde es dort auch innerhalb kürzester Zeit zu Spannungen und Handgreiflichkeiten kommen.«[26]

Optimal wäre folglich eine frühzeitige Unterbringung in der Mitte der Gesellschaft. Ein Syrer in einer deutschen oder gemischten Studenten-WG kommt logischerweise viel schneller in Deutschland an als in einer Unterkunft mit Dutzenden anderen Geflüchteten. Sein Alltag wird so zu einer einzigen Integrationsmaßname – vom Einkaufen bis zum Busfahren, vom gemeinsamen Kochen und Musikhören bis zum Putzplan, von der politischen Diskussion am Küchentisch bis zum Pauken deutscher Personalpronomen. Auch ein junger Mann, der zur Untermiete bei einem deutschen Rentnerpaar einzieht, lernt schnell Deutsch und nebenbei viel über regionale Gepflogenheiten und Traditionen. Die Fälle im erweiterten Bekanntenkreis, in denen Deutsche einen oder zwei Syrer bei sich unter dem Dach oder in einer kleinen Einliegerwohnung aufgenommen haben, sind durchweg Erfolgsgeschichten. Von »höflichen und hilfsbereiten« jungen Männern ist da die Rede, die gerne mitanpacken – ob beim Tragen der Einkäufe, beim Rasenmähen oder Holzhacken. Aber davon lesen wir eher selten. Stattdessen dominieren Prügeleien und sexuelle Übergriffe in Massenunterkünften die Schlagzeilen. Schade, dass innerhalb einer Gruppe (egal welcher) die wenigen Idioten immer mehr Aufmerksamkeit bekommen als die Mehrheit der normalen oder netten Zeitgenossen.

Obwohl die Zahl der ankommenden Geflüchteten Anfang 2016 deutlich zurückging und im ersten Halbjahr »nur« 222.000 Neuankömmlinge registriert wurden, sind noch immer erstaunlich viele in Notunterkünften untergebracht (vor allem Männer, deren Asylverfahren noch nicht abgeschlossen ist). Vielerorts in Deutschland hat sich die Lage auf dem Wohnungsmarkt weiter verschärft, selbst wer ausziehen darf, findet keine Wohnung. Mit dem Bau von Sammelunterkünften kommen viele Kommunen nicht hinterher und auch dort besteht das Grundproblem fort: dass Geflüchtete gezwungenermaßen unter sich bleiben.

Eine syrische Familie, die in einen »gut durchmischten« Häuserblock einer Berliner Wohnbaugesellschaft in Friedrichshain, Reinickendorf oder Spandau zieht, wird sich schneller integrieren, als wenn sie unter anderen Geflüchteten im Containerdorf bleibt. Viele Nachbarn werden sich über die Gelegenheit freuen, konkret und direkt zu helfen – mit einem Kinderbett, Laufrad oder einer warmen Winterjacke –, und die Syrer werden hoffentlich nicht zu stolz sein, um Unterstützung anzunehmen. Vorurteile werden schneller abgebaut, Gemeinsamkeiten entdeckt. Leichter wird es für die Syrer, wenn sie sehen, wo deutsche Akademikereltern die Kleidung ihrer Kinder herhaben: von Freunden und Geschwistern mit älteren Kindern, von Flohmärkten und aus Secondhandläden. Dass es im »reichen Deutschland« kein Zeichen von Armut, sondern selbstverständlich ist, wenn Jungen und Mädchen gebrauchte Kleidung tragen, lernen syrische Mütter und Väter erst, wenn ihr Nachwuchs in den Kindergarten, die Schule oder einen Sportverein geht. Auch hier gilt deshalb: Je früher, desto besser.

Dass in der Praxis manches nicht so einfach ist, auch wegen der schieren Anzahl der Geflüchteten, ist mir durchaus bewusst. Dennoch müssen wir uns klarmachen, wie es funktionieren könnte, damit in den Bauämtern und bei der Stadtplanung die richtigen Weichen gestellt werden, die die erwähnte soziale Ghettobildung verhindern.

Unabhängig von politischen Entscheidungen und von der Art der Unterbringung brauchen Geflüchtete aus Kollektivgesellschaften wie der syrischen vor allem eines: menschliche Wärme. Das klingt vielleicht pathetisch, ich meine es aber eher praktisch. Ein paar nette Worte im Hauseingang, ein Mitanpacken, ein freundliches »Kann ich helfen?« bei offensichtlicher Desorientierung am Bahnhof oder im Supermarkt, ein kurzes Gespräch mit der syrischen Mutter beim Abholen der Kinder in der Kita oder ein gemeinsamer Grillabend mit den neuen Nachbarn im Hinterhof können Wunder wirken, mindestens aber den Alltag verschönern. Nicht nur den Alltag der anderen, sondern auch unseren.

Mülltrennung, Tierliebe und die Missachtung des öffentlichen Raumes

Den privaten Raum definieren und füllen Syrer also durchaus anders als Deutsche. Ähnlich ist es mit dem öffentlichen Raum. Auf eine paradoxe Weise ist der Umgang der Syrer mit ihrer Umwelt ignorant. Weil sie den öffentlichen Raum nicht als »ihren« begreifen, behandeln sie ihn schlecht – müllen ihn zu und verschmutzen ihn, dass es jeden Deutschen mit Wut erfüllt. Im Minibus wirft eine Mutter die leere Trinktüte ihrer Tochter aus dem Fenster, der Händler in der Altstadt schmeißt sein Bonbonpapier vor dem eigenen Laden auf die Straße, beim Picknick bleiben Plastikteller und -becher einfach liegen. Der Barada-Fluss, der Damaskus einst zu einer grünen blühenden Oase machte, ist zu einem dünnen stinkenden Rinnsal verkommen. In den ärmlichen Vororten stapelt sich der Müll zwischen den unverputzten Häusern. Und die Luft ist nicht nur im Sommer so voller Abgase und Schmutz, dass ein weißes Hemd an nur einem Tag in Damaskus' Straßen grau wird.

Oft habe ich mich gefragt, wie Menschen ihren eigenen Lebensraum so vernachlässigen können. Die einzige Erklärung, die ich in Syrien gefunden habe, ist eine Mischung aus mangelndem Bewusstsein, Gewohnheit und der Vorstellung, das jemand anderes – nämlich der Staat – für das Wegräumen von Müll verantwortlich ist. Wann immer ich Menschen darauf ansprach, dass sie gerade ihre eigene Umgebung verschandelten und dass das doch Gottes Schöpfung sei, für die wir Verantwortung trügen, erklärten sie meist, ich hätte ja recht und das sei eine schlechte Angewohnheit. Der erwähnte Händler meinte, der Straßenkehrer käme gleich vorbei, um sein Bonbonpapier aufzusammeln, er hätte ja sonst gar nichts zu tun. Außerdem solle die Regierung die Straßen bitteschön so sauber halten wie er seinen Laden.

Genau das ist das Paradoxe. Während sich die Syrer um den öffentlichen Raum einen Dreck scheren, kümmern sie sich um ihre private Umgebung mit großer Hingabe und Gründlichkeit. Die Obst- und Gemüsehändler zum Beispiel, die ihre Äpfel und Melonen liebevoll polieren, um sie dann vor ihren Läden zu glänzenden Bergen aufzustapeln. Oder die Besitzer der Kunsthandwerksläden in der Altstadt, die jeden Tag sämtliche Mosaikdosen und Silbertabletts abstauben. Viele Reisende, die sich an dem Chaos und Schmutz auf Syriens Straßen stören, wundern sich über die Ordnung und Sauberkeit in den Geschäften. Und sollten sie irgendwann ein privates Haus betreten, sind sie erst recht überrascht.

Den Fußboden bei meiner Schwiegermutter, der so blank geputzt ist, dass man zu jedem Zeitpunkt davon essen könnte, erwähnte ich bereits. Sie mag ein extremes Beispiel sein, aber grundsätzlich sind syrische Haushalte sehr sauber. Das gilt für alle sozialen Schichten, also unabhängig davon, ob die Hausfrau selbst putzt oder eine Angestellte hat, die die Wohnung rund um die Uhr oder ein- bis zweimal die Woche auf Vordermann bringt. Ich habe in Syrien bettelarme Familien besucht, deren einziger Wohnraum (Schlaf-, Wohn- und Esszimmer in einem) und kleiner gefliester Verschlag (zugleich Küche und Bad) trotz des – je nach Wetter – staubigen oder schlammigen Lehmbodens davor blitzblank waren. Und ich war regelmäßig bei einer befreundeten Familie, die zu siebt in ihren zwei kleinen Räumen beeindruckende Ordnung hielt. Die Mutter zauberte auf einem Gaskocher am Boden die tollsten Gerichte – während ihre Kinder den Müll aus dem Wohnzimmerfenster warfen. Als ich mich das erste Mal darüber aufregte, lachten alle. Aber dann sorgte meine Freundin dafür, dass Chipstüten und Keksverpackungen nicht mehr aus dem Fenster flogen – zumindest wenn ich da war. Rücksichtnahme im syrischen Sinne!

Natürlich sind es Frauen, die solche Vorzeige-Haushalte führen, und die ich in Syrien als sehr tüchtig erlebt habe. Syrische Männer kochen zwar vereinzelt und spülen auch mal ab, aber mit Putzmitteln und Teppichreinigung kennen sie sich eher nicht aus (es sei denn, sie handeln damit).

Wenn in Deutschland Flüchtlingsunterkünfte schmutzig sind, dann hat das auch damit zu tun, dass es dort viel öffentlichen und wenig privaten Raum gibt. Die Syrer halten zwar ihre Zimmer sauber, aber für die Flure und Gemeinschaftsbäder fühlen sie sich vermutlich nicht zuständig. Vor allem wenn sie diese mit Fremden teilen, auf deren Verhalten sie keinen Einfluss haben. Das ist bedauerlich und muss in gemeinsamer Absprache geändert werden. Aber es sollte nicht als generelle mangelnde Reinlichkeit missverstanden werden.

Große Empörung lösen vor allem die Toiletten aus, die oft in katastrophalem Zustand sind. Viele deutsche Helfer meinen, dass Syrer nicht wüssten, wie man unsere westlichen Sitzklos »richtig« benutzt und sich deshalb auf die Klobrille stellen würden. Das Problem liegt jedoch woanders: Ein Syrer wäscht sich nach dem Toilettengang stets mit Wasser, sich nur mit Papier abzuwischen, findet er unhygienisch. Egal ob er sich über eine Latrine – eine Art Plumpsklo – hockt oder auf eine Klobrille setzt, am Ende nimmt er Wasser zum Saubermachen. Entweder mithilfe eines extra angeschlossenen Wasserschlauchs, der in den allermeisten syrischen Toiletten (egal ob privat oder öffentlich) angebracht ist, oder indem er Wasser aus einem bereitstehenden Plastikkrug benutzt (der vor Verlassen der Toilette wieder aufzufüllen ist). Dass dadurch automatisch auch die Toilette und der Boden nass werden, stört ihn nicht, im Gegenteil: Es ist ein positiver Nebeneffekt, denn am Ende wird das Wasser mit einem bereitstehenden Abzieher in die Toilette oder in einen Abfluss am Boden gewischt und ein paar Spritzer Wasser machen das Klo höchstens sauberer. Die Vorstellung, dass sich in Deutschland fremde Menschen nacheinander auf die gleiche Klobrille setzen und ohne Wasser ihr Geschäft verrichten, wird jeden Syrer ekeln. Deshalb vermeiden sie so gut es geht jeglichen Kontakt mit den öffentlichen Toiletten, wodurch vermutlich manches danebengeht, was wiederum ohne Wasser nicht beseitigt wird.

Zurück zum Müll. Er entsteht in Syrien durch gedankenlosen Konsum, der mit Unmengen von Plastik einhergeht – vor allem in Form von Verpackungen und Tüten. Bei Fahrten durch das Landesinnere sieht man überall schwarze Plastiktüten in den Bäumen hängen und durch die Wüste flattern. Ich besann mich deshalb bei meinen Einkaufstouren in Damaskus auf meinen deutschen Stoffbeutel. Der stieß bei den Krämern im Viertel zunächst auf Unverständnis. Als ich dem Obst- und Gemüsehändler zum ersten Mal meine Jutetasche reichte, packte er Tomaten, Gurken, Äpfel und Bananen jeweils einzeln in schwarze Tüten, um dann den Wust an Plastik vorsichtig in meinem Beutel zu verstauen. Mit der Zeit verstand er mein Anliegen (die Umwelt!) und fand sogar Gefallen daran, Gemüse und Obst zusammen in die Stofftasche zu schmeißen. Sobald er mich sah, fragte er nach dem Beutel, hatte ich diesen einmal zu Hause vergessen, schaute er mich fast vorwurfsvoll an: ein deutscher Umweltsünder im Plastikparadies Syrien!

Dabei muss man aufpassen, am Ende nicht zu wenig Plastiktüten zu Hause zu haben, denn sie dienen als Mülltüten, die man abends vor die Haustür stellt. Dort werden sie dann von Müllmännern in blauen Overalls eingesammelt, die einen Wagen mit großen Metalltonnen vor sich herschieben. Mancher Abfall wird dabei sogar getrennt – nicht aus Umweltbewusstsein, sondern aus finanziellem Interesse. Pappe und Papier sowie Dosen und Flaschen lassen sich als Rohstoffe weiterverkaufen. Das Konzept der Mülltrennung ist Syrern also nicht vollkommen fremd – dennoch bedarf die systematische Umsetzung in Deutschland einiger Erklärungen.

Grüner Punkt in die gelbe Tonne, Papier und Pappe in die blaue, Siedlungsabfälle (was immer das sein mag) in orangene Container, Bioabfälle in braune Tonnen, Glas je nach Farbe (weiß, grün, braun oder auch einfach nur bunt) in die Glascontainer (vorher Deckel ab und Korken raus) und alles, was dann übrig bleibt, in den schwarzen Restmüll. Letztere ist die Lieblingstonne der Syrer, davon gehe ich fest aus. Viele Geflüchtete werden angesichts der verschiedenfarbigen Müllbehälter und der regional unterschiedlichen Regeln des Sammelns und Abtransportierens wohl schnell kapitulieren. Aber mit dem Müll ist es wohl wie mit dem

Anschnallen und dem Rauchen: Die Umstellung von Routinen im Alltag braucht Zeit – und überzeugende Vorbilder.

Manches wird sich vielleicht auch nach vielen Jahren nicht ändern – und ist auch nicht weiter schlimm. Die innige Beziehung der Deutschen zu ihren Haustieren, insbesondere zu ihren Hunden, können Syrer zum Beispiel nicht so recht nachvollziehen. Selbst tierliebe Syrer, die gerne mal eine Katze streicheln, beobachten mit einigem Befremden, wie Hundehalter ihre Vierbeiner auf die Schnauze küssen, mit ihnen zum Frisör gehen, ihnen im Winter ein Mäntelchen anziehen und mit einer Plastiktüte ihren Dreck einsammeln. »Ich muss mich ja schon überwinden, den Po meines Kindes sauber zu machen«, kommentierte ein syrischer Freund neulich. »Wie soll ich da einen Hundehaufen anfassen?« In Syrien leben Tiere nicht in Häusern oder Wohnungen, das Konzept des Haustieres ist wenig verbreitet. Einzige Ausnahme sind Kanarienvögel, deren Zwitschern die Innenhöfe manches Altstadthauses erfüllt, und Katzen, die zwar auf der Straße leben, aber von Anwohnern versorgt werden.

Insbesondere Hunde, die in Syrien oft wild, aggressiv oder verwahrlost erscheinen, machen Syrern deshalb Angst. Sie haben noch nicht erlebt, dass man einen Hund erziehen und abrichten kann und dass er für den Menschen zu einem guten Begleiter und treuen Freund werden kann. Außerdem finden die meisten Syrer, dass Tiere in ihrem Wohn- und Schlafzimmer nichts zu suchen haben, nicht weil sie an sich »unrein« sind, sondern weil sie einfach Dreck machen. Und zu Hause mag es der Syrer, wie erwähnt, ja durchaus sauber. Wer schon länger in Deutschland ist, Ängste abgebaut hat und die Liebe deutscher Hundebesitzer aus eigener Anschauung kennt, ist zuweilen durchaus fasziniert. Und in einem Punkt sind sich viele unserer syrischen Freunde einig: In ihrem nächsten Leben möchten sie als Hund in Deutschland geboren werden.

Planlose Orientierung: Nur nicht unter die Räder kommen

Bleibt die Frage, wie man sich im öffentlichen Raum fortbewegen kann – in Syrien wie in Deutschland. Bei diesem Thema treffen tatsächlich Welten aufeinander: dort Mensch, hier Maschine. Blicken wir zunächst nach Syrien. Als weit gereiste Deutsche landete ich in Damaskus mit dem entsprechenden Kartenmaterial im Gepäck. Wie die meisten Europäer war ich es gewohnt, mich in einer neuen Umgebung mit Hilfe eines Stadtplans zu orientieren. Da ich ein ganz gutes fotografisches Gedächtnis habe, schaue ich normalerweise ein paar Mal auf den Plan und habe ihn dann so weit abgespeichert, dass ich beim Gehen in Gedanken durch die dort eingezeichneten Straßen laufe und mich schnell zurechtfinde.

In Damaskus wollte das leider nicht klappen. Irgendwie passte nichts zusammen – der Plan, die Realität, mein Hirn. Tatsächlich orientieren sich Syrer komplett anders, sie merken sich auffällige Gebäude, Brücken oder Brunnen und prägen sich ein Eckhaus oder ein Geschäft ein, um zu wissen, wo sie abbiegen müssen. Weshalb es sinnlos ist, einem Damaszener einen Stadtplan unter die Nase zu halten, mit der Bitte, einen bestimmten Ort darauf zu finden. Er wird ihn mit großer Wahrscheinlichkeit nicht lesen können. Genauso wenig, wie er mit einem Straßennamen und einer Hausnummer etwas anfangen kann. Adressen sind in Syrien Beschreibungen der näheren Umgebung. Eine Frau, deren Mann aus der Familie Shahrur stammt und die im zentralen Stadtteil Jisr al-Abyad lebt, wird bei Behörden unter Wohnort Folgendes angeben: Damaskus, Jisr al-Abyad, Beit Shahrur (»Haus Shahrur«), gefolgt von Details wie »gegenüber der italienischen Botschafterresidenz« oder »neben dem Kulturzentrum« oder »über Supermarkt XY«. Mit Hilfe dieser Beschreibung wird übrigens auch ihre Post zugestellt. Wie die Straße heißt, in der sie wohnt, weiß die Frau womöglich nicht mal selbst, und systematisch durchnummeriert sind die Häuser ohnehin nicht.

Als ich feststellte, dass nicht nur die Straße, in der sich meine erste Wohnung befand, einen Namen hatte, sondern auch das Gebäude, in dem ich wohnte, eine Hausnummer, dachte ich: »Was für ein Glück!« Doch weit gefehlt. Im Alltag haben mir Straßenname und Hausnummer kein einziges Mal weitergeholfen. Wer zu mir finden sollte, dem erklärte ich, dass ich in der Straße des British Council wohnte (das britische Kulturzentrum kannte fast jeder) gegenüber der alten Bäckerei und über dem grünen Schuhladen. So war alles klar.

Leider habe ich für diese Art der Orientierung keine Begabung und so ging ich bei meinem ersten Spaziergang durch Damaskus' modernes Stadtzentrum ziemlich verloren. In den Tagen nach meiner Ankunft hatte mich mal die Tochter, mal der Sohn einer Bekannten begleitet, bei der ich anfangs wohnte. Dann war ich mir sicher, dass ich alleine zu dem Internetcafé in Shaalan finden würde, dem Geschäftsviertel am Fuße des Damaszener Hausberges Qasyun. Es ging ja nur den Berg hinunter und dann links. Gesagt, getan. Der Anfang war leicht, denn ich musste eine lange Treppe hinabsteigen und dann einer Straße folgen, in der ich an der Zufahrt zur Präsidentenvilla vorbeikam. Bashar al-Assad (damals eineinhalb Jahre im Amt) wohnte mit seiner in England aufgewachsenen Frau lieber mitten in der Stadt als in dem Betonklotz namens Präsidentenpalast, den sein Vater auf einem Hügel außerhalb von Damaskus errichtet hatte. In der Nähe dieses Stadthauses hielten sich erwartungsgemäß ziemlich viele Geheimdienstmitarbeiter auf, die mich misstrauisch beäugten. Ich blieb also nicht stehen, machte auch keine Fotos, sondern visierte mein nächstes Etappenziel an, die amerikanische Botschaft, die ebenfalls einfach zu erkennen war. Am Stacheldraht, an der Flagge und den vielen Sicherheitskräften. Diese trugen vor der US-Botschaft grüne Polizeiuniformen, während ihre Kollegen vor dem Eingang zu Assads Villa dunkle Anzüge anhatten.

Von hier ging es geradeaus durch den Kreisverkehr, bis ich an einer großen Kreuzung zu einer silbernen Statue kommen würde, bei der ich dann links abbiegen müsste, so hatte ich es mir gemerkt. Das moderne Kunstwerk stand in einem kleinen Park und bestand aus einer Kugel auf einem Stiel. Ich hielt es für ein sowjetisch angehauchtes Mahnmal, eine abstrahierte Weltkugel oder so ähnlich. Leider verfehlte ich jedoch die entsprechende Ecke und musste deshalb Passanten nach dem Weg (also dem Kunstwerk) fragen. Zwar traf ich einige Syrer, die mich auf Englisch verstanden, aber eine silberne Weltkugel hatte keiner von ihnen gesehen.

Irgendwann fragte mich ein Mann mittleren Alters, wohin ich eigentlich wollte, und ich nannte das Internetcafé. Das kannte er zum Glück sofort, denn damals gab es noch nicht viele davon. Der nette Mann forderte mich auf, ihm zu folgen, und brachte mich ans Ziel. Als ich auf die silberne Statue zeigte, schaute er mich irritiert an. »Das ist ein Wassertank«, erklärte er.

»Keine Kunst?«

»Nein, da ist Wasser drin.«

Ach so. Mir war das Missverständnis so peinlich, dass ich mich schnell verabschiedete. Wann immer ich in den nächsten Wochen bei meinen Streifzügen durch Damaskus an den silbernen Kugeln auf Stelzen vorbeikam, musste ich schmunzeln. So viele sozialistische Mahnmale wären dann doch etwas übertrieben gewesen. Tatsächlich dominiert in Syrien nur eine »Kunstform« den öffentlichen Raum: Assad-Porträts in allen Facetten.

An die Wassertanks musste ich denken, als mir mein Freund Abu Basel, ein Küchenhändler in der Altstadt, ein paar Jahre später von seiner Geschäftsreise nach Deutschland erzählte. Er hatte eine Messe und mehrere Küchengroßhändler besucht und war vor allem in Norddeutschland unterwegs gewesen. »Wo genau warst du denn?«, wollte ich wissen. Den Ortsnamen wusste er nicht mehr, aber es sei ganz in der Nähe des »Kreiskrankenhauses« gewesen, antwortete er. Stolz, sich dieses wichtige lange Wort gemerkt zu haben und es auch verständlich aussprechen zu können, wiederholte er es mehrmals. »Kennst du es nicht?«, fragte er mich schließlich enttäuscht. Deutsche Touristen, die sich bei ihrem Spaziergang durch den Suq in sein Geschäft verirrten, wüssten sofort Bescheid, wenn er das »Kreiskrankenhaus« erwähnte. Als ich ihm erklärte, dass es in Deutschland unzählige Kreiskrankenhäuser gebe, weil fast jeder Landstrich ein solches habe, fing Abu Basel schrecklich an zu lachen. Wir stellten uns vor, was diese Deutschen wohl insgeheim gedacht hatten, als sie sein engagiertes »Kreiskrankenhaus« mit einem verständnisvollen Nicken bedacht und weitergezogen waren. Und konnten nicht mehr aufhören zu lachen. Tränen rannen über Abu Basels Gesicht. Das »Kreiskrankenhaus« wurde für uns zu einem Code für Missverständnisse aller Art. Und von denen gibt es viele – allein aus sprachlichen Gründen.

Wer in Syrien kein Arabisch spricht, hat es schwer im Alltag. Im europäischen Ausland kann man als Deutscher auch ohne Französisch-, Spanisch- oder Italienischkenntnisse Essen bestellen, U-Bahn fahren, Lebensmittel besorgen und Eintrittskarten kaufen, denn die entsprechenden Informationen stehen irgendwo auf Englisch oder erschließen sich aus Abbildungen. Das Einkaufen in Supermärkten und die Bedienung von Automaten folgen außerdem überall auf der Welt einer ähnlichen Logik. In Syrien dagegen hat man als Reisender mit Menschen statt mit Maschinen zu tun – Automaten, Fahrpläne oder übersichtliche Preisangaben sucht man meist vergebens. Das einzige, was es in Syrien am Automaten gibt, ist Bargeld. Informationen stehen in der Regel nur auf Arabisch zur Verfügung und taucht irgendwo wider Erwarten ein englischsprachiger Schriftzug auf, ist er mit großer Wahrscheinlichkeit falsch geschrieben.

Europäer, die durch Syrien gereist sind, wissen deshalb, wie es ist, sich in einer fremden Umgebung als Analphabet zu fühlen. So geht es jetzt manchem syrischen Familienvater Mitte 40, der im Umland von Aleppo zwar acht Jahre zur Schule gegangen ist, dort aber nicht wirklich Englisch gelernt hat. In Syrien hatte er einen Laden für Elektrozubehör, von dem er seine sechsköpfige Familie gut ernähren konnte. Hier ist er von heute auf morgen zum Analphabeten, Bittsteller und potenziellen Langzeitarbeitslosen geworden, weil er die lateinischen Buchstaben nicht kennt und deshalb im Deutschkurs ganz von vorn anfangen muss: mit dem Alphabet. Wie lange wohl ein 45-jähriger Elektriker aus Backnang bräuchte, um die arabischen Buchstaben zu lernen und sich in Syrien einigermaßen verständlich zu machen?

Dabei hätte er es am Ende womöglich leichter als sein syrischer Kollege in Deutschland. Denn Syrer erwarten von niemandem, der neu in ihr Land kommt, dass er schnell Arabisch lernt, und bemühen sich deshalb sehr, Ausländern das Leben in Syrien zu erleichtern. Da sich der Alltag in Syrien jedoch nur bewältigen lässt, indem man miteinander redet, findet Kommunikation mit Fremden oft ohne Sprache statt. Syrer sind Meister darin, sich mit Händen und Füßen mitzuteilen.

In einem bis unter die Decke vollgestopften Krämerladen kann man zur Not auf fast alles zeigen, was man braucht, auch wenn weder dem Kunden noch dem Krämer das englische Wort für »Backpulver« einfallen mag. Wer sich fortbewegt, muss allerdings reden, anders wird er weder den richtigen Bus finden noch ein Ticket kaufen können. In Damaskus gibt es keine U- und S-Bahnen, man fährt Bus, Minibus oder Taxi. Dort bezahlt man überall beim Fahrer und der spricht außer »hello«, »welcome« und »I love you« meist kein Englisch. Damit Taxi- oder Minibusfahrer anhalten, muss man am Straßenrand mit erhobener Hand sein Mitfahrinteresse signalisieren. Keine Ahnung, wie viele Minibusse an mir vorbeigefahren sind, deren eng auf Arabisch beschriebenes Schild mit dem Namen der Route ich nicht früh genug entziffern konnte. Oft winkte ich dem Bus nur verzweifelt hinterher. Wer innerhalb des Landes verreisen will, bekommt Abfahrtzeiten und Tickets für den Zug oder Überlandbus nur am Bahnschalter oder bei den Busunternehmen. Zum Glück sind syrische Schalterbeamte und Mitfahrer in der Regel so freundlich und hilfsbereit, dass auch Reisende ohne Arabischkenntnisse dort ankommen, wo sie hinwollen. Im Zweifelsfall läuft es so wie bei meiner Suche nach dem Internetcafé – ein Einheimischer, der versteht, was man will, läuft voraus und bringt einen zum entsprechenden Bus oder zum richtigen Bahngleis.

In einer Welt ohne Automaten ist das Ziehen von Wartenummern erst mal eine kleine Herausforderung. In den marmorglänzenden Servicezentren der syrischen Mobilfunkanbieter befinden sich am Eingang unauffällige Apparate. Eigentlich alles ganz einfach: Knopf drücken, Zettel nehmen, Nummer beachten und Zeittafel im Blick behalten. Wenn einem dieses Vorgehen aber gänzlich unbekannt ist, birgt es durchaus Tücken. Und so standen anfangs neben den Apparaten Mitarbeiter, die für die überforderten oder ahnungslosen Kunden den Knopf drückten, ihnen den Zettel reichten und dann erklärten, sie müssten warten, bis ihre Nummer aufgerufen werde. Später funktionierte das System auch ohne menschliche Hilfe.

Selbst wenn Syrer also gelernt haben, Wartenummern zu ziehen, und somit auf die Bürokratie deutscher Bürgerämter, Jobcenter und Ausländerbehörden vorbereitet sind, ist unsere automatisierte Welt eine große Herausforderung für jeden Geflüchteten.

Als mein Schwager in einer mittelgroßen deutschen Stadt zum ersten Mal alleine S-Bahn fahren wollte, fand er an der Haltestelle einen Automaten und eine alte Frau vor. Beide sprachen kein Wort Englisch. Und da Automaten bekanntlich nicht mit Händen und Füßen kommunizieren, musste er schwarzfahren. Ich stellte mit Verwunderung fest: Ohne Deutschkenntnisse ist es auch in Deutschland schwierig, legal Bus oder Bahn zu fahren, Zigaretten und Parkschein zu kaufen. Mein Schwager ließ sich den Fahrkartenkauf einmal erklären, dann konnte er es alleine. Doch als er den Plan der Berliner Verkehrsbetriebe in der Hand hielt und auf die bunten Linien starrte, wurde ihm schwindelig. In den großen Städten gibt es inzwischen durchaus mehrsprachige Automaten, dennoch braucht man neben rudimentärem Englisch ein gewisses Grundverständnis dafür, wann man bestimmte Tasten drücken und wann man auf einen Bildschirm tippen muss. Hat man diese Hürde geschafft, gilt es immer noch in die richtige Bahn zu steigen. An Haltestellen wie dem Berliner Alexanderplatz keine leichte Übung. Unser Freund, der Theaterregisseur, freute sich so sehr, die U8 gefunden zu haben, dass er in die nächste einfahrende Bahn stieg, ohne auf die Richtung zu achten. Keiner hatte ihm erklärt, dass die Züge der U8 auf der einen Seite des Bahnsteigs in die eine und auf der anderen Seite in die entgegengesetzte Richtung fuhren, weil das für jeden Berliner eine Selbstverständlichkeit ist. Und so landete er am falschen Ende von Berlin, wo er zu allem Überfluss noch in eine Anti-Ausländer-Demo geriet. Eingeschüchtert und nervlich am Ende flüchtete er zurück in die U-Bahn-Station. Dort rief er seine deutsche Frau auf dem Handy an und bat einen Passanten, ihr am Telefon zu erklären, wo er sich gerade befände, sie konnte ihm dann wiederum erklären, wie er an sein Ziel komme.

Tatsächlich sind verloren wirkende Syrer an Bahnhöfen ein vertrautes Bild. Einmal versuchte ich drei jungen Syrern zu erklären, wie sie von Mannheim nach Flensburg fahren müssten – in Regionalzügen. Mit brummendem Schädel zündeten sich diese Syrer dann wenig später am Gleis erst mal eine Zigarette an, bis ich ihnen erklärte, dass sie sich bitte in die ausgeschilderten Raucherbereiche stellen müssten. Keine Ahnung, ob sie nachvollziehen konnten, dass das Rauchen in einem auf dem Boden aufgemalten weißen Viereck erlaubt ist, zwei Meter daneben aber nicht.

In Syrien als Fußgänger unterwegs zu sein, erlebte ich als ziemlich anstrengend, denn der Straßenverkehr ist extrem gefährlich. Bei ihren Besuchen in Damaskus wunderte sich meine Mutter immer, wie aus den überaus freundlichen und höflichen Syrern so rücksichtslose Autofahrer werden können. Wer eine viel befahrene Straße überqueren muss, wartet auf den entscheidenden Moment, in dem entweder weniger Autos heranrollen, sodass man es im Zickzack-Laufschritt auf die andere Seite schafft. Oder man wartet, bis so viele Autos kommen, dass diese sich stauen und langsamer fahren müssen. Wichtig ist immer: zügig weitergehen, bloß nicht stehenbleiben! Meine Mutter fühlte sich beim Überqueren einer mehrspurigen Straße stets wie ein gescheuchtes Reh und war jedes Mal froh, es heil auf die andere Seite geschafft zu haben.

Warum viele Syrer zu Motormonstern mutieren, sobald sie hinter einem Steuer Platz nehmen, kann ich mir auch nicht erklären. In jedem Fall gilt auf Syriens Straßen das Recht des Stärkeren, und das wird unter Autofahrern nach Gefühl, mit der Hupe, verbal und per Handzeichen abgesteckt. Entsprechend gute Nerven braucht jeder, der mit einem Moped, Fahrrad oder zu Fuß unterwegs ist.

Wechseln wir einmal die Seiten: Auch für Syrer kann der deutsche Straßenverkehr gefährlich werden. Vor allem für syrische Kinder. Denn wer hier nicht von Anfang an die Grundregeln erklärt bekommt, gerät im wörtlichen Sinne unter die Räder. In Syrien ist der Verkehr so chaotisch und gefährlich, dass es nichts zu erklären gibt, sondern es nur darum geht, die eigene Haut (und die seiner Kinder) zu retten. Fußgänger haben keinerlei Rechte, auch wenn sie einen Kinderwagen schieben oder am Stock gehen. In Deutschland dagegen gibt es Regeln, die alle beachten müssen, damit niemand zu schaden kommt. Zwar warten syrische Mütter und Väter jetzt in deutschen Großstädten an roten Fußgängerampeln, weil sie sehen, dass alle es so machen, aber ihren Kindern erklären sie das nicht.

Eine Freundin aus Damaskus hat einen Sohn im gleichen Alter wie unser Sohn. In den ersten Wochen wurde der Zweijährige durch den Berliner Verkehr mitgeschleppt, als ginge ihn das alles nichts an. Und wenn die Ampel an einer kleinen unbefahrenen Kreuzung nicht schnell genug grün wurde, marschierte meine Freundin mit ihrem Kind einfach über Rot. Denn sie achtete nur darauf, ob ein Auto kam, und nicht, was die Ampel anzeigte. Ein weiterer Fall von »der Kleine versteht das sowieso noch nicht.« Ich war nicht sonderlich überrascht, weil ich weiß, dass es in Syrien keine Verkehrserziehung gibt (und wenn, dann müsste sie anders aussehen als bei uns). Aber mir wurde in dem Moment klar, in welcher Gefahr die Kinder von Geflüchteten hier schweben und dass wir ihren Eltern das dringend vermitteln müssen.

Meiner Freundin erklärte ich, dass eine der Haupttodesursachen von Kindern in Deutschland der Straßenverkehr ist und sie deshalb von Anfang lernen müssen, an jeder Kreuzung stehen zu bleiben, »links-rechts-links« zu schauen und an Ampeln nur bei Grün zu gehen. Natürlich ist unsere Straßenverkehrsordnung ein Paradebeispiel für Deutschlands Gründlichkeit oder Bürokratiewahn (je nach Sichtweise), aber es gibt ein paar Regeln, an die sich alle halten. Was dazu führt, dass Autofahrer, die Grün haben oder auf einer Vorfahrtsstraße unterwegs sind, nicht lange schauen, sondern fahren. Kleinkinder müssen diese Regeln deshalb so früh wie möglich verinnerlichen. Dass Zweijährige dazu durchaus in der Lage sind, hat ihr dann unser Sohn gezeigt. Er fährt leidenschaftlich Roller und darf das auf dem Bürgersteig, seitdem er tatsächlich an jedem Bordstein anhält und wartet.

Zugegeben fahre ich in Syrien lieber Auto als dass ich zu Fuß gehe. Die wichtigste Grundregel lautet, dass Verkehrsteilnehmer miteinander kommunizieren. Und zwar nicht nur mit Bremslicht und Blinker, sondern mit Gesten und Blicken. Der linke Arm ist dafür unverzichtbar. Mit ihm bremst man den Hintermann ab oder winkt einen anderen in die Spur, er kann mal dankend, mal wütend wedeln. Verkehrsschilder dienen im besten Fall zu Dekorationszwecken, oft beeinträchtigen sie die Sicht oder verwirren, weshalb sie den Verkehr mehr behindern als ihn regeln. Auch Ampeln sind manchmal unsinnig geschaltet und blinken in diesem Zustand lustig vor sich hin, ohne dass es jemanden interessieren würde. Gilt es an einer viel befahrenen Kreuzung wirklich etwas zu regeln, stehen Polizisten dort – sie respektiert man, weil es sonst Strafzettel gibt. Diesen wiederum muss man dann durch ein Bestechungsgeld rückgängig machen, was vielen zu lästig ist.

Das Fortbewegungsmittel eines Syrers ist ein eindeutiger Hinweis auf seinen sozialen Status. Wer mit dem Fahrrad unterwegs ist, gilt als armer Schlucker. Wer den Minibus nimmt, hat auch nicht viel mehr – für Frauen, die in Syrien grundsätzlich nicht Fahrrad fahren, sind Busse das billigste Verkehrsmittel. Der Mittelstand fährt Taxi, weil er sich kein eigenes Auto leisten kann. Womit jeder, der ein eigenes Fahrzeug hat – und sei es noch so blechern oder zusammengeflickt – zu einer gewissen Elite gehört.

Schuld an diesem Zustand sind hohe Importzölle, die den Autopreis nach oben treiben. Ein Mercedes kostet in Syrien deshalb deutlich mehr als in Deutschland. Hinzu kommt, dass es keinen Markt für Gebrauchtwagen gibt, denn wer sich mühsam einen teuren Neuwagen erspart, wird ihn nicht so schnell wieder verkaufen. Die PKW-Treue hat dabei Tradition: Freunde von mir fahren ihr Oldtimer-ähnliches, fantasievoll zusammengehaltenes Blechgefährt seit mehr als 25 Jahren. Bei so vielen verschiedenen Ersatzteilen lässt sich die ursprüngliche Marke nur noch erahnen.

Eine chromblitzende Limousine ist in Damaskus deshalb vor allem eines: Statussymbol. Ihr Fahrer signalisiert, dass er zur Welt der Reichen und Mächtigen gehört – denn Geld und Einfluss gehen in Syrien Hand in Hand. Oft habe ich mich gefragt, wie diese Mercedes-, BMW- und Jaguar-Fahrer wohl an die Millionen gekommen sind, die ihre Wagen gekostet haben. Besonders unangenehm ist der Nachwuchs dieser Neureichen. Denn abends fahren die Söhne die S-Klasse ihrer korrupten Papas spazieren. Mit heruntergekurbelten Fenstern und dröhnenden Bässen drehen sie in Damaskus' Szenevierteln ihre Runden, um die Aufmerksamkeit der dort flanierenden jungen Frauen zu erregen. Daran hat auch der aktuelle Konflikt nicht viel geändert. In den angesagten Klubs der Hauptstadt feiert die junge Assad-treue Geschäftselite des Landes, als ob sie den Krieg zumindest nachts vergessen wollte.

Ein eigenes Fahrzeug ist für viele Syrer also keine Selbstverständlichkeit. Für Deutsche allerdings schon. Die Tatsache, dass in Deutschland fast jeder Haushalt mindestens ein Auto zur Verfügung hat – mit Ausnahme von überzeugten Umweltschützern und manchen Großstadtbewohnern, denen die Zeit für die Parkplatzsuche zu schade ist –, beeindruckt Syrer deshalb zunächst einmal.

Noch dazu, weil deutsche Wagen durchweg neu und gepflegt wirken, fahrende Schrotthaufen wie in Syrien gibt es dank TÜV hier nicht. »Woher haben die Deutschen nur das ganze Geld?«, mag sich manch ein Syrer fragen, der zum ersten Mal auf deutschen Straßen unterwegs ist.

Aber in Deutschland ist das Auto eben nicht automatisch ein Hinweis auf den sozialen Status. In einem dicken Mercedes kann ein Minister, ein Zuhälter, ein Pizzabäcker oder ein Sachbearbeiter sitzen. Denn je nachdem, welche Prioritäten der Einzelne setzt, kann man sich dank monatlicher Ratenzahlung auch mit einem durchschnittlichen Einkommen ein schickes Auto leisten. Erst recht, wenn man sich auf dem riesigen Gebrauchtwagenmarkt umschaut und mit einem Wagen zufriedengibt, der ein paar Jahre alt ist, aber wie neu aussieht – zumindest in den Augen eines Syrers.

Die größte Hürde auf dem Weg zum selbstständigen Autofahren ist in Deutschland weniger der Kauf eines Fahrzeugs, sondern das Bestehen der Führerscheinprüfung. Wer wie ich seit mehr als zwanzig Jahren Auto fährt und dann plötzlich mit syrischen Verwandten konfrontiert ist, die den Führerschein machen, braucht gute Nerven. Zunächst die Theorie – eine Blamage. Beim Durchgehen der Prüfbögen habe ich mich ständig gefragt, ob ich das tatsächlich mal alles gewusst habe. Die Theorieprüfung würden die allermeisten deutschen Autofahrer nicht mehr bestehen, behaupte ich. Und auch bei der Praxisprüfung wäre ich sehr wahrscheinlich durchgefallen. Schulterblick, Rückspiegel einstellen, Vorfahrt beachten, langsam an den Zebrastreifen heranfahren, Abstand zum Fahrradfahrer halten – das waren anstrengende Wochen!

Wie oft syrische Verwandte und Freunde hier durch die Prüfungen – Theorie und Praxis – gefallen sind, habe ich nicht gezählt. Aber ich kenne keinen, der beides auf Anhieb geschafft hätte. Dabei konnten manche von ihnen schon vorher Auto fahren, was es nicht leichter, sondern eher komplizierter macht. Denn wer in Syrien Auto fahren gelernt hat, muss seine Fahrtechnik komplett umstellen. Das beginnt damit, in welchem Winkel wir in Deutschland die rechte Hand auf die Schaltung legen, und endet beim korrekten

Spurwechsel. Die meisten Syrer lernen Auto fahren bei ihrem Vater, einem älteren Bruder, Freund oder Cousin – je nachdem, wer im Umfeld überhaupt ein Fahrzeug besitzt – oder bringen es sich mehr oder weniger selbst bei. Für das Führerschein-Dokument braucht es nur etwas Bestechungsgeld.

Dass es auch in Syrien Fahrlehrer gibt, erfuhr ich erst durch einen in Deutschland lebenden syrischen Freund, der gerade mit der Führerschein-Praxis angefangen hatte. Ein Jahr bevor die Revolution seine Geburtsstadt Homs erreichen sollte, nahm er dort während eines Heimaturlaubs Fahrunterricht, weil er dachte, er könne sich dadurch einige teure deutsche Fahrstunden ersparen. Nach seiner Rückkehr erklärte er uns stolz, was er gelernt hatte. Das Wichtigste beim Autofahren sei, immer locker zu bleiben und den Überblick zu haben, hatte der syrische Fahrlehrer ihm beigebracht. Also Ellbogen am Fenster, Lenkrad zwischen die Fingerspitzen, zurücklehnen und entspannen. Was zählte, war in Syrien das Gefühl – und wenn alle nach Gefühl fahren, klappt es auch erstaunlich gut. In Deutschland regieren jedoch Gesetze, nicht Gefühle. Die Rechnung unseres Freundes ging deshalb leider nicht auf. Nach den Fahrversuchen in Syrien brauchte der deutsche Fahrlehrer zwei Extrastunden, um ihm eine korrekte Fahrhaltung beizubringen: aufrecht, aufmerksam, beide Hände auf zehn vor zwei am Lenkrad. Und dann natürlich die Sache mit dem Sicherheitsgurt: Das Erste, was wir in Deutschland machen, wenn wir ins Auto steigen, ist, uns anzuschnallen. Es ist ein Reflex, über den wir nicht mehr nachdenken. Vorher schnallen wir natürlich noch die Kinder an – in altersgerechten Sitzen, vom TÜV geprüft, vom ADAC als sicher eingestuft. Dabei sind wir als Kinder selbst noch quer auf der Rückbank, im mit Kissen ausgepolsterten Fußraum oder auf der Hutablage direkt unter der Heckscheibe gelegen, um die Fahrt in den Italienurlaub entspannt zu verschlafen. Während Papa am Steuer gemütlich eine Zigarette rauchte. Unglaublich, wie radikal wir in manchen Bereichen innerhalb von nur einer Generation umdenken können! Rauchen mit Kindern im Auto oder auch nur in der Wohnung? Indiskutabel. Kinder unangeschnallt auf der Rückbank? Vielleicht wenn es schnell gehen muss oder nur um die Ecke geht, aber eigentlich grob fahrlässig.

Kein Wunder, dass unsere Kinder das Autofahren im kurdischen Nordirak als besonders abenteuerlich empfanden. Im Herbst 2013 trafen wir dort einen Teil unserer syrischen Familie, weil wir sie wegen des Krieges nicht in Syrien besuchen konnten. Wann immer wir in dem klapprigen Geländewagen, den ein Verwandter angemietet hatte, einen Ausflug machten, mussten fünf Erwachsene und sieben Kinder darin Platz finden. Die kleineren Kinder (vier, sechs, sieben und neun Jahre alt) kletterten in den offenen Kofferraum, alle anderen quetschten sich über- und nebeneinander auf die Rückbank. Vorne saß ich am Steuer, daneben meine Schwägerin mit unserem fünf Monate alten Baby im Arm. Alles ging zum Glück gut. In die Freundealben ihrer Klassenkameradinnen schreibt unsere Tochter seitdem unter der Rubrik »mein schönstes Erlebnis«: »im Kofferraum durch Kurdistan-Irak fahren.«

Damit eine Gesellschaft verinnerlichen kann, wie wichtig (weil lebensrettend) Anschnallgurte sind, braucht es jede Menge Anstrengungen – Bewusstseinsbildung in den Medien, Verkehrserziehung in den Schulen und Kampagnen in der Öffentlichkeit. Strafen alleine reichen nicht, das wurde mir im Mai 2008 bewusst, als in Syrien ein neues Verkehrsgesetz in Kraft trat, das hohe Geldbußen und Gefängnisstrafen vorsah.

Mein Cousin war zu Besuch bei mir in Damaskus und als ich mit ihm ein Taxi bestieg, forderte ihn der Fahrer doch tatsächlich zum Anschnallen auf. Mir verschlug es die Sprache, denn die Gurte waren bis dahin nie genutzt worden. Der Taxifahrer erklärte, er müsse ab sofort 2000 Lira, damals 30 Euro, bezahlen, sollte die Polizei meinen Cousin unangeschnallt erwischen. Ich blickte in die vorbeikommenden Autos und wollte meinen Augen nicht trauen. Alle Fahrer und Beifahrer waren angeschnallt! Meine Begeisterung ließ allerdings nach, als ich feststellen musste, dass viele Taxifahrer den Gurt nur locker über die Schulter legen. Statt sich richtig anzuschnallen, sollte es von außen nur so aussehen. Neben hohen Geldstrafen braucht es folglich Überzeugungsarbeit. Dass so ein Gurt Leben retten kann, hat sich in Syrien noch nicht herumgesprochen – man schnallt sich für den Polizisten an, nicht für die eigene Sicherheit.

Männerherrschaft, selektive Korantreue und Feministinnen mit Kopftuch

Dies ist ein Kapitel über Frauen und ihre Rechte, so könnte man meinen. Über ihre Unterdrückung und ihren Kampf um Gleichberechtigung. In Wirklichkeit ist es aber ein Kapitel für Männer. Denn wenn sie nicht bereit sind, sich zu ändern – und zwar ihr Denken und ihr Handeln –, dann bringen die besten Gesetze, die lautesten Feministinnen und die klügsten Aufrufe nichts.

Aber fangen wir von vorne an. In Syrien gibt es mehr Hochschullehrerinnen als in Deutschland. Es gibt, von Assads Gnaden, Ministerinnen und Vize-Präsidentinnen und viele Beamtinnen, die in den Behörden sitzen und Tee trinken – ganz wie ihre männlichen Kollegen. Und dennoch ist die Frau gesellschaftlich nicht gleichberechtigt. Der Mann hat in Syrien das Sagen und lässt sich gerne bedienen, denn das ist bequem und war schon immer so. Das mag überspitzt klingen und ich höre schon die entsetzten Rufe syrischer Freunde, aber im Grunde geht es genau darum: Das Patriarchat ermöglicht Männern ein Leben auf Kosten der Frauen. Und weil das so angenehm ist, wollen die Männer nicht wirklich etwas daran ändern. Auch wenn sie insgeheim wissen, dass dieses System ungerecht ist und deshalb offiziell sagen, dass die Frau selbstverständlich gleichberechtigt sei.

Patriarchalische Vorstellungen finden sich in Syrien überall – bei Muslimen wie Christen, bei Drusen und Alawiten und auch bei vermeintlich aufgeklärten Säkularen und Linken. Letztere sind fast am schwersten zu ertragen, denn sie tun nach außen liberal, schwadronieren über Frauenrechte und Gleichberechtigung und geben zu Hause den Pascha. Da lobe ich mir im Vergleich unseren Onkel in Qamishli, einen gläubigen Muslim, der streng nicht nur zu seinen Töchtern, sondern gleichermaßen zu seinem Sohn und zu sich selbst ist. Was er von den Kindern und seiner Frau fordert – ehrlich, hilfsbereit und großzügig zu sein, höflich und fleißig, gehorsam und fromm – das verlangt er auch von sich selbst.

Sicher, er hat in seinem Leben noch nie die Küche betreten und Tee gekocht, für den Haushalt und die Versorgung der Kinder ist seine Frau zuständig, aber er sorgt für alles andere. Solange beide sich anstrengen – der Mann beim Broterwerb, die Frau im Haus – und diese Arbeitsteilung einvernehmlich und solidarisch leben, ist nichts dagegen einzuwenden. Auch in Deutschland gibt es die »klassische« Rollenverteilung, in ländlichen Gebieten ist sie gar nicht so ungewöhnlich und vor ein bis zwei Generationen war sie das vorherrschende Geschlechter- und Familienmodell. In mancherlei Hinsicht erleichtert es auch vieles, weil die Eheleute weniger darüber diskutieren müssen, wer die Kinder abholt, das Abendessen macht, die Spülmaschine ausräumt und wer den stressigeren Tag hatte und deshalb erschöpfter sein darf.

Liebe, Sex und Doppelmoral

Dass mir der Onkel in den Sinn kommt, hat aber einen anderen Grund. Er benutzt den Islam nicht einfach, um sich ein schönes Leben zu machen und eine kulturell gewachsene Ungerechtigkeit zwischen Frauen und Männern zu rechtfertigen, sondern hält sich an religiöse Vorschriften auch dann, wenn sie unbequem sind oder der eingeschliffenen Doppelmoral der Gesellschaft widersprechen. Ein gutes Beispiel dafür ist der vor- oder außereheliche Geschlechtsverkehr, also die Frage, ob man ohne Gottes Segen ein sexuelles Verhältnis haben darf oder nicht. Die Antwort lautet sowohl nach der christlichen als auch der islamischen Lehre eindeutig: nein. Und da sowohl Syriens Christen als auch die Muslime des Landes in der Mehrheit gläubig sind und ihre Religion praktizieren, betrachten sie diese Regel als verbindlich. Allerdings nur für die Frauen – womit wir bei der Doppelmoral des Patriarchats sind. Der Koran kennt bei dieser wie bei vielen weiteren Regeln keinen Unterschied zwischen Frau und Mann. Für beide ist Geschlechtsverkehr außerhalb der Ehe verboten, die Strafen sind genau die gleichen.

Die Gesellschaft misst jedoch wie in allen patriarchalisch geprägten Ländern mit zweierlei Maß: Ob in Syrien oder Indien, auf dem Balkan oder in Nordafrika – junge Männer egal welchen Glaubens dürfen vor der Ehe sexuelle Erfahrungen sammeln, Frauen nicht.

Mit wem sollen sich die Männer aber bitteschön einlassen, wenn ihre Altersgenossinnen nicht mitmachen dürfen? Konsequent zu Ende gedacht geht das voreheliche Vergnügen der Männer automatisch mit der »Entehrung« von Frauen einher. Das ist nicht nur bigott, sondern hat dramatische Folgen für das Verhältnis zwischen Frauen und Männern. Denn der offensichtliche Widerspruch lässt sich nur auflösen, wenn die Männer sich »anderswo« (also mit liberal denkenden und sexuell befreiten Frauen) vergnügen, um sich dann später eine »reine« Frau aus dem eigenen gesellschaftlichen Umfeld zu suchen.

Wenn wir den moralischen Impetus der monotheistischen Religionen ernst nehmen – und das sollten wir, denn für viele ist diese Frage nicht verhandelbar –, sollte es folglich für junge Leute einfach sein, zu heiraten. Das Gegenteil ist aber der Fall. In den meisten Ländern der arabisch und islamisch geprägten Welt ist es für einen jungen Mann unmöglich geworden, früh eine Ehe zu schließen. Denn wer heiraten möchte, muss sich eine eigene Wohnung – und sei sie noch so klein – leisten können und Arbeit haben, mit der er eine Familie ernähren kann. Angesichts der hohen Arbeitslosenquoten (auch unter Akademikern) ist ein geregeltes Einkommen in den Staaten des Nahen Ostens und Nordafrikas jedoch keineswegs selbstverständlich. Das gilt für Muslime wie Christen.

Hinzu kommt, dass die Hochzeit selbst ein Vermögen kostet, weil sämtliche Verwandten, Freunde und Nachbarn des Brautpaares eingeladen werden müssen. Und für Muslime wird es durch das Brautgeld noch schwieriger. Die Summe, die der Bräutigam und seine Familie der Braut zur Hochzeit übergeben – eine Mischung aus Aussteuer und persönlichem Vermögen der Frau (oft in Form von Goldschmuck) – muss erst mal verdient werden. Aber wie, wenn es kaum Chancen auf Arbeit gibt? Ohne Job kein Geld, ohne Geld keine Ehefrau, ohne Ehefrau kein Sex – so die bittere Realität für Millionen junger Araber, Kurden, Nordafrikaner und Asiaten. Kein Wunder, dass sie zu uns kommen und sich auf unsere blonden Frauen stürzen? Einen Moment, so einfach ist es nicht.

Das Brautgeld ist ein gutes Beispiel dafür, wie ein in früheren Zeiten vernünftiger Gedanke heute genau das Gegenteil dessen bewirken kann, was eigentlich beabsichtigt war. Die Idee, der nicht arbeitenden und folglich wirtschaftlich von ihrem Mann abhängigen Frau eine finanzielle Absicherung mit in die Ehe zu geben, war so lange sinnvoll, wie die Rollen klar verteilt und die Summen realistisch zu verdienen waren. In Notzeiten kann daraus ein unerträglicher Handel mit jungen Mädchen werden, deren Verheiratung der Familie das Überleben sichert – wie in den Flüchtlingslagern Jordaniens, wo sich saudische Männer für ein paar Tausend Dollar eine möglichst junge syrische Braut kaufen. Aus der gewünschten Unabhängigkeit und dem Schutz der Frau wird so eine Form der Zwangsprostitution.

In einer gleichberechtigten Partnerschaft, in der beide Eheleute arbeiten (und die Frau womöglich mehr verdient als der Mann), ist ein Brautgeld sinnlos und wird deshalb oft symbolisch festgelegt in Form eines kleinen Geldscheines, einer Münze oder einer Ausgabe des Korans. Allerdings dient es in Syrien auch dazu, dem Mann eine Scheidung zu erschweren. Dazu vereinbaren die Eheleute zusammen mit ihren Familien nicht nur ein Brautgeld, das bei der Eheschließung bezahlt wird, sondern auch einen Betrag, der im Falle einer Scheidung durch den Mann fällig wird. Dadurch soll es für beide gleichermaßen schwierig werden, sich scheiden zu lassen.

Denn nach islamischem Recht, wie es bis heute ausgelegt wird, ist eine Trennung für die Frau schwieriger. Sie muss vor Gericht Beweise für die Verfehlungen des Mannes erbringen (schwerer Missbrauch, kein ausreichender Lebensunterhalt für die Familie, Straftaten und anderes), während der Mann traditionell nur dreimal eine Scheidungsformel sprechen muss. Inzwischen haben die meisten Länder mit muslimischen Bevölkerungsmehrheiten die Scheidung auch für den Mann erschwert, aber in der Rechtspraxis ist die Frau fast überall benachteiligt. Manche islamische Gelehrte begründen die juristisch erschwerte Scheidung für die Frau damit, dass die Frau sonst aus finanziellem Interesse (zum Einkassieren von Brautgeld) heiraten, sich scheiden lassen und wieder heiraten könnte. Damit unterstellen sie ihr von vornherein Geldgier und lenken vom eigentlichen Problem ab: dass die islamische Rechtsprechung beim Thema Scheidung bis heute patriarchal geprägt ist.

Das hat damit zu tun, dass die islamische Jurisprudenz jahrhundertelang von Männern dominiert wurde. Sie interpretierten im kulturellen Kontext ihrer Zeit die islamischen Quellen: den Koran und die Sunna (die Sammlung überlieferter Äußerungen und Taten des Propheten Mohammed). Einzelne Frauen, die in der Vergangenheit für die islamische Lehre und die gelebte Vielfalt der verschiedenen muslimischen Gemeinden sehr wohl eine große Rolle spielten, sind dabei in Vergessenheit geraten. An dieses Erbe knüpfen deshalb muslimische Feministinnen heute wieder an – dazu später mehr.

Der Islam schützt die Ehe, erkennt aber an, dass es Situationen gibt, in denen es für die Eheleute besser sein kann, sich zu trennen und jemanden anderen zu heiraten. Das Christentum hat es da »leichter«, da es sowohl im Alten als auch im Neuen Testament Scheidung und Wiederheirat verbietet. Für syrische Christen ist es deshalb im Gegensatz zu ihren muslimischen Landsleuten so gut wie unmöglich, sich scheiden zu lassen und einen anderen Partner zu suchen.

Zurück zu den sexuell frustrierten jungen Männern. Sie wecken bei uns Erinnerungen an die Übergriffe der Silvesternacht 2015/2016 in Köln. Doch egal wie viel Testosteron im Spiel ist – in jeder Religion, auch der islamischen, und in jeder Kultur, auch der patriarchalischen, sind sexuelle Handlungen unter Anwendung von Gewalt verboten und gesellschaftlich geächtet. Vergewaltigung ist in Syrien, Marokko und Indien genauso wenig akzeptiert wie hierzulande, kein Vater würde je seinem Sohn beibringen, er könne losgehen und sich holen, was er wolle, auch gegen den Willen der Frau.

Religion als persönliche Sinnstiftung, theologische Welterklärung und Anleitung für moralisches Handeln kann folglich für das Fehlverhalten ihrer Anhänger nicht verantwortlich gemacht werden. Anders gesagt: Es gibt auch unter Muslimen Dreckskerle, das macht sie aber nicht zu muslimischen Dreckskerlen. Genauso wenig wie ein Bankräuber aus Niederbayern ein katholischer Krimineller oder ein getaufter Pädophiler ein christlicher Kinderschänder ist, können wir einen Taschendieb aus Algerien oder einen Drogenhändler aus Libyen als muslimische Verbrecher bezeichnen.

Asoziales und rechtswidriges Verhalten hat nichts mit Religion zu tun, es steht sogar in deutlichem Widerspruch zu religiösen Botschaften. Hätten sich die »muslimischen« (oder auch »christlichen«) Täter von Köln an die Lehren des Islam (oder Christentums) gehalten, wäre es zu keinem einzigen Übergriff gekommen. Denn alle Religionen sind sich in ihren Kernbotschaften einig: Tue Gutes, sei respektvoll, barmherzig, gütig und hilfsbereit, du sollst nicht töten, nicht stehlen, nicht lügen und nicht ehebrechen. Kurz gesagt (in Abwandlung von Immanuel Kants Kategorischem Imperativ): Behandele deine Mitmenschen so, wie du selbst behandelt werden willst. Nichts anderes haben Yusuf aus Marokko, Khaled aus Afghanistan, Mustafa aus Palästina und Ibrahim aus Syrien von ihren Eltern gelernt.

Auch wir sollten ehrlich sein

Das bedeutet natürlich nicht, dass sexualisierte Gewalt in islamisch geprägten Gesellschaften nicht vorkommt – schließlich ist sie auch in Europa und im christlich geprägten Lateinamerika weit verbreitet. Nach einer Studie der Agentur der Europäischen Union für Grundrechte wurden 55 Prozent der Frauen in Europa sexuell belästigt. Ein Drittel der Frauen haben seit ihrem 15. Lebensjahr körperliche und/oder sexuelle Gewalt erlebt. Und jede fünfte Frau, die in einer Beziehung oder Ehe lebt, wird von ihrem Partner körperlich und/oder sexuell missbraucht – also geschlagen, misshandelt, vergewaltigt.[27]

Auch bei uns in Deutschland ist Gewalt gegen Frauen alltäglich. Laut Polizeistatistik wird alle 80 Minuten eine Frau vergewaltigt (2015 waren es 7.022 angezeigte Fälle von »Vergewaltigung und sexueller Nötigung«, übrigens 323 weniger als 2014).[28] Die meisten Vergewaltigungen finden dabei nicht auf der Straße, im Park oder einer dunklen Fußgängerunterführung statt, sondern in den eigenen vier Wänden. Nach Informationen des *Bundesministeriums für Familie, Senioren, Frauen und Jugend* haben zwei Drittel der in einer repräsentativen Studie ermittelten Opfer sexueller Gewalt diese in ihrer Wohnung erfahren[29] – und genau diese häusliche Gewalt wird in den meisten Fällen gar nicht angezeigt. Frauenrechtsorganisationen gehen deshalb von einer hohen Dunkelziffer aus (»alle fünf

Minuten wird in Deutschland eine Frau sexuell genötigt oder ver-gewaltigt«[30]) und beklagen ein Klima der Ignoranz und Verharm-losung.[31] Dafür nutzen sie den englischen Begriff »Rape Culture«. Die Journalistin Margarete Stokowski beschreibt mit Rape Culture eine »Gesellschaft, in der sexuelle Gewalt zwar weit verbreitet ist, aber von vielen Menschen nicht als solche gesehen wird: Opfern wird generell misstraut oder die Schuld zugeschoben, indem Täter geschützt und Vorfälle heruntergespielt werden.«[32]

Wer sich beruflich mit dem Phänomen beschäftigt, bestätigt die-se Wahrnehmung. In einem Artikel der *Frankfurter Allgemeinen Zeitung* vom 17. Januar 2016 spricht die Psychologieprofessorin Bar-bara Krahé, die seit vielen Jahren über sexuelle Aggression forscht und dafür 2015 mit dem Deutschen Psychologie-Preis ausgezeich-net wurde, von einem »Klima der sexuellen Belästigung«, das es auch in Deutschland gebe.[33] Und die Sozialpädagogin und Trau-matherapeutin Carola Klein sagt, die Angst vor sexuellen Übergrif-fen gehöre für Frauen in Deutschland zum Alltag. »Wenn Frau-en abends unterwegs sind, müssen sie damit rechnen, angegrapscht und beleidigt zu werden. Das ist den meisten bewusst, und das ist den meisten auch schon passiert«, so die Therapeutin gegenüber der *FAZ*.[34]

Die Tatsache, dass es die brutale Gruppenvergewaltigung einer Inderin in Delhi 2012 oder einen Mob alkoholisierter nordafrika-nischer Kleinkrimineller in der Silvesternacht braucht, damit wir ir-gendwann auch über sexualisierte Gewalt gegen Frauen bei uns re-den, ist ärgerlich und für unsere Gesellschaft entlarvend. Vor allem wenn sich CDU/CSU-Politiker zur Verteidigung der Frauenrechte aufschwingen, die ansonsten eher für die Herdprämie kämpfen und Vergewaltigung in der Ehe für eine Privatsache und keinen Straftat-bestand halten. Nein, dieses Thema ist zu wichtig und zu dringend, als dass man es zu allgemeiner Hetze gegen Migranten oder popu-listischer Stimmungsmache in der Flüchtlingspolitik missbrauchen dürfte.

Womit haben wir es also zu tun, wenn junge Männer hierzulande in der Öffentlichkeit Frauen bedrängen? Zunächst mit mindestens zweierlei: Kontrollverlust und Gruppendynamik. Beides kommt zusammen, wenn exzessiv in Gesellschaft getrunken und gefeiert wird. Manche Männer sind dann durch eine sexuell aufgeladene Stimmung aufgeputscht und durch übermäßigen Alkoholkonsum so enthemmt, dass sie ihre moralischen Grundsätze vergessen. Innerhalb der Gruppe entsteht eine Dynamik, die das eigentlich als falsch abgespeicherte Verhalten begünstigt. Wer ist der Mutigste, Potenteste, Stärkste, Rücksichtsloseste bei der sexuellen Nötigung bis hin zur öffentlichen Gruppenvergewaltigung?

Anders formuliert: Welcher der Täter von Köln hätte am 31. Dezember 2015 um 10 Uhr morgens nüchtern und allein auf der Domplatte eine Frau sexuell belästigt? Vielleicht einzelne Triebtäter, womöglich keiner. So wie es auch in München außerhalb des Oktoberfests keine erhöhte Gefahr für Frauen gibt, begrapscht zu werden. Wir halten fest: Wo Hemmschwellen fallen, wird es insbesondere für Frauen unangenehm. Sollten diese deshalb eine Armlänge Abstand halten, rechtzeitig – also bevor ihre männlichen Artgenossen sich nicht mehr im Griff haben – den Heimweg antreten oder lieber gleich zu Hause bleiben? Wohl kaum. Denn Verhaltensregeln für Frauen zu Massenveranstaltungen wie Oktoberfest, Karneval, Fußballmeisterschaften, Schützenfesten oder Silvester sind ein Armutszeugnis für unsere ach so zivilisierte Gesellschaft. Die Debatte, die wir dringend führen müssen, ist die über Respekt, Unrechtsbewusstsein, Wertschätzung und einen vernünftigen Umgang mit Alkohol und anderen Drogen.

Videoaufnahmen und Zeugenaussagen der Silvesternacht bestätigen, dass die überwiegend marokkanischen und algerischen Beschuldigten sämtlich unter Drogeneinfluss standen – Alkohol, Cannabis und Pillen. Viele von ihnen ziehen seit Jahren als gescheiterte Existenzen durch Europa: Spanien, Belgien, Frankreich und Deutschland sind ihre Stationen, wo sie sich als Drogendealer und Taschendiebe verdingen. Manche würden gerne auf die »rechte Bahn« zurückkehren, sagen sie, finden aber keinen Ausstieg aus dem Kreislauf aus Drogen und Kriminalität. Mit Kriegsflüchtlingen aus Syrien und den seit Jahrzehnten gut integrierten Marokkanern in Köln haben diese jungen Männer jedenfalls wenig gemeinsam.[35]

Wir brauchen deshalb keine Diskussion über eine »kulturell bedingte, im Islam angelegte Triebhaftigkeit arabischer oder nordafrikanischer Männer«, sondern eine ehrliche Auseinandersetzung mit der ganzen Dimension von männlicher Gewalt gegen Frauen. Wie gesagt, es geht hier um die Männer, nicht um die Frauen und ihre Rechte. Letztere sind bekannt, ihre Durchsetzung bedarf der Bereitschaft aller und des Willens der Männer, ihr Verhalten zu ändern – und zwar in vielen Bereichen.

Mein Vorschlag, über Alkoholkonsum zu debattieren, ist aus einem weiteren Grund sinnvoll. Die bereits zitierte europaweite Studie hat einen »Zusammenhang zwischen starkem Alkoholkonsum des Partners und vermehrter Gewalt gegenüber seiner Frau« ermittelt. Natürlich sind besoffene prügelnde Ehemänner nichts Neues, aber die Verfasser formulieren drei interessante Vorschläge: Nationale Maßnahmen zur Gewaltprävention sollten sich mit starkem Alkoholkonsum befassen, die Alkoholgetränkeindustrie könnte Werbung für verantwortungsbewusstes Trinken machen und die Polizei sollte Daten über Alkoholmissbrauch mit Verbindung zu Fällen häuslicher Gewalt systematisch erfassen.[36] Im Umkehrschluss darf ein Vollrausch nicht als Entschuldigung für Entgleisungen dienen nach dem Motto: »Tut mir leid, aber ich wusste gar nicht mehr, was ich tat, und erinnere mich an nichts«. Wer besoffen Dinge tut, die ihm hinterher Leid tun, trägt volle Verantwortung (zumindest solange er sich selbst betrunken hat).

Natürlich spielt Alkohol vor allem hierzulande eine Rolle. In Ländern wie Ägypten und Tunesien sehen wir, dass auch stocknüchterne Männer Frauen auf offener Straße belästigen. Diese bewegen sich jedoch ebenfalls außerhalb des gesellschaftlichen Konsenses. Dies zu betonen ist wichtig, weil viele Deutsche seit den Ereignissen von Köln denken, der Orientale, Muslim, Araber, Nordafrikaner sei eben damit aufgewachsen, dass die Frau weniger wert sei und »Mann« sie deshalb sexuell belästigen dürfe, erst recht wenn sie nicht ordentlich verhüllt ist.

Aber die Tatsache, dass die Frau in diesen Ländern nicht gleichberechtigt ist, bedeutet nicht, dass ihr keinerlei Respekt entgegengebracht wird. Im Gegenteil. Nach patriarchalischer Sicht der Dinge müssen gerade Frauen besonders geachtet, beschützt und respektiert werden, sie sind schließlich der Inbegriff der Tugendhaftigkeit und Ehre für Familie und Gesellschaft. Das macht sie zwar unfrei, aber eigentlich sicher. Wer einer Frau in der Öffentlichkeit gegen ihren Willen zu nahe kommt, verhält sich unverschämt, unsittlich und unmoralisch und bekommt durchaus Ärger.

Trotzdem passieren diese Übergriffe etwa in Ägypten so massenhaft, dass es dafür einen eigenen Begriff mit Wikipedia-Eintrag gibt: »*taharrush gamea*«, auf Deutsch »gemeinschaftliche Belästigung«. Was zu Revolutionszeiten auf dem Tahrir-Platz als politisch motivierte sexuelle Einschüchterung von Aktivistinnen durch bezahlte Schlägertrupps oder während des Polizeigewahrsames durch Sicherheitsbeamte begonnen hat, setzt sich heute auf den Straßen Kairos fort. Und zwar nicht mehr nur in Form von Banden aus Kleinkriminellen oder Halbstarken, die Jagd auf Frauen machen, sondern als »unerträgliche Normalität« und »gesellschaftliche Seuche«, wie es in dem bereits genannten *FAZ*-Artikel heißt. Übergriffe seien inzwischen so normal, dass jegliches Unrechtsbewusstsein fehle, berichtet die Aktivistin Noora Flinkman von der Organisation HarassMap. Schnalzlaute, anzügliche Sprüche und Begrapschen scheinen in Ägypten ein Volkssport für Männer geworden zu sein. Allerdings gibt es auch eine Gegenbewegung, über die man wenig liest: Männer, die Frauen bei Massenveranstaltungen vor Übergriffen schützen, Selbstverteidigungskurse für Frauen, Dokumentationen der Belästigungen und Kampagnen von Nichtregierungsorganisationen, die ein Unrechtsbewusstsein stärken sollen.[37]

Angesichts solcher Berichte aus Ägypten, Marokko und Tunesien frage ich mich: Hatte ich jahrelang einfach nur Glück? Oder sind die Unterschiede von Land zu Land so groß? Abgesehen von gelegentlichen Pfiffen bin ich weder in Syrien noch bei meinen Reisen in der Region – in den Libanon, den Jemen, die besetzten palästinensischen Gebiete und den Iran – jemals sexuell belästigt worden. In Mexiko, Hamburg und Berlin dagegen schon. Wie kann das sein?

Medial vermittelte Bilder und der Westen als Projektionsfläche

Eine Antwort wage ich nur mit Blick auf Syrien. Als ich 2001 nach Damaskus kam – groß und blond –, war ich dort eine seltsame Erscheinung. Damals lebten nur wenige Europäer in Syrien: ein paar

Diplomaten, einige Mitarbeiter ausländischer Kulturinstitute und Entwicklungshilfeorganisationen, so manche DDR-Bürgerin, die ihrem syrischen Mann in seine Heimat gefolgt war, und vereinzelte Studierende, die zum Arabischlernen in Damaskus waren. Die meisten irgendwie »europäisch« aussehenden Frauen stammten aus Russland, weil es wegen der jahrzehntelangen sozialistischen Bande eine große syrisch-russische Gemeinschaft gibt. Deutsche, Schweizerinnen, Niederländerinnen oder Schwedinnen wurden deshalb oft für Russinnen gehalten.

Die Leute in Damaskus guckten also – manche ungläubig, andere neugierig, aber grundsätzlich freundlich. Eine Syrerin in Dresden wird definitiv unfreundlicher angestarrt. Die Aufmerksamkeit, die ich vor allem wegen meiner Größe (1,77 Meter) erregte (meine 1,82 Meter große Freundin kam sich bei ihrem Besuch in Syrien wie eine Außerirdische vor), hatte jedoch nie etwas Ablehnendes oder Aggressives. Mich in der Öffentlichkeit zu bewegen war zwar anstrengend, aber nie gefährlich. Tatsächlich fühlte ich mich in meiner ersten Zeit als Frau alleine in Syrien so sicher wie nirgendwo sonst auf der Welt. Das klingt übertrieben, war aber eine verbreitete Wahrnehmung unter westlichen Ausländerinnen. Der öffentliche Raum hatte etwas Beschützendes, es schien, als ob jeder jeden kennt, auf den anderen Acht gibt, sich zuständig fühlt und die Umgebung im Blick behält. Eine funktionierende gesellschaftliche Kontrolle, die zwar auf den Einzelnen einengend und bevormundend wirkt, aber gleichzeitig Sicherheit generiert. Die jungen Männer waren wohlerzogen, die Teenager schüchtern, die Taxifahrer ehrlich.

Syrien war jahrzehntelang ein ziemlich verschlossenes Land mit kaum Verbindungen ins westliche Ausland gewesen. Die Syrer lebten ohne *Coca-Cola* und *McDonalds*, ohne Satellitenfernsehen und Internet. Und waren doch hoch zivilisiert und weltoffen, schließlich sind Damaskus und Aleppo nicht nur die ältesten dauerhaft bewohnten Städte der Welt, sondern auch Knotenpunkte bedeutender Handelsrouten zwischen Asien, dem Persischen Golf und Europa. Der Austausch von Ideen und Waren prägte jahrhundertelang die Bewohner von Damaskus – Handwerker und Kaufleute, Gelehrte und Herrscher. Erst die sozialistisch-nationalistische

Ein-Parteien-Herrschaft der Assads warf Syrien ab den 1970er-Jahren in seiner Entwicklung zurück. Als ich 2001 nach Damaskus kam, lebten die Syrer deshalb technologisch betrachtet hinter dem Mond, aber – überspitzt formuliert – eben nicht wie die Affen auf den Bäumen.

Die Gesellschaft funktionierte nach ihren eigenen Regeln, für deren Durchsetzung ein engmaschiges Beziehungsgeflecht sorgte. Keine ausländische Werbung, keine Pornos und kein massenhafter Billig-Badetourismus störten die öffentliche Moral, deren unmoralische Abgründe sich hinter verschlossenen Türen, in einem überschaubaren Rotlichtmilieu oder den Bars teurer Hotels abspielten. Keine westlichen Liebesgeschichten und Eifersuchtsdramen, keine klischeehaften Hollywood-Produktionen stellten die Gesellschaftsordnung grundsätzlich in Frage. Die Syrer wussten wenig bis nichts über alternative Lebensentwürfe, es gab keinen Clash Of Civilizations, keinen Kampf der Kulturen. Alles passte irgendwie zusammen und ergab Sinn, zumindest für die große Mehrheit der Menschen, die ohne das Wissen um etwas anderes Bestehendes nicht infrage stellte.

Ich lief also durch meinen Kiez, das Einkaufsviertel Shaalan, Jungs schauten und tuschelten von Weitem, Mädchen kicherten und junge Männer, die mir entgegenkamen, schlugen die Augen nieder oder blickten schnell in eine andere Richtung. Taxifahrer freuten sich über meine arabische Begrüßung, stellten brav den Taxameter ein und brachten mich unter zuweilen neugierigem, aber respektvollem Plaudern ans Ziel. Wenn ich mich ab und an nach Hamburg zurücksehnte, dann nur, um mal wieder in einer Menge von großen blonden Frauen einfach unterzugehen.

Aber die Zeiten änderten sich. Bashar al-Assad öffnete das Land wirtschaftlich und schaffte Zugang zum Internet (den er durch staatliche Server kontrollierte, bestimmte Seiten waren blockiert, kritische Nutzer wurden eingeschüchtert, verfolgt und verhaftet). Dank Satelliten schauten die Syrer kaum noch staatliche Fernsehprogramme, sondern überwiegend ausländische arabische Sender. Die wenigen, die es sich leisten konnten, trugen Shirts von *Stefanel* oder *Benetton*, tranken Latte Macchiato zu europäischen Preisen und kommunizierten mit dem neuesten Smartphone. Mädchen zwischen 16 und 26 wollten so aussehen wie libanesische Fernsehstars, ihre Altersgenossen stylten sich die Haare wie die Sänger in den Videos arabischer Musiksender.

Nirgendwo vollzog sich dieser gesellschaftliche Wandel so rasant wie in meiner Nachbarschaft Shaalan. Donnerstagabends (vor dem syrischen Wochenende am Freitag und Samstag) wurde aus dem gemütlichen Einkaufsviertel eine einzige Partymeile. Und siehe da, die jungen Männer verloren ihre Schüchternheit, wagten Sprüche und Pfiffe, wenn auch keine groben Anzüglichkeiten. Sie hatten dank Internet und ausländischem Fernsehen mitbekommen, wie es anderswo zwischen Frauen und Männern zugeht, und glaubten nun zu wissen, wie es im liberalen Westen läuft.

Genau hier beginnt das Missverständnis. Bilder, Filme, Musikvideos, Werbebotschaften und soziale Medien vermischen sich zu einer Wahrnehmung, in der Blicke, eine kurze Hose und ein Lächeln etwas ganz anderes bedeuten, als sie es in Wirklichkeit tun. Es gibt also eine Vorstellung vom Westen und die Realität im Westen. So wie unsere Vorstellung vom Orient ja auch gerne mal mit der Realität vor Ort kollidiert. Kommt ein junger Syrer mit diesen Bildern vom freien Europa nach Deutschland, ist der Zusammenprall der Kulturen vorprogrammiert. Im Schwimmband, in der U-Bahn, Disko und Notunterkunft – überall lauern Wahrnehmungsfallen, in die einzelne Geflüchtete (nicht die Mehrheit) tatsächlich hineintreten. Die Zeitungen berichten dann von sexuellen Übergriffen, Belästigung, aufdringlicher Anmache, Prügeleien und Machogehabe.

Zwei Beispiele. Im städtischen Hallenbad in Bornheim bei Bonn beschwerten sich Besucherinnen und Angestellte über sexuelle Belästigungen durch Männer aus einer nahegelegenen Erstunterkunft. Die Ausländer hatten sich den Frauen verbal und mit anzüglichen Gesten genähert und sich im Schwimmbad insgesamt daneben benommen. Die Stadt verhängte daraufhin ein kurzfristiges Zutrittsverbot für Geflüchtete, was bundesweit Diskussionen auslöste. Dass man wegen einzelner Störenfriede nicht einer ganzen Gruppe pauschal das Schwimmen verbieten darf, ist das eine (das Verbot wurde eine Woche später wieder aufgehoben). Daneben ist aber auch nach den Erfahrungen an anderen Orten klar geworden, dass man Geflüchteten aus Ländern wie Syrien, Irak und Afghanistan vor einem Schwimmbadbesuch die Baderegeln genau erklären sollte. Das hat mehrere Gründe.

Erstens dient der Besuch eines Badehauses in manchen Herkunftsländern der Körperpflege (auch in Syrien gibt es noch traditionelle *Hammams*, obwohl die Menschen sich in der Regel zu Hause duschen und waschen). Man geht dorthin, um sauber zu werden, man schneidet Nägel, rasiert Haare, schrubbt Hornhaut weg. Das ist in deutschen Badeanstalten aus hygienischen Gründen verboten, denn in Deutschland geht man schon einigermaßen sauber ins Schwimmbad und duscht sich vor Betreten des Beckens.

Zweitens können sich die meisten Syrer zwar irgendwie über Wasser halten, aber richtig schwimmen haben nur wenige gelernt. Ich erinnere mich an einen syrischen Freund am Bodensee, der uns im Freibad vormachen wollte, wie er krault, und mit seiner lauten Platsch-Technik die Wasserverdrängung eines Wals imitierte. Sämtliche auf den Bänken am Beckenrand sitzenden älteren Damen und Herren wurden nass und waren »not amused«. Niemand hatte ihm je erklärt, wie Kraulen richtig geht, er hatte es sich selbst beigebracht. Was er brauchte, waren deshalb nur ein paar Tipps vom Schwimmmeister – schon kraulte unser Freund viel geschmeidiger.

Grundsätzlich geht man in Syrien jedoch nicht ins Schwimmbad, um kilometerweit zu schwimmen, sondern um Spaß zu haben und sich abzukühlen. Planschen, Hüpfen, Untertauchen, Spritzen, Springen – damit verbringen Syrer ihre Zeit im Wasser. Ich erinnere mich noch an meine verzweifelten Versuche, im Zickzackkurs durch das Frauenschwimmbad in Damaskus auch nur eine einzige Bahn ohne Unterbrechung zu schwimmen. Wer in welches Becken gehört, wo gesprungen werden darf und wo man nur gerade Bahnen schwimmen sollte, muss deshalb genau erklärt werden.

Meine Schwimmbadbesuche in Syrien bringen uns zum nächsten Punkt. Nach islamischem Verständnis sollten sich Frauen und Männer nicht voreinander in der Öffentlichkeit entblößen. Wo die Grenzen der Blöße liegen, ist natürlich Ansichtssache – auch bei uns gehen die meisten Menschen nicht nackt baden (obwohl sie an ausgewiesenen FKK-Stränden die Möglichkeit dazu haben), sondern ziehen Badeanzug, Badehose oder Bikini an. Der eine trägt die Short gern bis zum Knie, der andere geht im String-Tanga. Für konservative Muslime ist das deutsche Badepublikum jedoch eindeutig zu nackt. In vielen Ländern der arabischen Welt gibt es nach Geschlechtern getrennte Schwimmbäder oder auch Strandabschnitte nur für Frauen.

In Deutschland wird daraus mal wieder Doppelmoral: Denn während gläubige Musliminnen (darunter Frauen mit Kopftuch) sich niemals im Badeanzug in die Öffentlichkeit begeben würden, gehen manche ihrer Glaubensbrüder durchaus schwimmen – sie ziehen sich einfach längere Badeshorts an. Das widerspricht zwar den Prinzipien ihrer Religion, nach denen Frauen und Männer sich nicht nur »sittlich« anziehen sollten, sondern auch Orte meiden sollten, an denen andere Menschen »unsittlich« gekleidet sind. Aber wie so oft wird die Religion von den Patriarchen dieser Welt gerne im Interesse der Männer ausgelegt, ohne Rücksicht auf theologische Schriften, Rechtsprechung und Studien.

Das hat zur Folge, dass drittens vor allem junge männliche Geflüchtete deutsche Schwimmbäder frequentieren. Um Ärger zu vermeiden, wäre es deshalb hilfreich, wenn sich zwei Deutsche (Freiwillige oder offizielle Betreuer) jeweils fünf oder sechs Geflüchtete schnappen und die ersten Male mit ihnen zusammen schwimmen gingen. Noch besser geeignet wären Landsleute, die seit Längerem in Deutschland leben. Denn sie kennen Punkt Nummer vier: den Schock, den der erste Schwimmausflug – egal ob im Freibad, Hallenbad, am Meer oder am See – bei jedem Syrer auslöst. Die allermeisten syrischen Männer haben nie die Schultern ihrer Schwestern oder die Knie ihrer Mütter gesehen geschweige denn den Bauchnabel einer Cousine oder fremden Frau. Sie sind hier tatsächlich zum ersten Mal konfrontiert mit real existierenden fast nackten weiblichen Körpern – in all ihren Formen.

Allein die Vorstellung löste bei einem unserer in Deutschland lebenden Neffen ein solches Schamgefühl aus, dass er zwei Jahre lang überhaupt nicht schwimmen ging. Dann traute er sich mit zwei Freunden und legte sich im Freibad in eine ruhige Ecke, um den Schock erst mal zu verdauen. Wahrscheinlich stellte er dann fest, dass Menschen in Badekleidung auch nur Menschen sind, aber wohin mit den Augen? Überall bleiben sie hängen, dabei will man ja nicht blöde gaffen oder unhöflich wirken. Mit uns – genauer gesagt mit mir – würde keiner unserer männlichen Verwandten jemals an den Badesee fahren, schließlich würde er dann die Frau des Bruders oder Onkels in Badekleidung sehen und das wäre gefühlt noch immer ein großer Skandal.

Das zweite Beispiel stammt aus Leipzig und handelt von gut gemeinter, aber naiver Willkommenskultur. Der ambitionierte links-liberale Techno-Club *Institut für Zukunft* heißt Geflüchtete ausdrücklich willkommen, zeigt Filme und informiert zum Thema Flucht. Im Dezember 2015 wollten die Betreiber noch eins draufsetzen und luden die Bewohner einer nahegelegenen Notunterkunft ein, gratis mitzufeiern. Wer eine Vorstellung davon hat, wie frei, entrückt und ekstatisch es in einem solchen Club zugeht, kann sich ungefähr ausmalen, wie das auf die jungen Männer aus Syrien, Irak, Afghanistan oder Eritrea gewirkt haben muss. »Lauter Techno-Neulinge, die nicht wussten, dass die leichte Bekleidung der Tänzerinnen keine Einladung zum Begrapschen ist«, berichtet die *Neue Zürcher Zeitung* über den Abend. In dem Artikel werden Besucherinnen zitiert, die überhaupt keinen Spaß gehabt und es grässlich gefunden hätten.[38]

Natürlich ist es eine schöne Idee, Geflüchtete zum Feiern einzuladen. Ich denke aber, es gibt geeignetere Wege der Integration, als Araber und Afrikaner kurz nach ihrer Ankunft in eine Techno-Disko einzuladen – und sie dann noch nicht mal auf das vorzubereiten, was sie dort erwartet. Das soll keine Entschuldigung für ihr Verhalten sein, sondern nur der Hinweis darauf, dass wir mit etwas mehr sozialem Feingefühl und interkultureller Kompetenz solche Vorkommnisse vermeiden können.

Respekt vor dem »Nein« muss gelernt werden

Kulturschocks beruhen also oft auf gegenseitigen Missverständnissen. In vielen Fällen wird Verhalten falsch interpretiert. Die junge Frau schaut dem Mann tief in die Augen, lächelt und wenig später liegen die beiden – im Film – zusammen im Bett. Aha, so läuft das also. »Wenn mich diese nette Deutsche so eindringlich anschaut, dann wird es wohl darum gehen«, mag manch naiver Syrer deshalb denken. Womöglich ist die Frau aber einfach nur offen und interessiert, will ihn ermuntern, Deutsch mit ihr zu sprechen, oder vielleicht ein bisschen flirten – mehr nicht. Diesen alltäglichen selbstverständlichen Umgang zwischen Frauen und Männern, wie ihn deutsche Jungs und Mädchen schon auf dem Pausenhof ihrer Schule erproben und einüben, kennen Syrer nicht. In Syrien ist eine zwischengeschlechtliche Kontaktaufnahme für 15- bis 30-Jährige eine ziemlich verkrampfte Angelegenheit, ein Spiel mit dem Feuer, ein vorsichtiges Entlangtasten am gesellschaftsmoralischen Abgrund. Da erscheint der liberale Westen als grenzenlose »Alles-ist-möglich-Kulisse« – dabei gibt es auch hier Grenzen, nämlich die, die jeder für sich selbst definiert – Frauen wie Männer.

Die wichtigste Lektion, die geflüchtete Männer hierzulande deshalb lernen sollten, ist der Respekt vor dem »Nein«. Wer in Deutschland »nein« sagt, meint es auch so. In Syrien dient das »nein« dagegen einem Spiel, auch zwischen den Geschlechtern (das Beispiel mit der Aufforderung zum Essen, die mindestens dreimal ausgeschlagen wird, egal wie hungrig man ist, erwähnte ich bereits). Frauen kokettieren damit, sie zieren sich, lassen sich mehrfach bitten, sagen Nein, aber meinen manchmal durchaus Ja.

Und dann trifft ein junger Syrer in Deutschland ein 24-jähriges Mädchen in Hotpants, das ihm bei einer Party fröhlich zuprostet oder ihn in der Disko antanzt. Diese Deutsche ist aus seiner Sicht frei, sie braucht sich um Moral nicht zu kümmern, hat bestimmt schon sexuelle Erfahrungen gemacht und riskiert weder zu Hause noch gesellschaftlich irgendwelchen Ärger, wenn sie sich mit ihm einlässt. Für den Syrer sind damit alle Barrieren gefallen, die ihn von einer sexuellen Beziehung mit der Frau abhalten könnten. Worauf müsste er noch Rücksicht nehmen? Ihr Verhalten kann aus seiner Sicht als Einladung verstanden werden, sich anzunähern, und zwar nicht (nur) zum Plaudern und Kennenlernen, sondern auch mit der Aussicht auf körperliche Nähe.

Antanzen und Flirten bedeuten in Deutschland aber nicht automatisch, dass die Frau mit ihrem Gegenüber die Nacht verbringen will.

Womöglich gibt die 24-Jährige dem Syrer ihre Handynummer, beide verabreden sich für den nächsten Tag, sie lädt ihn zu sich nach Hause ein, sie kochen und essen gemeinsam, unterhalten sich und tauschen Zärtlichkeiten aus. Und trotzdem will das Mädchen keinen Sex. Sie sagt Nein und der Mann versteht die Welt nicht mehr. Im schlimmsten Fall kommt der Syrer sich in dem Moment verarscht vor und missachtet ihre Worte. Denn wozu sonst hat sie ihn zu sich eingeladen?

Dass man auch hier Wochen oder Monate damit verbringt, sich kennenzulernen, Filme im Kino anzuschauen, zusammen Eis zu essen, schwimmen zu gehen oder Freunde zu treffen, wird manchen syrischen Mann überraschen. Denn wenn man von Anfang an Sex haben kann (weil es kein gesellschaftliches Tabu ist), warum sollte man dann so lange darauf warten? Während Sexualität hier eine Selbstverständlichkeit ist, die man so oder so lebt, in jedem Fall aber möglichst selbstbestimmt, ist sie für Menschen aus konservativ-traditionellen Gesellschaften geheimnisvolle Verbotszone und unerreichbare Sehnsucht in einem. Überfrachtet mit falschen Vorstellungen und Erwartungen.

Sie laufen dadurch Gefahr, das alles entscheidende Kriterium der freien Liebe zu übersehen: das gegenseitige Einvernehmen. Denn die ganze Freizügigkeit, Offenheit und vermeintliche Grenzenlosigkeit – sexy Klamotten, Knutschen in der Bahn, offensives Flirten, hemmungsloses Tanzen – beruht darauf, dass beide es wollen. Leider kriegen auch manche deutschen Männer das nicht immer mit. Bei sexualisierter Gewalt geht es folglich nicht um die anderen, die Fremden, nein, es geht um uns alle. Denn wie die Publizistin Mely Kiyak, Kolumnistin am Berliner Gorki-Theater, im Januar 2016 schrieb, ist jeder automatisch auch dieser andere:

»Warum gehört der Vergewaltiger immer zu den anderen? Von jedem Punkt der Erde aus ist das so. Mal ist es der Russe, der unsere deutschen Frauen vergewaltigt. Oder der Deutsche, der Amerikaner, der Araber. Mal fand es während der chilenischen Militärjunta statt oder bei der deutschen Wehrmacht, in christlich-fundamentalen Sekten wie Zwölf Stämme oder ausgeübt von islamistischen Milizen wie Boko Haram. Mal findet es statt auf einem öffentlichen Platz in Ägypten oder Köln, mal in einem Puff in Thailand und manchmal findet es jahrelang in der Familie Müller statt, die eigens Kinder zeugt, um sie missbrauchen zu können. Mal findet es als Initiationsritus statt, wenn im Frauenhandel die Mädchen für die Prostitution vorbereitet werden sollen. Mal findet es nur so zum Spaß statt. Dann wieder findet es statt, weil zu viel Alkohol im Spiel war. Es findet statt im Kleinen und Großen. Laut oder leise. Als Methode zum Erniedrigen des politischen Gegners oder zum Druck ablassen aus Mangel an sexuellen Partnern oder aus Mangel an Bindungsvermögen. Aus Verklemmung oder Enthemmung. Der Täter ist Moslem, Christ oder Hinduist. Er ist gläubig oder nichtgläubig. Nüchtern, hacke oder zugekokst. Er ist fein angezogen oder lumpig. Arm oder reich. Charmant oder brutal. Stinkt oder ist fein parfümiert. Er will bloß provozieren, fummeln oder gleich penetrieren. Er macht es allein oder mit Freunden. Spontan oder organisiert. Aber eines haben alle Täter miteinander gemein. Es handelt sich um Männer.«[39]

Die Frau als Objekt und Sexismus im Alltag

Für sexualisierte Gewalt gibt es, je nach Kontext, verschiedene Gründe und Erklärungsmuster. Allen gemeinsam ist jedoch ein entscheidender Faktor: Macht. Männliche Dominanz. Sexualität werde instrumentalisiert, um Machtbedürfnisse zu befriedigen, sagt Psychologieprofessorin Barbara Krahé.[40] Diese können im Falle von Kriegen, Bürgerkriegen oder bewaffneten Konflikten zwischen Volksgruppen oder Banden politischer Natur sein, etwa wenn Soldaten oder Milizionäre die Frauen des Feindes versklaven und missbrauchen oder wenn in Syriens unterirdischen Foltergefängnissen Aktivistinnen vergewaltigt werden. Die Machtbedürfnisse können aber auch sehr persönlich motiviert sein. Dann spielen Faktoren wie Ausgrenzung, Versagen, verletzte Männlichkeit, Chancenlosigkeit, Benachteiligung oder auch Abhängigkeitsverhältnisse eine Rolle (wie beim sexuellen Missbrauch durch UN-Blauhelmsoldaten, zuletzt in der Zentralafrikanischen Republik und in der Demokratischen Republik Kongo).

Dabei geht die Macht der Männer einher mit der Ohnmacht der Frau. Schon immer. Weswegen die Frauen im Westen beschlossen, sich selbst zu ermächtigen, indem sie versuchten, so zu werden wie die Männer. Nach dem Motto: »Was die können, können wir schon lange«, begannen die Feministinnen der 1960er-Jahre, Schlaghosen und Achselhaare zu tragen, sich gegen endlos redende Männer der Studentenbewegung zu wehren und für die Selbstbestimmung der Frau beim Thema Abtreibung zu kämpfen. Sie wollten keine Tür mehr aufgehalten bekommen und ihre Sprudelkiste selbst in den vierten Stock schleppen. Diesen Aktivistinnen haben wir viel zu verdanken und es ist ziemlich bequem, sie aus heutiger Sicht zu kritisieren. Schließlich bin ich nicht zuletzt dank dieser Frauenbewegung als Kind der 1970er-Jahre mit den gleichen Chancen, Pflichten und Freiheiten wie mein Bruder aufgewachsen – beim Abräumen des Esstisches, beim abendlichen Ausgehen oder bei der freien Studienwahl.

Dennoch halte ich die damalige Tendenz, dem Mann in allem nachzueifern, für den falschen Weg. Mädchen und Frauen lernten dadurch, sich immer an den Jungen und Männern zu orientieren. Wirklich gleichberechtigt waren wir erst, wenn wir alles tun konnten, was auch sie machten: Physik studieren, Bagger fahren, Fußball spielen, Umzugskisten schleppen. Dadurch erhoben wir – bewusst oder unbewusst – den Mann zum Maßstab aller Dinge, was ein ziemlich unemanzipierter Ansatz der Emanzipation ist.

Statt im System männlicher Herrschaft den Frauen einen neuen gleichberechtigten Platz zu suchen und es dadurch implizit anzuerkennen, stellen heutige Feministinnen männliche Herrschaft grundsätzlich in Frage. Denn Aggressionsforschern zufolge werden Frauen vor allem dann im Bereich der Sexualität angegriffen, wenn es um Dominanz und Unterwerfung geht.[41]

Wir müssen der Gewalt deshalb schon viel früher entgegentreten: bei den Frauenbildern im Alltag. Ein kritischer und wacher Blick auf unsere Sprache, Medien und Werbung zeigt, dass die Frau bei uns in der Öffentlichkeit bis heute vor allem als Objekt dargestellt wird. Sexismus ist so weit verbreitet, dass er uns schon gar nicht mehr auffällt. Frauen rekeln sich halbnackt auf Autos, verteilen als Hostessen Häppchen, assistieren in Gameshows beim Überreichen von Preisen und haben dabei nur eine Funktion: hübsch und sexy auszusehen. Sie werden reduziert auf ihr Aussehen, ihren Körper, der Lust erregen soll. Was für ein Frauenbild vermitteln wir unseren Kindern und Jugendlichen, wenn sie an Bushaltestellen von Unterwäsche-Models lasziv angeschaut werden, den Mund leicht geöffnet? Oder wenn im Schreibwarenladen neben den Schultüten die Pin-up-Kalender hängen? Was lernen sie, wenn sie das barbusige *BILD*-Girl (»sinnliche Blicke, aufreizende Kurven«) mit entsprechend schlüpfrigem Text betrachten (»Tatjana isst ihr Frühstücksei gern nackt« oder »Wetten, Sophia kocht auch Ihnen etwas Heißes?«)?

Und wie glaubwürdig sind wir damit den Geflüchteten gegenüber, denen wir in Kursen, Infoblättern und Gesprächen erklären, dass Frauen in Deutschland gleichberechtigt sind? Ziemlich unglaubwürdig, meint die Schriftstellerin Hilal Sezgin. In ihrem Artikel über Alltagssexismus in Deutschland für die *ZEIT* vom 13. Januar 2016 schreibt sie:

»Ein Flüchtling merkt spätestens dann, dass wir es nicht ernst meinen, wenn er an dem Pappaufsteller im Supermarkt vorbeikommt, wo auf einem nackten Frauenkörper verschiedene Würste drapiert sind. Er merkt es an der Werbung für den Schwarzwald mit liegender Frauensilhouette: ›Steile Berge, feuchte Täler‹. Oder an dem Plakat der Jungen Union, das nur einen weiblichen Unterkörper, einen schwarzen Slip und eine Hand zeigt, die sich in selbigen schiebt. Wenigstens den Slogan dazu kann der Flüchtling zunächst nicht verstehen: ›Wir gehen tiefer.‹ All diese Bilder und ja, auch Herrenwitze à la Brüderle, und ja, auch dieses Weglachen – ›war doch nicht so gemeint‹, ›Darf man nicht so eng sehen!‹ – all das sind Praktiken in unserer Gesellschaft, die dazu verleiten, Frauen verdinglicht und respektlos zu behandeln. Sie zeigen, dass wir es eben doch nicht ernst meinen mit dem Sprüchlein: Frauen werden respektvoll behandelt. Das heißt nicht, die Schuldfrage zu verschieben, denn Schuld am Begrapschen haben natürlich die Täter. Wenn wir Neuankommenden aber wirklich signalisieren wollen, dass Frauen in Deutschland nicht nur Trägerinnen von Brüsten und beliebig ›nutzbaren‹ Geschlechtsteilen sind, muss sich das in unseren Bildern widerspiegeln. Wir müssen sexistische Werbung abschaffen und Gameshows ändern, in denen Frauen nur Preise durch die Gegend tragen. Wir müssen uns in jedem gesellschaftlichen Bereich fragen, welche Botschaften wir einstellen oder aussenden müssen, um neue und alte Praktiken sexueller Gewalt nicht zu ermutigen, sondern im Keim zu ersticken.«

Die Initiative von Bundesjustizminister Heiko Maas, geschlechterdiskriminierende Werbung zu unterbinden, ist deshalb längst überfällig. Dabei geht es weder um Spießigkeit oder Bevormundung noch um die »Verhüllung der Frauen zur Bändigung der Männer«, sondern um die Vermittlung eines modernen Geschlechterbildes, das unserem Selbstverständnis entspricht.[42] Ein solches Verbot wird Werbung nicht prüde und langweilig machen, wie Kritiker befürchten, sondern im Gegenteil feinsinniger, überraschender und vielschichtiger.

Sexualisierte Sprache zeigt sich auch in der Art, wie Frauen beschimpft werden. Mit Begriffen wie »Hure«, »Schlampe« oder »Nutte« werden Frauen zugleich sexuell abgewertet. Sie gehören deshalb aus dem Wortschatz unserer Väter, Brüder, Freunde, Ehemänner und Söhne verbannt. Welche Folgen eine solche abwertende Sprache für das Leben von Mädchen und Frauen haben kann, zeigt der fünfminütige Kampagnenfilm »Dear Dad, I'm Going To Be Called A Whore« des norwegischen Ablegers der Hilfsorganisation Care International. Mit dem über das Internet verbreiteten und millionenfach angeklickten Video will *Care* darauf aufmerksam machen, wie eine männlich dominierte Kultur, die sich auch in Sprüchen, Witzen und Anekdoten manifestiert, zu Gewalt gegen Frauen beitragen kann.

Wir sollten uns also klarmachen, dass nicht nur das vermeintlich fremde, überwundene Patriarchat, sondern auch der deutsche Alltagssexismus ein Frauenbild erschafft, das mit unserem Verständnis von Selbstbestimmung und Gleichberechtigung nicht zu vereinbaren ist. Beide stilisieren die Frau zum Objekt – Objekt der Ehre oder der Begierde – und nehmen ihr damit ihre Handlungsfreiheit und -kompetenz. Am Ende geht es immer um männliche Dominanz und die findet sich auf unterschiedliche Weise in jeder Gesellschaft – auch der postmodernen, aufgeklärten, westlichen. Wird männliche Macht verletzt, angezweifelt, ignoriert oder infrage gestellt, entstehen Wahrnehmungen, die sexualisierte Gewalt begünstigen. Denn Wut, Kränkung, Minderwertigkeitskomplexe, das Gefühl, zu kurz zu kommen und versagt zu haben, entladen sich auch in körperlichem Missbrauch gegenüber Frauen.

Sobald wir das erkannt haben, können wir weiterfragen. Wer fühlt sich in Deutschland ausgegrenzt, benachteiligt, abgehängt? Die Antwort liegt nahe: in der Regel Jugendliche aus sozial schwachen Verhältnissen und bildungsfernen Familien, darunter viele junge Männer mit Migrationshintergrund. Die Reihenfolge ist wichtig, denn die Söhne iranischer Ärzte, syrischer Ingenieure und marokkanischer Architekten fallen eher nicht durch kriminelle Energie und Frauenfeindlichkeit auf, obwohl sie aus patriarchalen Verhältnissen stammen und Muslime sind. Es geht also nicht um das »Vergewaltiger-Gen«, das sich bei Nordafrikanern häufiger finden würde als bei Mitteleuropäern (statistisch ließe sich womöglich das Gegenteil behaupten), sondern um das Zusammenwirken verschiedener sozialer Faktoren.

Wer von klein auf als fremd abgelehnt wurde (»Deine Mutter spricht ja nicht mal richtig Deutsch«) und sich deshalb nirgendwo richtig zugehörig fühlte, wer wegen seines Namens als leistungsschwach galt (»Das Gymnasium ist nichts für dich«), von den Lehrern entmutigt statt ermutigt wurde (»Du willst Anwalt werden? Das schaffst du nie«) und gleichzeitig der Großfamilie als Hoffnungsträger diente, hat viel Diskriminierungserfahrung gemacht und jede Menge Frust angestaut. Kulturelle Entwurzelung, gesellschaftliche Ausgrenzung, Erwartungsdruck, Versagensängste und Enttäuschungen mischen sich mit Wut, Trotz und Größenwahn zu einer explosiven Gefühlslage, die im Einzelfall böse Folgen haben kann. Auch wenn sie in den meisten Fällen gut ausgeht beziehungsweise keine Gefahr für die Gesellschaft darstellt.

Noch schwieriger ist die Situation von Migranten, die oft auf sich alleine gestellt jahrelang illegal in Deutschland leben und deshalb keine Aussicht auf Bildung, geregelte Arbeit und ein selbstbestimmtes Leben haben. Davon sind aufgrund der Gesetzeslage vor allem Algerier, Marokkaner, Tunesier und Staatsangehörige verschiedener schwarzafrikanischer Länder betroffen. Sie leben in ständiger Angst, aufzufliegen, trauen sich nicht zum Arzt, gehen über keine rote Ampel, fahren immer mit Fahrschein Bus und halten sich mit Schwarzarbeit über Wasser. Viele von ihnen leben seit Jahren in Deutschland, sprechen gut Deutsch und sind Teil dieser Gesellschaft, auch wenn sie auf dem Papier gar nicht existieren. Andere rutschen in die Kriminalität ab, handeln mit Drogen, begehen Taschen- und Ladendiebstähle und andere Straftaten.

Die Tatsache, dass die Kleinkriminellen am Kölner Hauptbahnhof überwiegend Marokkaner sind, hat also nur indirekt mit ihrer Herkunft zu tun. Sie klauen nicht, weil sie Marokkaner sind, sondern weil sie als Marokkaner in Deutschland, vereinfacht gesagt, keine Chance hatten. Damit sollen ihre Straftaten nicht entschuldigt, sondern lediglich erklärt werden. Ihre Landsleute, die vor fünfzig Jahren legal kommen konnten, längst integriert sind und deren Kinder auffallend oft Abitur machen, würden diese jungen Männer übrigens lieber heute als morgen ausweisen. Schließlich bringen sie die marokkanische Gemeinde insgesamt in Verruf. Aber wir sollten es uns nicht zu einfach machen, schließlich scheinen unsere gesetzlichen, behördlichen und gesellschaftlichen Strukturen die Straffälligkeit dieser Männer zu begünstigen. Ein paar Dutzend Marokkaner, Tunesier und Algerier abzuschieben wird das Problem deshalb nicht nachhaltig lösen.

Was wir stattdessen brauchen, ist ein Umdenken auf allen Ebenen, wie ich es im letzten Kapitel dieses Buches skizziere. Dazu gehören legale Wege der Migration, damit sich die illegalen Wege, die teuer, lebensgefährlich und schwer kontrollierbar sind, nicht mehr lohnen. Wer als Einzelperson politisch verfolgt ist (Dissidenten, Oppositionelle), sollte bei der deutschen Botschaft in seinem Heimatland Asyl beantragen können. Wer zwar sicher, aber ohne Perspektive ist, kann sich um Einwanderung nach Deutschland bewerben und seine Chancen zum Beispiel durch Sprachkenntnisse erhöhen – ebenfalls von seinem Heimatland aus. Und wer vor Krieg und Terror flieht, wird im Rahmen von Kontingenten aus der Krisenregion direkt nach Deutschland geholt und darf so lange bleiben, bis zu Hause wieder Frieden herrscht.

Wer sich bereits ohne Papiere, illegal oder seit Jahren geduldet in Deutschland aufhält, aber Deutsch spricht, Arbeit hat und sich an unsere Gesetze hält, sollte eine offizielle Bleibeperspektive bekommen. Wer als Illegaler dagegen Straftaten begangen hat, muss gehen. Das sind nur knappe Stichworte, die viele Details ungeklärt lassen, aber die Richtung ist klar. Aus illegaler Einreise muss legale und kontrollierte Migration werden, damit Deutschland sich zu einem modernen Einwanderungsland entwickeln kann. Denn wenn jeder, der kommt, von Anfang an einen geregelten Aufenthaltsstatus hat und weiß, woran er ist, klappt Integration viel schneller.

Was den Umgang zwischen Frauen und Männern betrifft, kann es gar nicht schnell genug gehen. Patriarchales Denken sollte bereits in den Notunterkünften thematisiert werden, schließlich sind dort alle neu angekommenen Geflüchteten beisammen, haben nichts zu tun und sind in dieser Warteschleife vielleicht dankbar für Abwechslung. Neben Informationen zur Wohnungssuche, zu notwendigen Anträgen, Bildung und Arbeit (die für die Flüchtlinge naheliegender und dringender sind) könnten Vereine, Initiativen und Experten gemeinsam ein Einstiegsprogramm zum Thema »Frauen und Männer in Deutschland« entwerfen. Eine Art Grundkurs, der nicht nur die Gesetzeslage erklärt, sondern auch kultursensibel das Verhältnis zwischen den Geschlechtern beleuchtet. Nicht um die Geflüchteten zu belehren, bevor wir ihnen überhaupt die Chance zum Ankommen gegeben haben, sondern damit klar wird, dass Frauen und Männer nicht nur formal gleichberechtigt sind, sondern auch selbstbestimmt Grenzen ziehen, die zu respektieren sind. Dass man Äußerlichkeiten besser nicht als Signale wertet und jedem Menschen – egal wie er aussieht und was er gerade anhat – mit Respekt begegnet. Auch das Thema Schwimmbad könnte darin vorkommen.

Mit patriarchaler Interpretation brechen, den Koran zeitgemäß auslegen, neue Allianzen knüpfen

Dass die Diskriminierung der Frau in Syrien weniger mit Religion, sondern vor allem mit einer patriarchalen Kultur zu tun hat, merkte ich vor Ort ziemlich schnell. Wenn ich bei Freunden oder Bekannten die Benachteiligung von Mädchen ansprach, hörte ich oft den Satz: »So ist das bei uns im Islam«, um dann festzustellen, dass syrische Christen, Alawiten und Drusen es genauso machen. Töchter dürfen kaum alleine ausgehen, während Söhne oft kommen und gehen, wie sie wollen. Lernt der Bruder für eine Prüfung an der Universität, wird er in Ruhe gelassen und bedient. Seine Schwester muss dagegen im Haushalt helfen, auch wenn sie vor einem Examen steht.

Schwester Antoinette, eine katholische Nonne, die ich einmal in Damaskus interviewte, kritisierte, dass die Mädchen in vielen Familien an zweiter Stelle stünden. »Die Jungen sollen studieren und einen guten Job finden, die Mädchen Hausfrauen und Mütter werden und lieber nicht arbeiten gehen«, sagte sie. Diese Vorstellungen hätten mit Rückschrittlichkeit zu tun, nicht mit Religion, und seien deshalb unter Christen genauso verbreitet wie unter Muslimen, erklärte die Nonne. Die Tatsache, dass Alawitinnen keine Kopftücher tragen und Christinnen zum Teil in kurzen Röcken und dekolletierten Tops herumlaufen, bedeutet in Syrien deshalb keineswegs, dass sie freier und selbstbestimmter leben als ihre muslimischen Altersgenossinnen.

Ein großes Problem besteht darin, dass viele Muslime und Musliminnen bestimmte diskriminierende Rechtsauslegungen als »islamisch« wahrnehmen und deshalb nicht hinterfragen. Dabei hängt die Anwendung des islamischen Rechts von örtlich sehr unterschiedlichen Voraussetzungen ab. Welchen Stellenwert hat die Religion in dem jeweiligen Staat? In welchem Verhältnis steht die Regierung dazu (wird der Islam zum Beispiel von einer autoritären politischen Führung zur Machtsicherung benutzt)? Und welchen Einfluss haben islamische Rechtsgelehrte auf Politik und Gesellschaft? Da in den Ländern mit muslimischen Bevölkerungsmehrheiten von Marokko bis Indonesien islamisches Recht sehr unterschiedlich ausgelegt wird, lassen sich kaum allgemeine Aussagen zur heutigen islamischen Rechtspraxis formulieren. Was die Stellung der Frau angeht, wirkt sie jedoch fast überall unzeitgemäß.

Wie absurd und widersprüchlich die restaurative Interpretation mancher Gelehrter heute ist, zeigt sich besonders deutlich in Saudi-Arabien und im Iran, den beiden einzigen islamischen Theokratien. Dort herrschen gewählte Politiker (Iran) oder Könige (Saudi-Arabien) als Statthalter Gottes, indem sie seine Gesetze zur staatlichen Rechtsordnung erheben. Die Bevormundung und gleichzeitige Förderung von Frauen treibt in beiden Ländern seltsame Blüten. Wenn Frauen in Saudi-Arabien beispielsweise als Pilotinnen Flugzeuge steuern, aber nicht Auto fahren dürfen. Oder wenn Frauen im Iran der Zutritt zu Sportstadien verwehrt wird, weswegen sie den Männern beim Volleyballspielen zwar nicht zuschauen können, aber im Park trotzdem mit ihnen zusammen spielen. In beiden Ländern studieren mehr Frauen als Männer, aber politische und religiöse Diskurse werden fast ausschließlich von Männern dominiert.

Letzteres ist seit Jahrhunderten eine Realität. Gelehrte formulierten aus den wenigen rechtlich relevanten Aussagen des Korans und der Sunna einen verbindlichen Normenkanon in Form der Scharia. Diese ist kein starrer Gesetzestext, sondern nimmt in der Realität unterschiedliche Gestalt an, je nachdem, welche Interpretationen und Rechtsschulen zugrunde gelegt werden. Durch diesen patriarchalischen Blick auf die islamischen Quellen ging einiges von der ursprünglich fortschrittlichen und vielfältigen Lesart des Korans verloren. Dabei gilt der Koran vielen Muslimen und Theologen als religiös-ethische Rechtleitung und weniger als detailliertes Gesetzeswerk. Diese Entwicklung lässt sich am Bild der Frau besonders gut nachvollziehen. Während der Koran für die Frau im 7. Jahrhundert einen revolutionären Fortschritt bedeutete (darauf komme ich noch zurück), basiert die späte islamische Rechtsliteratur auf einem eher rückständigen Frauenbild. Solange sich führende Geistliche in den Ländern des Nahen und Mittleren Ostens auf diese historische Jurisprudenz berufen und die Mehrheit der Bevölkerung ihnen unkritisch folgt, weil die Menschen selbst zu wenig über ihre Religion wissen, wird sich an dem dort vorherrschenden traditionellen, vereinzelt auch reaktionären Islam-Verständnis kaum etwas ändern.

Es ist deshalb wichtig, dass sich Muslime aktiv und kritisch-reflektiert mit ihrer Religion auseinandersetzen. Denn je mehr sie selbst wissen, desto weniger beeinflussbar sind sie durch Meinungen und Ideologien, die eine politische Agenda verfolgen. Nur dann sind sie auch vor einer Vereinnahmung durch Extremisten gewappnet. Vielen gebildeten Muslimen ist die Beschäftigung mit dem Islam schon lange ein Anliegen. Meine Freundin Sahar in Damaskus etwa studierte mit interessierten Frauen den Koran und das Leben des Propheten Mohammed. Etwa 20 bis 30 Frauen aus dem Damaszener Bürgertum trafen sich jede Woche, um über bestimmte Themen zu diskutieren. Dabei ging es um einen praktisch gelebten Islam, die Konfrontation mit Konsum und Moderne, die Stellung der Frau, Vorbilder zu Zeiten des Propheten und eine kritische Reflexion eigener Ansichten und Gewohnheiten. Nur wenn Frauen wissen, was im Koran und in der Sunna steht, können sie entsprechend argumentieren und sich gegen Diskriminierung wehren, sagte Sahar stets. Sie ermutigte die Frauen, auch kritische Fragen zu stellen und soziale Gepflogenheiten nicht als gottgegeben hinzunehmen. Dass eine solche generelle Selbstermächtigung muslimischer Frauen in der heutigen Zeit überfällig ist, zeigt ein Blick in die Geschichte.

Sobald wir den Koran, wie von immer mehr Vertretern der Islamwissenschaft und muslimischen Theologie gefordert und praktiziert, in einen erneuerten historischen Kontext stellen, wird daraus eine geradezu emanzipatorische Schrift für Frauen. In der vorislamischen Zeit – die von Muslimen als *Dschahiliya*, als Zustand der Ignoranz und Unwissenheit bezeichnet wird – waren Frauen auf der arabischen Halbinsel (und nicht nur dort) rechtlose und entmündigte Wesen. Männer heirateten so viele Frauen, wie sie wollten, diese wurden im Todesfall als Hausrat mitvererbt – ganz wie im römischen Recht. Indem der Koran den Frauen erstmals eigene Rechte zuerkannte, sie vor Gott gleichstellte und zu eigenverantwortlichen Wesen in der Gesellschaft erhob, verbesserte er ihre Lage entscheidend.

Im 7. Jahrhundert, also zu Zeiten, in denen Europas Kirchenväter die Frau als von Natur aus minderwertig, widerspenstig, zügellos und dem Mann unterlegen beschrieben und sie im Falle von Ungehorsam und mangelnder Unterwerfung als Hexe verfolgten und verbrannten, setzte der Prophet Mohammed ein Erb- und Scheidungsrecht durch, das die Rechte der Frau ausdrücklich festschrieb. Dabei stellte das islamische Erbrecht die Männer grundsätzlich besser, weil sie mit ihrem Vermögen Frauen und Kinder versorgen mussten und damals die finanzielle Verantwortung für die gesamte Familie trugen. Aber den muslimischen Frauen der arabischen Welt stand in jedem Fall ein eigener Anteil zu, während ihre christlichen Zeitgenossinnen in Europa nur dann erbten, wenn es keine männlichen Erben gab. Außerdem gibt es gemäß dem Koran Konstellationen, in denen eine Frau mehr bekommt als ein Mann – es geht also nicht darum, die Frau zu benachteiligen, weil sie eine Frau ist, sondern das Erbe so aufzuteilen, dass alle gut versorgt sind. Mit dem größeren Erbe des Mannes ging die Verpflichtung einher, für die Familie zu sorgen. Der Anteil der Frau gehörte dagegen in erster Linie ihr und diente – ähnlich wie das Brautgeld – als persönliche Sicherheit in Zeiten wirtschaftlicher Abhängigkeit.

Der Gedanke einer gerechten und sozialen Gesellschaftsordnung zieht sich durch den gesamten Koran. Besonderes Augenmerk liegt dabei auf den Waisen, deren Vermögen nicht veruntreut werden darf, sondern rechtmäßig bis zu ihrer Volljährigkeit verwaltet werden muss. Ein Muslim sollte stets großzügig teilen und geben, und zwar (in dieser Reihenfolge) den »Eltern, Verwandten, Waisen, Armen und Reisenden«. Der Prophet Mohammed selbst war nach dem Tod seiner Mutter mit sechs Jahren Vollwaise geworden und bei einem Onkel aufgewachsen.

Interessanterweise steht auch die Vielehe in diesem Zusammenhang, denn sie dient der Versorgung von Witwen und Waisen und nicht dem Spaß des Mannes. In Sure 4, Vers 3 heißt es: »Und wenn ihr fürchtet, sonst den Waisen nicht gerecht werden zu können, nehmt euch als Frauen, was euch gut erscheint, zwei oder drei oder vier. Doch wenn ihr fürchtet, ihnen nicht gerecht werden zu können, heiratet nur eine.« Auch hier gilt: In Zeiten, in denen Männer beliebig viele Frauen als ihr Eigentum betrachteten, waren die Beschränkung auf vier Ehefrauen, die Bedingung, damit Waisen und Halbwaisen in die Großfamilie aufzunehmen, und die Ansage, besser nur eine Frau zu heiraten, weil der Mann mehrere Ehefrauen gar nicht gerecht behandeln kann (Sure 4, Vers 129), geradezu revolutionär.

In seinem Artikel »Feministischer als ihr war Mohammed allemal« für das Gunda-Werner-Institut der Heinrich-Böll-Stiftung fasst der Journalist und Islamwissenschaftler Fabian Goldmann zusammen, was Deutschlands Sexisten im Koran über Gleichberechtigung lernen können. Und warum der Prophet Mohammed ein progressiveres Frauenbild hatte als so mancher bayerische Stammtischbesucher. Dazu erinnert er an Mohammeds erste Ehefrau Khadidscha. Die erfolgreiche Geschäftsfrau hatte Mohammed in ihrem Karawanen-Unternehmen angestellt und machte ihm den Heiratsantrag. Dieser willigte ein, obwohl Khadidscha 15 Jahre älter und bereits zweimal verwitwet war. Ein Rollenverständnis, wie es in den meisten CSU-Ortsgruppen nur schwer zu vermitteln wäre.

Auch in Bezug auf Gewalt gegen Frauen argumentiert der Islamwissenschaftler mit historischen Bezügen und folgt damit vielen muslimischen Interpretationen. »Sure 4, Vers 34 legte damals die Bedingungen fest, unter denen ein Mann seine Frau schlagen durfte. Dass Gewalt gegen die eigene Ehefrau nur dann legitim ist, wenn sie diesen finanziell hintergeht, klingt rückständig, war aber in einer Welt, in der jeder Mann seine Ehefrau schlagen durfte, wie er wollte, ein gewaltiger Fortschritt«, urteilt Goldmann. Als »deutsch-christliche Entsprechung« zu Sure 4, Vers 34 nennt er den Paragraphen 177, dessen Aufnahme in die deutsche Strafgesetzgebung allerdings erst 1400 Jahre später erfolgt sei. 1997 erklärte der Bundestag Vergewaltigung in der Ehe für strafbar. »Die Vergewaltigung-Befürworter argumentierten damals unter anderem mit der besonderen christlichen Bedeutung von Ehe und Familie«, sagt Goldmann und fügt hinzu, auch der heutige bayerische Ministerpräsident Horst Seehofer habe damals gegen die Strafbarkeit gestimmt.[43]

Rückschrittlich erscheint der Koran also nur dann, wenn man ihn ausschließlich wörtlich versteht – was leider viel zu oft geschieht. Um zu zeigen, wie sinnlos eine solche buchstabengetreue Auslegung ist, verweise ich gerne auf das Thema Sklaven. Weil es damals üblich war, dass wohlhabende Händler, Geschäftsleute und Grundbesitzer Leibeigene oder Sklaven hatten, nimmt auch der Koran darauf Bezug. Er regelt an vielen Stellen das Verhältnis und den Umgang mit ihnen. Interessant ist aber, dass der Koran es als gute Tat beschreibt, einem Sklaven die Freiheit zu schenken. Etwa um eine Straftat wie Totschlag oder einen absichtlich falschen Schwur zu sühnen. Die zugrundeliegende Botschaft ist also, dass alle Menschen frei sein sollten, das implizite Ziel ist die Abschaffung der Sklaverei. Wer den Koran aber heutzutage nur wörtlich versteht, muss sich zunächst

Sklaven anschaffen, um diese dann als gute Tat wieder freilassen zu können – eine absurde Auslegung, wie sie lediglich der Terrororganisation IS noch einfällt.

Wer den Koran liest, sollte ihn folglich nicht mit der deutschen Rechtsordnung des 21. Jahrhunderts vergleichen. Schließlich würden bei einem solchen Vergleich nicht nur das Alte und Neue Testament, sondern auch die Schriften der europäischen Aufklärer des 18. Jahrhunderts und selbst manche Paragrafen des 20. Jahrhunderts ziemlich alt aussehen (bis 1962 brauchte eine Frau in Deutschland zur Eröffnung eines Bankkontos die Erlaubnis ihres Vaters oder Ehemannes, erst seit 1976 dürfen Frauen ohne Zustimmung ihres Mannes erwerbstätig arbeiten). Stattdessen sollte sich der Leser klar machen, aus welcher Zeit der Koran stammt, um dann zu fragen, welche Absichten hinter den dort formulierten Bestimmungen stecken. In welche Richtung geht es (mehr Frauenrechte, weniger Sklaven, mehr Verantwortung und kritisches Nachdenken des Einzelnen, mehr soziale Gerechtigkeit)? Welches Verständnis von Recht und Gesellschaft liegt zugrunde? Welches Menschenbild taucht darin auf? Als historisches Dokument greift der Koran die Realität, in der die Menschen auf der arabischen Halbinsel im 7. Jahrhundert lebten, auf. Mit dem Anspruch der göttlichen und zeitlosen Offenbarung stößt er zugleich Entwicklungen an, die von den Muslimen durch eine moderne Interpretation aufgegriffen werden sollten: Von der Rechtlosigkeit der Frau zu Gleichberechtigung, von der Polygamie zur Monogamie, von der Sklaverei zur Freiheit aller Menschen.

Dieses Spannungsverhältnis zwischen dem Lokal-Zeitlichen und dem Universellen war den muslimischen Gelehrten schon immer bewusst. Allerdings wurden die islamischen Quellen, wie erwähnt, über Jahrhunderte ausschließlich von Männern interpretiert, die auch als Gelehrte die Normen und Traditionen ihrer jeweiligen Zeit widerspiegelten und deren Autorität als islamische Jurisprudenz sich bis in die Gegenwart fortsetzt. Es wäre deshalb naheliegend, den *idschtihad*, also die auf der eigenständigen und rationalen Urteilsfindung basierende Auslegung der Quellen, wieder in den Vordergrund der islamischen Rechtsfortbildung zu stellen. Diese klassische Methode wurde von muslimischen Gelehrten vor allem in den ersten Jahrhunderten des Islam angewendet, um auf neue Situationen reagieren zu können, und erscheint aus heutiger Sicht als probates Mittel, um einen an unserer Zeit orientierten Blick auf den Koran zu entwickeln.

Für eine zeitgenössische Interpretation des Korans, die ihn nicht als wortwörtliche Rede Gottes, sondern als Wort Gottes in menschlicher Sprache versteht, werben verschiedene islamische Denker. Etwa der Direktor des Instituts für Islamische Theologie der Universität Osnabrück Bülent Uçar oder sein Kollege Mouhanad Khorchide, der als Professor für Religionspädagogik an der Universität Münster islamische Religionslehrer ausbildet. Der syrische Ingenieur Muhammad Schahrur sieht im Koran die absolute Wahrheit Gottes, die jedoch vom Menschen nur relativ verstanden werden kann. Weswegen das Koranverständnis einer bestimmten Zeit auch nur für diese Zeit gelten könne und die Muslime sich nicht länger der Vorherrschaft der historisch entstandenen islamischen Rechtsgelehrtheit unterwerfen, sondern in der Offenbarung selbst nach der Wahrheit suchen sollten.[44] Der ägyptische Koran- und Literaturwissenschaftler Nasr Hamid Abu Zaid trat dafür ein, den Koran mit modernen literaturwissenschaftlichen Methoden zu analysieren. Einen emanzipatorischen Islam vertritt der südafrikanische Befreiungstheologe Farid Esack. Er setzt sich für die Gleichstellung von Frauen und Minderheiten ein und fordert ihre aktive Mitgestaltung der Gesellschaft.

Dabei wertet die historische Lesart den Koran nicht ab, sondern im Gegenteil, er wird aufgewertet. Denn wenn ein gläubiger Muslim ihn als Gottes Offenbarung an den Menschen versteht, dann sollte er selbst zu jedem Zeitpunkt der Geschichte darauf zurückgreifen und ihn neu verstehen können. Frei nach dem Motto: »Was geht mich die männliche islamische Lehrmeinung des 16. Jahrhunderts an, wenn ich den Koran habe?« Sobald wir anerkennen, dass die Vorgaben im Koran von einer bestimmten Realität ausgehen, müssen wir sie logischerweise anpassen, sobald sich diese Realität ändert.

Muslimische Feministinnen wie Amina Wadud (USA), Asma Barlas (Pakistan), Leila Ahmed (Ägypten/USA) und Ingrid Mattson (Kanada) verweisen auf die Rolle einflussreicher Frauen in der islamischen Geschichte und argumentieren seit Jahren mit den Textquellen ihrer Religion, um daraus Geschlechtergerechtigkeit abzuleiten – sowohl in der Rechtsprechung als auch im gesellschaftlichen Kontext. Netzwerke wie *nafisa.de*, das *Aktionsbündnis muslimischer Frauen* und das *Zentrum für islamische Frauenforschung* setzen sich in Deutschland sowohl für eine wissenschaftlich begründete Gleichstellung der Frau im Islam als auch deren praktische Umsetzung ein. Eine ganze Generation hier geborener selbstbewusster und gebildeter Musliminnen formiert sich, um zu beweisen, dass islamischer Glaube und weibliche Selbstverwirklichung sich nicht ausschließen. Darunter die Journalistin Khola Maryam Hübsch, die Bloggerinnen Kübra Gümüsay und Betül Ulusoy, die Poetry-Slammerin Nemi El-Hassan, die Aktivistin Emine Aslan, die Publizistin Sineb El Masrar sowie die Wissenschaftlerinnen Armina Omerika, Tuba Işık, Muna Tatari, Silvia Horsch-Al Saad und Kathrin Klausing.

Es wäre also tatsächlich an der Zeit, dass sich Feministinnen aller Lager zusammenschließen, wie die Publizistin Charlotte Wiedemann fordert, die nach den Ereignissen von Köln mit Dutzenden anderen den Aufruf *#ausnahmslos. Gegen sexualisierte Gewalt und Rassismus. Immer. Überall.«* unterzeichnete. Wiedemann schreibt seit vielen Jahren über starke Frauen in der islamischen Welt, denen sie auf ihren Reisen begegnet, und kritisiert die »gegenwärtige Debatte über den Islam als Belästiger- und Grapscherreligion« als »zutiefst respektlos gegenüber den Frauen, die dieser Religion angehören, gegenüber Millionen stolzer und hochgebildeter Musliminnen«.[45]

Eine Intergrationsgesellschaft wie die deutsche braucht einen anderen Feminismus. Einen, der zugleich inklusiv und differenziert ist. Mit einer Vision von Emanzipation, die, wie Charlotte Wiedemann schreibt: »über die Grenzen von Religion, Hautfarbe und Lebensstil hinweg verbindend sein könnte«.[46] Eine Bewegung, die alle miteinbezieht, ohne zu bevormunden. Sind Deutschlands Frauen bereit zu neuen Allianzen? Zu Bündnissen zwischen Musliminnen, Christinnen, Areligiösen und Agnostikerinnen? Zwischen Feministinnen mit Achselhaaren und solchen mit Kopftuch? Oder wollen wir im Sinne der ewig Gestrigen, der Alice Schwarzers und Necla Keleks, weiterhin ein Stück Stoff bekämpfen, das zwar noch immer Talkshow-Debatten anheizen kann, aber für den emanzipatorischen Diskurs längst zur Nebensache geworden ist?

Wenn sich die Frauen einig sind, können sie auf die Männer besser einwirken – vor allem auf ihre Söhne, Neffen, Patensöhne. Sie sind diejenigen, die durch ihr Verhalten das Patriarchat abschaffen und Sexismus überwinden müssen, denn beides passt nicht in unsere Zeit. Kanadas Premierminister Justin Trudeau würde sagen: »Weil 2016 ist!«. Bei der Vorstellung seines Kabinetts im November 2015 hatte der damals 43-Jährige die Frage einer Journalistin, warum es zur Hälfte aus Frauen bestehe, mit den Worten »Because it's 2015!« gekontert und wurde dafür in den sozialen Netzwerken gefeiert. Seitdem ist daraus ein geflügeltes Wort geworden für Momente, in denen wir uns über eigentlich selbstverständliche Dinge wundern.

Wenn aber Regierungen heutzutage selbstverständlich zu 50 Prozent aus Frauen bestehen, müsste eigentlich auch für Männer vieles selbstverständlich sein. Zum Beispiel die Kinder zu hüten, wenn die Frau dienstlich verreisen will, ohne sich gleich als Held zu fühlen. Oder die Spülmaschine dann auszuräumen, wenn sie durchgelaufen ist und nicht erst wenn die Familie zuschaut. Oder beim Vorstellungsgespräch die männlichen Bewerber genauso nach ihrem Kinderwunsch zu fragen wie die weiblichen.

Das bedeutet nicht, dass Männer so werden sollen wie Frauen. Es geht nicht darum, den anderen nachzuahmen, sondern ihn zu respektieren. Ihm die gleichen Rechte und Freiheiten einzuräumen, die man für sich selbst beansprucht. Inzwischen sind Lebensläufe, Berufsbilder, Arbeitszeiten und Tagesabläufe längst nicht mehr linear und statisch, sondern in ständiger Bewegung. Vieles passiert nicht mehr nacheinander und langfristig geplant, sondern eher spontan und unvorhersehbar. Entsprechend beweglich muss unser Denken werden, entsprechend flexibel die Arbeitswelt und unsere Lebensrealität. Leicht ist das nicht, denn wer frei ist zu handeln, muss mit seiner Umgebung viel aushandeln und verhandeln. Genau dabei sollten sich Frauen und Männer auf Augenhöhe begegnen, ihre Wünsche, Ansprüche, Pflichten und Interessen gemeinsam formulieren und abwägen. Das wäre dann wohl gleichberechtigt – oder auch einfach gerecht.

Ausbeutung und Missbrauch, Teilhabe und Solidarität – Unser Verhältnis zum Staat

Die erste Begegnung mit der Polizei haben Kinder bei uns nicht selten im Kindergarten. Nachdem eine Kriminalbeamtin unsere vierjährige Tochter auf den Bauch gelegt und ihre Hände hinter dem Rücken mit Handschellen gefesselt hatte, wollte sie immerhin drei Monate lang Polizistin werden. Der Ausflug ihrer Kita-Gruppe zur nächsten Polizeiwache – inklusive in die Zelle gesperrt werden –, beeindruckte sie ebenfalls. Die Polizei ist »mein Freund und Helfer«, so lernen wir es von klein auf und haben deshalb keine Scheu, einen Uniformierten nach dem Weg zu fragen oder um Hilfe zu bitten.

Syrischen Kindern wünscht man dagegen lieber keine Begegnung mit Uniformierten – nicht weil diese nicht kinderlieb wären, sondern weil Polizisten in Syrien keine Vertrauenspersonen sind. Der Beamte, der einem an einem Tag über die Straße hilft, könnte einen am nächsten Tag verhaften und den Folterknechten der Staatssicherheit überlassen, weil man politische Parolen verbreitet hat. So ist es Abdulrahman al-Krad aus Daraa, einer Stadt im Süden, ergangen. Der damals Zehnjährige sprayte im Februar 2011 in gelber Farbe den Spruch »Das Volk will den Sturz des Regimes« an die Mauern seiner Schule und wurde dafür halb tot gefoltert. Wie aus diesem Kinderstreich eine Revolution wurde, habe ich bereits erzählt.

Abdulrahman überlebte. Im Gegensatz zu den 160 Kindern und Jugendlichen, die bis Juni 2016 von Vertretern der syrischen Staatsgewalt zu Tode gefoltert wurden.[47] Der 13-jährige Hamza al-Khatib aus einem kleinen Ort in der Provinz Daraa etwa erlangte Ende Mai 2011 traurige Berühmtheit: Hamza war mit seinem Vater bei einer Demonstration gewesen und dort verschwunden. Einen Monat später wurde sein zerschundener Leichnam den Eltern von Sicherheitsbeamten übergeben. Die Regierung behauptete, Hamza sei bei den Protesten erschossen worden. Der Körper des Jungen, von dem es detaillierte Videoaufnahmen gibt, wies neben Schusswunden jedoch eindeutige Spuren von Folter auf: Brandwunden von ausgedrückten Zigaretten, gebrochene Knochen, herausgerissene Fingernägel, Striemen von Schlägen und verstümmelte Genitalien. Aufgrund dieser Bilder wurde Hamza zu Beginn der Revolution zum Symbol der Grausamkeit des Assad-Regimes. Doch die Gräueltaten häufen sich und werden immer schlimmer, sodass die Gesichter einzelner Opfer zu einer anonymen Zahl verschwimmen. Die Tatsache, dass das Regime sämtliche ihm zur Verfügung stehenden Sicherheitskräfte – Armee, Polizei, Geheimdienste und paramilitärische Milizen – einsetzt und sich diese dazu instrumentalisieren lassen (wer sich weigert, muss desertieren, sonst wird er erschossen), bestätigt den Syrern, was sie schon vorher ahnten: Die Staatsgewalt dient nicht den Bürgern, sondern allein der Herrschaft des Assad-Regimes.

Niemand weiß das besser als diejenigen, die wegen ihrer politischen Meinung in den Jahrzehnten zuvor bereits in Konflikt mit diesem System geraten waren: Syriens Oppositionelle. Viele von ihnen habe ich interviewt, einige standen während meiner Zeit in Syrien vor Gericht, sodass ich über ihre Verurteilung wegen lächerlicher Vorwürfe wie »Schwächung des Nationalgefühls« oder »Verbreitung staatsgefährdender Falschinformation« berichten konnte. Manche, die ich ins Gefängnis gehen sah, beglückwünschte ich Jahre später zu ihrer Freilassung.

Mitte Februar 2011, kurz vor Ausbruch der Revolution – Tunesiens Präsident Zine el-Abidine Ben Ali war bereits ins Exil geflüchtet, Ägyptens Staatschef Husni Mubarak gerade zurückgetreten – sagten diese Intellektuellen zweierlei voraus: Erstens seien die Syrer noch nicht bereit für eine Revolution, es werde deshalb sicher noch ein Jahr vergehen, bis es zu größeren Protesten komme. Und zweitens würde ein Aufstand gegen die Staatsgewalt der Assads extrem blutig werden. Im ersten Punkt irrten sie, wenige Wochen später begann die Revolution. Im zweiten Punkt behielten sie leider recht. Aus friedlichen Protesten wurde ein brutaler Krieg, weil das Regime seine Waffen (Boden-Luft-Raketen, Kampfjets, Fassbomben, Chemiewaffen) auch gegen Zivilisten einsetzte – mit dem einen Ziel: an der Macht zu bleiben.

Die Angst vor Uniformierten, *wasta* und der Traum von Gerechtigkeit

Das Verhältnis der Syrer zum Staat und seinen Repräsentanten ist entsprechend gestört. Wer in Syrien Uniform trägt, strahlt vor allem eines aus: Macht. Nicht in Form von notwendiger Autorität zur Durchsetzung des staatlichen Gewaltmonopols, sondern in Form von willkürlicher Anwendung von Gewalt. Die Angst vor Uniformierten sitzt bei Syrern tief. Jahre bevor die Revolution ausbrach erzählte mir ein befreundeter Student einmal in Damaskus, er werde schon 100 Meter vor einer Polizeistation oder einem Wachhäuschen nervös. Dann wechsle er lieber die Straßenseite, schaue in eine andere Richtung und laufe zielstrebig und möglichst unauffällig daran vorbei. »Bloß keinen Blickkontakt riskieren, sonst hast du schon verloren«, erklärte er mir.

Tatsächlich kann fast jeder Syrer von unangenehmen Begegnungen mit Uniformträgern berichten – sei es bei einer Behörde oder auf der Straße. Wegen der vielen Checkpoints im Land sind Polizisten, Soldaten und Sicherheitsbeamte in den vergangenen Jahren noch allgegenwärtiger geworden. Dabei ist das Schlimmste die damit einhergehende Demütigung. Man muss sich von Anfang an ducken und klein machen, weil der Uniformierte in jedem Fall am längeren Hebel sitzt, und man weiß nie, wie es ausgeht. Denn das hängt nicht davon ab, wer recht hat, wer schuldig oder unschuldig ist, sondern wer die besseren Kontakte (die erwähnte *wasta*), die einflussreicheren Freunde und mehr Geld hat. Ein Student, der sich an der Universität mit einem Kommilitonen anlegt, dessen bester Freund der Sohn eines mächtigen Generals ist, riskiert Ärger und wird womöglich exmatrikuliert. Wer an einer roten Ampel von einem weißen Peugeot angefahren wird (dem traditionellen Auto der syrischen Geheimdienstmitarbeiter), nimmt lieber schnell alle Schuld auf sich, anstatt auf dem eigenen Recht zu beharren. Die Polizei holt er besser erst gar nicht. Und wer zu Hause oder in seinem Geschäft Besuch vom zuständigen Spitzel des Viertels bekommt, der ein paar alberne Fragen zur Berufstätigkeit des Onkels oder den Freunden des Nachbarn stellt, verabschiedet diesen vorausschauend mit einem hübschen Geschenk oder einem angemessenen Geldschein, um keine unangenehmen Folgeverhöre zu riskieren.

Vertreter des Staates sind also unberechenbare Gegner, die nicht selten Schweißausbrüche und Herzrasen auslösen. Berechenbar sind sie lediglich dadurch, dass man ihre Entscheidungen fast immer mit Geld beeinflussen kann. Das hat zu einem Ausmaß an Bestechung und Korruption geführt, das die Wirtschaft und die Bürokratie schon in Friedenszeiten lähmte und in Kriegszeiten über Leben und Tod entscheidet. Egal was ein Syrer braucht – eine Geburtsurkunde für die neugeborene Tochter, ein polizeiliches Führungszeugnis, die Verlängerung eines Passes, die Genehmigung zur Eröffnung eines Cafés oder eine Heiratsurkunde – er muss dafür entweder extrem viel Zeit oder eine Menge Geld investieren. Grundsätzlich muss man in den verschiedenen Ämtern immer persönlich vorsprechen (am Telefon, über das Internet oder per E-Mail lässt sich in Syrien weder etwas herausfinden noch erledigen). Man wird von Behörde zu Behörde geschickt, wo einem jeder Beamte etwas anderes erzählt. Es ist daher am einfachsten, der »richtigen« Person gleich zu Beginn unauffällig einen gewissen Betrag zuzustecken. Ist der Betrag zu niedrig, merkt man das an der Reaktion des Beamten – er bezeichnet den Auftrag als schwierig und kompliziert und kann in dieser kurzen Zeit »leider nichts versprechen«. Legt man noch etwas Geld drauf, ist dann alles kein Problem mehr.

Nun ist Bürokratie in Deutschland auch kein Zuckerschlecken. Vieles erscheint unnötig kompliziert, Formulare sind selbst für normalbegabte »Biodeutsche« unverständlich und einen Termin beim nächstgelegenen Bürgeramt bekommt man auch nicht so einfach. In Berlin zum Beispiel sind die Behörden so überlastet, dass – egal auf welchem Weg – kaum noch freie Termine zur Verfügung stehen. Und das, obwohl man für fast alles einen Termin braucht – nur in begründeten Härtefällen (Reisepass für gebuchte Reisen ins entsprechende Ausland oder gestohlene Ausweise) geht es ohne. Doch wer in einer deutschen Amtsstube einen Zehneuroschein zückt, erntet Empörung.

Immerhin kann man per Telefon und online zuverlässig Informationen erhalten. Allein das ist für Syrer durchaus faszinierend.

Als wir wissen wollten, welche Dokumente wir für unsere Heirat in Deutschland benötigten, ging ich auf die Internetseite des zuständigen Standesamts. Dort fand sich nicht nur eine Liste mit den notwendigen Unterlagen, sondern auch der Hinweis, zu welchen Sprechzeiten und in welchem Zimmer des Rathauses man diese einreichen konnte. Als sich vor Ort alles als richtig erwies, staunte die syrische Verwandtschaft.

Noch immer neigen unsere Freunde aus Syrien dazu, auch in Deutschland Dinge persönlich vor Ort zu klären, statt schnell eine E-Mail zu schreiben oder zum Hörer zu greifen. Das mag auch mit sprachlichen Schwierigkeiten zusammenhängen, aber zugrunde liegt die aus der Heimat importierte Annahme, nur von Angesicht zu Angesicht etwas erreichen zu können. Das tiefe Misstrauen der Syrer gegenüber Institutionen zeigt sich etwa beim Thema Kaution. »Ach, das Geld sehen wir doch nie wieder«, meinte ein Freund, der mit seiner Frau und zwei Kindern eine kleine Wohnung gefunden hatte. Ich versuchte ihm zu erklären, dass die Kaution eine Sicherheit für den Vermieter sei und von diesem angelegt und am Ende zurückbezahlt werde. Aber er ließ sich nicht überzeugen. So wie unser Neffe. Als er seine erste eigene Einzimmerwohnung bezog, wurde ihm die Kaution, die das Jobcenter dem Vermieter gezahlt hatte, in monatlichen Raten von seinen Leistungen abgezogen. Somit würde nicht das Jobcenter, sondern er im Falle eines Auszugs die Kaution zurückbekommen. Er glaubt bis heute nicht daran. Denn wer sollte sich in ein paar Jahren noch daran erinnern?

Aber genau da ist Deutschlands Bürokratie ziemlich unschlagbar. Sie regelt die Dinge nicht nur detailliert und neutral (also unabhängig vom sozialen, ethnischen oder religiösen Hintergrund des Betroffenen), sondern vergisst auch nichts. Dafür sorgen installierte Mechanismen, die automatisch und zeitlich unbefristet funktionieren.

Wenn es um *wasta*, also Kontakte und Vitamin B geht, wird die Übertragung syrischer Verhältnisse auf Deutschland besonders problematisch. Sicher, auch in Deutschland läuft nicht nur beruflich vieles über persönliche Beziehungen. Wer sich das Bein bricht und im örtlichen Krankenhaus mit einem Oberarzt der Chirurgie befreundet ist, wird schneller operiert oder bekommt wenn möglich ein Einzelzimmer. Wer aus einer lokalen Unternehmerdynastie stammt, wird vielleicht beim Vorstellungsgespräch wohlwollender geprüft als der No-Name-Mitbewerber. Auch ein Lokalpolitiker, dessen Vater schon mal Ministerpräsident war, tut sich im Wahlkampf leichter. All das ist nicht okay und steht im Widerspruch zu unserem gesellschaftlichen Prinzip der Chancengleichheit. Aber der Mensch ist offensichtlich fehl- und beeinflussbar.

Bedeutet diese Ungleichbehandlung, dass ohne Kontakte nichts geht? Keineswegs. Man wird in Deutschland auch ohne persönliche Beziehungen gut medizinisch behandelt und kann auch ohne Vitamin B Erfolg im Beruf haben, andere haben es nur leichter. Vor allem aber hebeln gute Kontakte bei uns nicht den Rechtsstaat aus. Unsere Gesetze gelten immer und für jeden gleichermaßen – um das sicherzustellen, haben wir eine unabhängige Justiz. Der Sohn des Schulleiters muss genauso nachsitzen wie jeder andere Schüler, der Frau des Bürgermeisters wird der Führerschein entzogen, wenn sie wiederholt betrunken Auto fährt. Bundestagsabgeordnete, die mit verbotenen Drogen oder kinderpornografischem Material erwischt werden, müssen sich vor Gericht verantworten und Ministern wird der Doktortitel aberkannt, sollten sie bei ihrer Promotion zu viel abgeschrieben haben. Dieses rechtsstaatliche Prinzip gilt auch im Ausland. Der Koch eines deutschen Botschafters muss genauso einen Termin in der Visaabteilung der Botschaft vereinbaren wie jeder andere, der ein Visum für Deutschland beantragen möchte. Er muss die erforderlichen Unterlagen vollständig vorlegen, auch wenn er der Botschaft seit vielen Jahren bekannt ist. Und Aufenthaltsgenehmigungen werden in Deutschland weder von einzelnen Politikern einfach an Freunde verteilt (auch wenn das persönliche Engagement eines Abgeordneten im Einzelfall hilfreich sein kann) noch sind sie mit einem Haufen Geld zu bekommen.

In Deutschland sind alle Bürger vor dem Gesetz gleich und können vor Gericht ihre Rechte einfordern. In Syrien stehen schöne Gesetze auf geduldigem Papier, sind aber in einem System staatlicher Willkür- und Vetternwirtschaft bedeutungslos. Alles, was in Syrien zählt, sind Kontakte zu politischen Entscheidungsträgern und Wirtschaftsbossen. So kommt es, dass manch ein Flüchtling denkt, nur weil man als Journalistin schon mal mit einem Bundestagsabgeordneten in einer Talkshow saß, könne man sein Asylverfahren beschleunigen. Oder dass manche syrische Mutter in der Heimat davon ausgeht, dass ihr Sohn, der als Oberarzt in Berlin arbeitet, mindestens den Büroleiter der Bundeskanzlerin kennt und folglich ohne größere Schwierigkeiten seine zwei Schwestern nach Deutschland holen könne. Der Einfluss des Einzelnen wird maßlos überschätzt.

Dass Vitamin B oder *wasta* auch in Deutschland hilfreich sein kann, merken Geflüchtete schnell, dass sich damit aber nicht Gesetze außer Kraft setzen lassen, müssen wir ihnen erklären. Denn die meisten haben keinerlei Erfahrung mit dem Rechtsstaat. Die Syrer träumen davon und bewundern ihn – schließlich sind sie gegen die staatliche Willkür in ihrer Heimat demonstrieren gegangen und haben sich in dem Moment, in dem sie ihre Angst vor der Staatsgewalt überwunden hatten, zum ersten Mal frei gefühlt. Aber wie Gleichheit vor dem Gesetz in der Praxis funktioniert, haben sie bislang nicht erlebt.

Umso tragischer ist, dass gerade jetzt manches auch bei uns nicht besonders rechtsstaatlich zu funktionieren scheint. Warum eine syrische Familie eine Dreizimmerwohnung zugeteilt bekommt und die andere weiter im Container hausen muss, erschließt sich rein logisch oft nicht. Und warum die Kinder von Geflüchteten in dem einen Ort innerhalb von Wochen in die Schule gehen dürfen, während sie andernorts Monate warten müssen, hat mit so vielen Faktoren zu tun, dass solche Entscheidungen am Ende nur noch willkürlich wirken. Willkürlich, ausgerechnet.

Tatsächlich haben die zum Teil extrem unterschiedlichen Erfahrungen von Geflüchteten viel mit unserem föderalen System zu tun. Weil Länder und Kommunen die Aufnahme, Unterbringung und Versorgung von Geflüchteten eigenverantwortlich und abhängig von den ihnen zur Verfügung stehenden Mitteln organisieren, ist deren Lage von Ort zu Ort sehr unterschiedlich. Während in Hamburg Zeltstädte im Matsch versinken und in Berlin Tausende über Monate in Turnhallen ausharren, gelingt es Städten wie München und Detmold, die Geflüchteten von Anfang an in leer stehenden Wohnungen und Gebäuden, Kasernen, angemieteten Hotels, Leichtbauhallen oder Containern unterzubringen.

Studieren und arbeiten: Steine auf dem Weg

Bleiben wir bei der Willkür. Möchte man sein Studium in Deutschland fortsetzen oder beginnen, begegnet man ihr erneut. Denn die Möglichkeiten sind von Bundesland zu Bundesland und von Universität zu Universität sehr unterschiedlich. Grundsätzlich braucht jeder Geflüchtete, der an eine Hochschule möchte, eine Aufenthaltsgenehmigung, ausreichende Deutschkenntnisse und ein Schulzeugnis, das, wie das deutsche Abitur, zum Studieren berechtigt. Alle Dokumente – auch über bereits abgeschlossene Studieninhalte – sind im Original vorzulegen, viele Syrer haben sie aber nur noch als abfotografierte Kopien auf ihrem Smartphone.

Ein bundesweites System zur Einstufung von Studierenden, die ihr Studium in der Heimat abbrechen mussten, existiert nicht. Mancherorts müssen syrische Wirtschaftswissenschaftler, Ingenieure und Informatiker von vorne anfangen, anderswo können sie einen Einstufungstest machen. In jedem Fall gibt es nicht genug Angebote für ausländische Studienbewerber (unter denen die Syrer inzwischen die drittgrößte Gruppe stellen[48]) – zu wenige Plätze an Universitäten, Studienkollegs und für vorbereitende Sprachkurse.

Viele Hochschulen haben das Problem erkannt und sich besondere Programme oder Sonderregelungen für Geflüchtete ausgedacht, aber ein Durch- und Überblick fällt schwer. Manche Universitäten bestehen nach wie vor auf Studiennachweisen im Original, anderen genügen Kopien, manche führen Prüfungen durch, um den Wissensstand von Geflüchteten zu ermitteln, andere lassen Asylbewerber zunächst als Gasthörer zu oder entwerfen eigene Studiengänge für neu angekommene Akademiker. Im akademischen Bereich mag diese Vielfalt durchaus nachvollziehbar oder wünschenswert sein, aber auf die meisten Berufsgruppen wirkt sich unsere föderale Verwaltung vor allem negativ aus.

Ein Beispiel für ziemlich sinnlose und kontraproduktive Bürokratie ist der Umgang mit syrischen Medizinern. Besser gesagt mit allen Ärzten aus Nicht-EU-Ländern. Statt in einer einheitlichen Medizinerprüfung die Kenntnisse jedes Arztes zu überprüfen, der in Deutschland arbeiten will, machen sich die Landesgesundheitsämter die Mühe, die jeweiligen Studiendokumente zu untersuchen. Für jedes Land – von Afghanistan bis zur Zentralafrikanischen Republik – gibt es in den zuständigen Behörden Experten, die jeden detailliert nachzuweisenden Verlauf eines Medizinstudiums mit dem jeweiligen deutschen Curriculum vergleichen, um zu entscheiden, ob der Arzt hier arbeiten darf oder nicht. Das grundsätzliche Risiko, dass die Dokumente in der Heimat erschwindelt oder gekauft worden sind, nehmen wir dadurch in Kauf. Den Fokus auf ein vergleichbares Medizinstudium zu legen ist aus zwei Gründen problematisch: Erstens haben wir selbst ein föderales Bildungssystem, das nicht mal ein Zentralabitur, also eine einheitliche Studienzugangsberechtigung hervorbringt, geschweige denn bundesweit identische Studieninhalte. Zweitens ähnelt sich gerade das Medizinstudium weltweit stark. Auch wenn in Mitteleuropa mehr Wert auf Allergien und in Südamerika auf Tropenkrankheiten gelegt wird, die Grundlagen der Humanmedizin sind überall die gleichen. Trotzdem überprüfen wir, was der Arzt studiert hat, und nicht, was er kann. Das wiederum wollen die Landesärztekammern erst später wissen.

Der ausländische Mediziner bekommt also aufgrund seiner Studiennachweise und mit entsprechenden Sprachkenntnissen eine Berufserlaubnis, die nur unter Vorbehalt gilt – und das ist das Absurde daran. Nach ein bis zwei Jahren (je nach Bundesland), wenn sich der Arzt weiter spezialisiert hat und die allgemeinen Inhalte des Studiums weit in der Vergangenheit liegen, muss er eine sogenannte Kenntnisstandprüfung ablegen, um seine deutsche Approbation zu bekommen. Dazu muss ein Gefäßchirurg sämtliche Grundlagen der Gynäkologie, Kardiologie und Endokrinologie auffrischen, ein Augenarzt muss sich an die Studienfächer Chirurgie, Gastroenterologie und Nephrologie erinnern. All das, obwohl er vielleicht längst vor seiner deutschen Facharztprüfung steht. Übrigens liegt auch hier vieles im freien Ermessen der zuständigen Stellen, ist also aus Sicht des Arztes reine Glückssache. Bei einem syrischen Freund verzichtete die zuständige Bezirksregierung auf die Prüfung, weil dieser kompetent erschien und gut Deutsch sprach – er bekam die Approbation auch so. Andere Kollegen werden auch nach zehn Jahren ärztlicher Tätigkeit in verschiedenen Bundesländern noch zur Kenntnisstandprüfung vorgeladen.

Aus der Perspektive des Patienten ist dieses Vorgehen ebenso fragwürdig wie verantwortungslos. Die USA machen es deshalb schon lange anders. Wer dort als Arzt arbeiten will, durchläuft vorab ein Prüfungsverfahren, das in drei Stufen medizinisches Wissen auf Englisch abfragt. Die ersten zwei Stufen kann der Arzt nahe seiner Heimat absolvieren (ein Syrer zum Beispiel in Jordanien), für die dritte Stufe, die den direkten Kontakt zum Patienten beinhaltet, darf er in die USA einreisen. Wer besteht, bekommt seine Zulassung als Arzt.

Für die Syrer und uns ist das Thema doppelt wichtig. Einerseits gibt es angesichts der vielen Geflüchteten aus Syrien und dem Irak einen großen Bedarf an arabisch und kurdisch sprechenden Ärzten. Nicht jeder kranke Syrer hat immer einen Übersetzer an seiner Seite oder kann Englisch, und nicht jedes deutsche Krankenhaus hat entsprechendes Personal. So verzögern Verständigungsschwierigkeiten die Arbeit in Rettungsstellen, Notaufnahmen und auf Stationen erheblich. Andererseits gibt es tatsächlich viele syrische Ärzte, die in den vergangenen Jahren nach Deutschland gekommen sind und genau in diesem Punkt schnell Abhilfe schaffen könnten. Statt also einen Arzt aus Damaskus zu fragen, wie viele Stunden Pathologie er während seines Studiums gemacht hat, sollten wir uns darauf konzentrieren, was er kann, und ihm eine Perspektive bieten.

Dafür bräuchte es eine einheitliche und vergleichbare Prüfung, die aus einem schriftlichen und einem mündlichen Teil bestehen sollte. Die in Deutschland üblichen rein mündlichen Kenntnisstand- und Facharztprüfungen lassen viel Raum für persönliche Urteile. Überspitzt formuliert reicht im Falle eines muslimischen Syrers inzwischen vielleicht ein AfD-Wähler in der Prüfungskommission und der Arzt fällt durch. Egal wie gut ein Bewerber fachlich ist und wie viel er gelernt hat, am Ende hängt einiges vom Wohlwollen der Prüfer ab, gerade bei Ärzten, deren Deutsch nicht perfekt ist. Deshalb absolvieren ausländische Ärzte ihre Prüfungen lieber in Bundesländern mit einem internationaleren Profil. Sie haben Sorge, dass sich Prüfer in Mecklenburg-Vorpommern oder Sachsen-Anhalt an einem englischen Ausdruck im Verlauf des Gesprächs stören könnten, und gehen davon aus, dass die Kollegen in Berlin oder Nordrhein-Westfalen eher kein Problem damit haben.

Hat ein syrischer Arzt es schließlich an ein deutsches Krankenhaus geschafft, muss er sich noch mit dem unterschiedlichen Selbstverständnis von Ärzten in Deutschland anfreunden. Mein Cousin ist Arzt und lebt mit seiner Frau und zwei Kindern in einer deutschen Kleinstadt. Vor ein paar Jahren fuhren wir die Familie besuchen, mit dabei war auch ein syrischer Arzt-Kollege meines Mannes, der die gleiche Fachrichtung wie mein Cousin studiert hatte. Dieser syrische Arzt blickte nun in die Garage neben dem Reihenhaus und verstand die Welt nicht mehr. Darin standen so viele Fahrräder, dass das Auto gar nicht mehr hineinpasste. »Wozu brauchst du all die Fahrräder? Du hast doch ein Auto«, fragte er. In Wahrheit haben meine Verwandten sogar zwei Autos. Dass mein Cousin trotzdem jeden Morgen mit dem Fahrrad in seine Praxis fuhr, konnte der syrische Kollege nicht nachvollziehen. Ein Arzt auf dem Fahrrad? Wie peinlich. Schließlich sind Ärzte in Syrien bis heute »Götter in Weiß«, mindestens aber ziemlich göttliche Stellvertreter auf Erden. Und dazu gehört ein entsprechendes Auftreten – gebügelte Hemden, ordentliche Frisur, eine souveräne und freundliche Art und irgendwann natürlich ein eigenes Auto. Mein Cousin in seinem Wuschelhaare-Jeans-mit T-Shirt-Schluffi-Look passte überhaupt nicht in dieses Bild, auch wenn er es formal zu fachlichem Ansehen und einer eigenen Praxis gebracht hat.

Ärzte in Syrien werden generell mit »Doktor« angesprochen, auch im Freundes- und Verwandtenkreis. Seit seinem Medizinabschluss wird mein Mann von seinem eigenen Bruder »Doktor« genannt. In Deutschland beklagen sich syrische Ärzte oft über mangelnde Anerkennung. Wer in Syrien Mediziner wird – und das sind nur die Besten eines Jahrgangs, weil nur diese zum Medizinstudium zugelassen sind – hat ausgesorgt und ein entspanntes Leben vor sich. Wer sich in Deutschland heutzutage für die Medizin entscheidet, hat zwar ein gutes und sicheres Einkommen, schuftet dafür aber sein Leben lang bis zum Umfallen und geht dabei zuweilen selbst vor die Hunde.

Natürlich sind nicht alle Syrer, geschweige denn Geflüchtete, Ärzte. Aber unter den ausländischen Ärzten in Deutschland bilden die Syrer inzwischen die viertgrößte Gruppe, mehr als 2.000 syrische Ärzte arbeiten bei uns – nehmen wir die eingebürgerten syrischen Mediziner (wie meinen Mann) hinzu, sind es noch einmal deutlich mehr.[49] Alle, die wir kennen, sind desillusioniert bis entsetzt über die Arbeitsbedingungen und Zustände in deutschen Krankenhäusern. Ihre deutschen Kollegen beklagen sich genauso, sie sind nur besser darauf vorbereitet, weil sie durch das Studium in Deutschland wissen, was sie erwartet.

Das syrische Gesundheitssystem liegt inzwischen weitgehend in Trümmern, es funktioniert nur noch in den vom Regime gehaltenen Teilen des Landes. In Gebieten, die seit Jahren von der Opposition kontrolliert werden, haben Assads Kampfflugzeuge – ab Oktober 2015 mit russischer Unterstützung – die medizinische Versorgung systematisch kaputt gebombt. Krankenhäuser, Untergrundkliniken (die versteckt vor den Bomben und Schergen des Regimes Patienten behandeln), Gesundheitseinrichtungen und Versorgungszentren sind, wie bereits geschildert, seit 2012 Ziel systematischer Raketenangriffe. Damit beabsichtigt das Regime, in Regionen außerhalb der eigenen Kontrolle die Infrastruktur so zu zerstören, dass keinerlei funktionierende Alternative zu Assads Herrschaft entstehen kann.

Doch auch in friedlicheren Zeiten lag im syrischen Gesundheitssystem vieles im Argen, es krankte vor allem an seinen eigenen Widersprüchen. Einerseits herrschte Sozialismus, in staatlichen Krankenhäusern konnten sich Arme und Bedürftige gratis behandeln lassen. Andererseits galt: Wer zahlt, bekommt die wirksamere Behandlung, den früheren Operationstermin, die bessere Unterbringung – eine Zwei-Klassen-Medizin par excellence. Dabei ist bis heute kaum ein Syrer versichert, für aufwendige Untersuchungen oder ausländische Medikamente legt in der Regel die Verwandtschaft zusammen. Sie spielt auch bei der Versorgung im Krankenhaus eine wichtige Rolle – mit jedem Patienten wird eine gesamte Großfamilie eingeliefert.

Was das konkret bedeutet, erlebte ich zum ersten Mal, als ich eine deutsche Bekannte in einer Damaszener Privatklinik besuchte. Sie war morgens mit Bauchschmerzen zum Arzt gegangen und am selben Abend ihren Blinddarm los. Beim Einchecken ins Krankenhaus hatte sie steril verpackte Hausschuhe, einen Bademantel und ein Handtuch bekommen, das Zweibettzimmer mit eigenem

Bad wirkte sauber und ordentlich. Neben ihr lag ein leukämiekrankes Mädchen, das rund um die Uhr von drei bis vier Angehörigen umsorgt wurde. Tagsüber legten sie sich zu ihr auf das Bett, nachts schliefen sie auf dem Fußboden davor. Da Syrer daran gewöhnt sind, mit Geschwistern oder Eltern in einem Zimmer zu schlafen, gilt es als grobe Vernachlässigung, einen Kranken über Nacht alleine zu lassen.

In dem Zimmer war folglich immer etwas los. Während der Vater dicke Bohnen brachte, wusch die Mutter im Bad ein Nachthemd aus, dazwischen erkundigten sich diverse Brüder per Handy nach dem Befinden ihrer Schwester. Ob diese Unruhe dem Heilungsprozess der Kranken diente, scheint mir fraglich, aber ohne ihre Familie hätte sich das Mädchen sicher noch schlechter gefühlt. Für Ärzte und Krankenschwestern bedeuten die Verwandten jedenfalls zusätzlichen Stress und Aufwand.

Dass es in deutschen Krankenhäusern sehr viel ruhiger zugeht und man besser mit nur einem Begleiter in der Notaufnahme auftaucht als mit der halben Familie, könnte syrisches Personal in deutschen Krankenhäusern den Landsleuten schnell vermitteln. Doch leider lassen wir nicht nur bei den Ärzten, sondern auch in anderen medizinischen Berufen und im Pflegebereich viele Chancen ungenutzt.

Eine Hebamme aus Aleppo etwa hätte in Deutschland grundsätzlich gute Chancen auf einen Job, da der Deutsche Hebammenverband dringend Nachwuchs sucht und sie mit ihren Arabischkenntnissen und ihrer kulturellen Kompetenz vielen Schwangeren, die erst vor Kurzem nach Deutschland geflüchtet sind, helfen könnte. Aber die junge Frau ist aus dem zerbombten Aleppo geflohen und konnte deshalb weder ihr syrisches Hebammenzertifikat noch ein Arbeitszeugnis mitbringen. Sechs Jahre hat sie als Geburtshelferin in einem Krankenhaus in Aleppo gearbeitet, aber in Deutschland hat sie zunächst keine Chance auf einen Job. Mit ihrem syrischen Abschluss könnte sie einen 17-monatigen Anpassungslehrgang für Hebammen aus Nicht-EU-Staaten besuchen (den es nur an einem Standort in Deutschland gibt), aber so muss sie die gesamte Ausbildung von vorne machen. Dafür braucht sie entsprechende Deutschkenntnisse, über die sie frühestens in zwei Jahren verfügt. Statt hochmotiviert in der Geburtshilfe eines deutschen Krankenhauses anzufangen (etwa als Hospitantin oder Gast-Hebamme), wo sie nebenbei Deutsch lernen würde, muss sie zwei Jahre lang Sprachkurse besuchen.

Da es in Syrien für etwa 20 technische, handwerkliche und landwirtschaftliche Berufe eine dreijährige staatlich organisierte Berufsausbildung gibt (die sich wie bei uns aus Theorie und Praxis zusammensetzt)[50], bringen viele Syrer eine berufliche Qualifikation mit, an die sie in Deutschland anknüpfen könnten. Dafür braucht es jedoch mehr Flexibilität und Pragmatismus in den deutschen Behörden, vor allem den Jobcentern – ich komme noch darauf zurück.

Am schwierigsten ist der berufliche Einstieg für diejenigen Syrer, die ohne formale Ausbildung über reichlich Berufserfahrung verfügen – etwa als Handwerker oder Bauarbeiter. Ein 46-jähriger Familienvater, der sich nach zwei Deutschkursen einigermaßen verständigen kann und 20 Jahre lang auf syrischen Baustellen gearbeitet hat, würde gerne so schnell wie möglich einen Job auf dem Bau finden, mit dem er seine Familie ernähren kann. Er hat in Syrien aber keine Berufsausbildung abgeschlossen und kann seine Fähigkeiten folglich nicht schriftlich belegen. Das Jobcenter besteht deshalb darauf, dass er erst noch weiter Deutsch lernen und sich dann beruflich qualifizieren muss, bevor er arbeiten kann. Warum darf dieser Syrer nicht einem deutschen Bauunternehmen im Rahmen eines Praktikums zeigen, was er kann, und sein Deutsch »on the job« verbessern? Später kann er sich immer noch überlegen, ob er eine berufsbegleitende Weiterbildung zum Schweißer oder Werkpolier machen möchte, aber der Einstieg wäre geschafft, die Existenz gesichert und der deutsche Staat entlastet.

Föderalismus und Verteilung: Wer kriegt was und geht wohin?

Die Tatsache, dass vieles von Stadt zu Stadt oder von Region zu Region unterschiedlich geregelt wird, hat in Deutschland nichts mit Willkür, sondern mit unserer föderalen Ordnung zu tun. Wir müssen Geflüchteten also nicht nur den Rechtsstaat erklären, sondern auch den Föderalismus. Die 16 deutschen Bundesländer sind keine Provinzen, sondern hoheitliche Gebilde mit jeweils einer eigenen Verfassung, eigener Legislative, Exekutive und Judikative. Über den Bundesrat wirken die Landesregierungen an der Gesetzgebung für ganz Deutschland mit.

Ein wichtiges Argument für dieses föderale System ist der dadurch entstehende Wettbewerb zwischen den Ländern. Mit Blick auf die Geflüchteten könnte sich daraus ein sinnvoller Verteilungsmechanismus entwickeln. Denn wenn Bundesländer, denen Arbeitskräfte und vor allem der Nachwuchs fehlt, attraktive Förderprogramme für Geflüchtete entwickeln und entsprechend dafür werben, könnten Syrer, Iraker und Afghanen sich am Ende auch dort niederlassen, wo es (nicht nur) demografisch am meisten Sinn macht: in den weniger besiedelten Gegenden Ostdeutschlands. Und das ganz ohne Residenzpflicht, sprich Zwang und Zuweisung.

Schon jetzt hat manche syrische Familie auf dem Land den Fortbestand einer Grundschule gesichert, die aus Mangel an Kindern sonst irgendwann hätte schließen müssen (im brandenburgischen Golzow zum Beispiel kam die Einschulung der Erstklässler 2015 nur dank dreier syrischer Kinder zustande). Und viele Geschichten, die von einem guten Miteinander zwischen Einheimischen und Geflüchteten handeln, spielen auf dem Land – weil der Kontakt dort zwangsläufiger und unmittelbarer ist. Das Entscheidende ist, neben einer guten und frühzeitigen Kommunikation, dass sämtliche »Ureinwohner« von dem Zuzug profitieren – speziell in Ostdeutschland. Die Mär vom ausländischen Sozialschmarotzer, der mehr kriegt als der deutsche Rentner nach 40 Jahren harter Arbeit, und der nur nach Deutschland gekommen ist, um sich ein bequemes Leben zu machen, muss von der Realität als solche entlarvt werden. Die Neubürger nehmen nichts weg, sondern bringen im Optimalfall einen Aufschwung für die Region.

Im Zusammenhang mit der Unterbringung und Ausbildung von Geflüchteten entstehen neue Jobs, der Konsum steigt, Busse und Züge fahren wieder häufiger, Schulen und Kindergärten haben Zulauf und brauchen mehr Personal. Manch ein Geflüchteter macht sich vielleicht irgendwann selbständig und schafft dadurch Arbeitsplätze, andere lassen sich zu Pflegekräften ausbilden, die angesichts der überalterten deutschen Gesellschaft dringend gesucht werden.

Eine solche positive Entwicklung muss von der jeweiligen Landesregierung angestoßen und mit entsprechenden Gesetzen und Anreizen begünstigt sowie finanziell vom Bund unterstützt werden (zum Beispiel in Thüringen, dessen Ministerpräsident sich im Frühjahr 2016 für die heimische Wirtschaft mehr Geflüchtete wünschte). Dadurch könnten vielerorts Win-win-Situationen entstehen, aus Sozialneid würde Zusammenarbeit.

Aber es ergeben sich auch Probleme, vor allem im Bildungsbereich. Schulen, die eine große Zahl geflüchteter und traumatisierter Kinder aus verschiedenen Ländern aufnehmen, kommen an ihre Grenzen. Lehrer sind nicht entsprechend ausgebildet und deshalb nicht nur überlastet, sondern zum Teil auch überfordert. Dabei müssten die Geflüchteten nur besser verteilt werden. 325.000 geflüchtete Kinder sind 2014 und 2015 laut Kultusministerkonferenz an Deutschlands Schulen gelandet – bei elf Millionen Schülern ein Anteil von drei Prozent.[51] Das bedeutet drei geflüchtete pro 100 deutsche Schüler, macht grob gesagt ein neues Kind pro Klasse. Doch während in wohlhabenden Vierteln mit überwiegend herkunftsdeutschen Schülern kein einziges syrisches Kind im Unterricht sitzt, nehmen Schulen in ohnehin schon besonders geforderten sozial schwachen Stadtteilen zwei bis drei Dutzend Neuankömmlinge auf.

In vielen Bundesländern lernen die ausländischen Kinder zunächst in sogenannten Willkommens- oder Begrüßungsklassen (auch Sprachlernklassen oder Übergangsklassen genannt) Deutsch, bis sie nach etwa einem Jahr dem Regelunterricht einigermaßen folgen können. Dadurch sollen sie Vertrauen entwickeln, sich in der Klassengemeinschaft wohlfühlen und in der Schule Fuß fassen. Mancherorts nehmen die neuen Schüler auch schon frühzeitig am Sport- und Kunstunterricht ihrer zukünftigen Klasse teil. So entstehen erste Kontakte, auch wenn ihre Deutschkenntnisse noch nicht zum gemeinsamen Lernen ausreichen. Das ermöglicht einen sanften Übergang, der den regulären Unterricht an der Schule nicht allzu sehr belastet oder stört.

Aber es geht um mehr. Längst vermitteln Schulen nicht nur Wissen, sondern entwickeln sich zu Lern- und Lebensräumen, in denen Erzieher, Sozialarbeiter, Schulpsychologen und Lehrerhelfer gefragt sind. Dafür brauchen gerade Schulen mit vielen Kindern, deren Herkunftssprache nicht Deutsch ist, mehr Geld, mehr Personal sowie eine bessere Vorbereitung, Fortbildung und Betreuung der Lehrer. Daneben müssen gesellschaftliches Engagement und öffentliche Institutionen besser vernetzt werden. Vielerorts vermitteln private Initiativen Lern- und Lesepaten, die an Kindergärten und Grundschulen vorlesen, das selbstständige Lesen von Grundschülern fördern oder einzelne Kinder beim Lernen unterstützen. Gerade ältere Bürger – pensionierte Pädagogen oder geduldige Rentner, die Freude am Umgang mit Kindern und Jugendlichen haben – können hier viel bewirken.

Unser föderales System den Syrern zu erklären, ist aus einem weiteren Grund sinnvoll. Das Wort »föderal« klingt für viele Araber wie der Anfang vom Ende. In einer Region, die vom arabischen Nationalismus und von autoritär geführten Zentralstaaten geprägt ist, haben sie keine Vorstellung davon, wie eine föderale Ordnung dauerhaft Bestand haben kann, ohne dass sich der Staat in seine Einzelteile auflöst. Sie gehen fest davon aus, dass sich einzelne Regionen irgendwann abspalten werden, und beugen diesem befürchteten Staatszerfall dadurch vor, dass sie den Föderalismus von vornherein ablehnen. Dem Ausland unterstellen sie, Syrien mit einer föderalen Ordnung nur schwächen zu wollen.

Diese tiefe Skepsis der arabischen Syrer ist tragisch. Denn ihre Heimat lässt sich voraussichtlich nur mit einem föderalen System überhaupt zusammenhalten. Angesichts der regionalen Besonderheiten in Syrien, der kurzen Geschichte als Nationalstaat, der in den vergangenen Jahren dezentral organisierten Zivilgesellschaft und eines wachsenden kurdischen Nationalismus erscheint eine föderale Struktur ähnlich wie in Deutschland als einzig sinnvolle Nachkriegsordnung. Nur wenn die Menschen vor Ort das Gefühl haben, ihre Geschicke über Provinzräte oder Landesparlamente effektiv mitbestimmen zu können, werden sie sich mit einer neuen Regierung in Damaskus arrangieren. Der Föderalismus kann folglich auch zu Stabilität und demokratischer Teilhabe beitragen. Er ist keine Gefahr, sondern eine Chance für Syrien – das können und sollten die Syrer bei uns lernen. Denn die meisten von ihnen wollen nicht für immer in Deutschland bleiben, sondern so bald wie möglich in ihre Heimat zurückkehren. Ihre Erfahrungen mit dem deutschen Föderalismus könnten sie dann mitnehmen und in Syrien anwenden.

Das Missverständnis vom reichen Deutschland und die Entdeckung des Sozialstaats

Sind Rechtsstaatlichkeit und Föderalismus klar geworden, bleibt ein drittes Missverständnis. Das vom reichen Deutschland. Denn Deutschland ist nicht von Natur aus reich, sondern wegen seiner volkswirtschaftlichen Leistung. Das Volk erbringt eine Leistung, darum geht es. Aber das können Geflüchtete nicht gleich sehen. Was sie dagegen sofort sehen, sind ebene Straßen, saubere Parks, schöne Spielplätze, neue Autos, volle Supermärkte und schicke Einkaufszentren. Was sie (nach ihrer Anerkennung als Flüchtling) erleben, ist, dass weder der Krankenhausaufenthalt noch der Schulbesuch ihrer Kinder etwas kostet. Auf den ersten Blick scheint Deutschland also eine Menge Geld zu haben. Die Frage ist: woher? Genau das müssen wir erklären: Hinter dem Wohlstand in Deutschland steckt kein Erdöl, sondern ein Sozialstaat. Also ein Staat, der mit rechtlichen, finanziellen und materiellen Maßnahmen versucht, soziale Gerechtigkeit zu erreichen, und sich dafür auf ein gesamtgesellschaftliches Solidarsystem stützt.

Kaum ein Geflüchteter hat bisher Erfahrungen mit einem Sozialstaat gemacht, wenn Syrer oder Iraker irgendwo Reichtum gesehen haben, dann am Golf. Im Gegensatz zu Deutschland sitzen die dortigen Emirate auf riesigen fossilen Brennstoffvorkommen und beschäftigen sich deshalb seit Jahrzehnten damit, wie sie das viele Geld, das aus ihren Ölquellen und Erdgasfeldern sprudelt, sinnvoll ausgeben und unter ihren Bürgern verteilen können (inzwischen bemühen sie sich auch um eine Diversifizierung ihrer Wirtschaft für die Zeit nach dem Öl). Von dem immensen Reichtum dieser Länder – Kuwait, Qatar, den Vereinigten Arabischen Emiraten (VAE), Bahrain und Oman – profitiert eine kleine einheimische Bevölkerung. Insgesamt leben in den fünf genannten Golfemiraten nur etwa 4,5 Millionen Einheimische, mit Ausnahme des Oman stellen ausländische Arbeitsmigranten überall die Bevölkerungsmehrheit. Sie stammen aus dem Iran, Indien, Pakistan, Bangladesch, Südostasien und der arabischen Welt und halten sich zum Geldverdienen am Golf auf. Auch weniger wohlhabende Syrer, die eine Familie gründen oder sich selbstständig machen wollen, gehen mitunter für ein paar Jahre nach Kuwait, Qatar oder in die VAE, um sich dort das nötige Geld für ihre Zukunft in Syrien zusammenzusparen.

Als Minderheiten in ihren eigenen Ländern sind die ursprünglichen Bewohner der Golfstaaten rechtlich in vielerlei Hinsicht besser gestellt als die ausländische Bevölkerungsmehrheit. Sie leben in einer glitzernden Hightech-Wohlstandswelt mit mehreren Bediensteten, profitieren von einem kostenlosen und vielerorts sehr guten Bildungs- und Gesundheitswesen und bezahlen keinerlei Steuern.

Mit Deutschland hat das wenig zu tun, und dennoch passt das, was Geflüchtete hier sehen, zu dieser Vorstellung von einem reichen Land. Dass die Krankenversorgung bei uns in Wirklichkeit nicht kostenlos ist, sondern von den Beiträgen arbeitender Menschen finanziert wird, muss man wissen. Genauso wie es Sozialleistungen für arme, arbeitslose oder benachteiligte Menschen nur deshalb gibt, weil alle anderen jeden Monat etwas von ihrem Einkommen abgeben – in Form von Sozialversicherungsbeiträgen. Den meisten Geflüchteten leuchtet das schnell ein, schließlich sind sie es gewohnt, als Großfamilie zusammenzulegen, wenn ein Verwandter in Not ist oder ins Krankenhaus muss. Das Prinzip der Solidarität ist den Geflüchteten also durchaus vertraut. Ihnen fehlt lediglich die Vorstellung davon, wie diese auf staatlicher Ebene funktioniert.

Die Syrer haben stattdessen einen korrumpierten Sozialismus erlebt. Subventionierte Grundnahrungsmittel und Benzin, eine kostenlose medizinische Basisversorgung und »Arbeit für alle« (zumindest für Mitglieder der Baath-Partei) einerseits, jahrzehntelange Planwirtschaft, einen aufgeblähten und ineffektiven Beamtenapparat, eine kleptokratische Führung und eine sich bereichernde Elite andererseits. Steuern werden in Syrien mit lokalen Steuereintreibern ausgehandelt, also willkürlich erhoben und unwillig bezahlt.

Damit ist jeder Händler und Geschäftsmann dem Regime ausgeliefert. Sollte er irgendetwas tun oder sagen, was den Herrschenden nicht passt, wird er wegen Steuerhinterziehung angeklagt, seine Firma oder sein Laden wird dichtgemacht. Unternehmer, die Kritik äußern, sind auf diese Weise finanziell ruiniert worden wie der Oppositionelle Riad Seif, der in den 1990er-Jahren einen erfolgreichen Betrieb für Sportbekleidung aufgebaut hatte und im Zuge seiner Tätigkeit als unabhängiger und kritischer Parlamentsabgeordneter alles verlor und einige Zeit im Gefängnis verbringen musste. Um für ihr politisches Engagement nicht wirtschaftlich belangt werden zu können, überschreiben Regimegegner, die aus wohlhabenden Händlerfamilien stammen, ihr gesamtes Vermögen Vertrauten.

Während der Staat als behördlicher Apparat für Syrer also negativ besetzt ist, betrachten die meisten Deutschen staatliche Institutionen als Teil eines Ganzen, mit dem sie sich durchaus identifizieren (im Osten weniger als im Westen, was nachvollziehbare Gründe hat, auf die ich noch zurückkomme). Syrer identifizieren sich mit ihrer Heimat, ihrem Land, ihrer Kultur, ihrer Stadt und Region, aber weniger mit dem syrischen Staat. Für sie ist Staatlichkeit etwas, das man lieber meidet, und nicht etwas, wofür man sich einsetzt.

Dazugehören: Sprache lernen und Geld verdienen

In Deutschland müssen die Syrer umdenken. Denn hier beruht die gesamte öffentliche Ordnung darauf, dass jeder seinen Beitrag leistet. Ohne Steuern keine guten Schulen, Universitäten und Straßen, ohne Kranken-, Arbeitslosen- und Rentenversicherungsbeiträge keine Unterstützung in gesundheitlichen oder beruflichen Krisenzeiten und im Alter. Sozialstaat bedeutet nicht, dass man sich ausruhen kann, weil der »soziale« Staat so viel Geld zu verteilen hat, sondern dass sich jeder Einzelne anstrengen muss, damit alle gut versorgt sind. Wer dieses Prinzip einmal verstanden hat, ist noch motivierter, Deutsch zu lernen und Arbeit zu suchen. Schließlich wollen Geflüchtete nicht dauerhaft auf Kosten anderer leben (auch wenn Pegida-Anhänger und AfD-Funktionäre das gerne unter-

stellen). Doch es ist nicht so einfach. Fast alle anerkannten Asylbewerber landen automatisch bei einem Jobcenter. Egal ob Arzt,
Unternehmer oder Bauer, Krämer, Hausfrau, Studierender oder
Hilfsarbeiter – jeder anerkannte Geflüchtete hat Anspruch auf Arbeitslosengeld II (Hartz IV) und wird deshalb vom örtlich zuständigen Jobcenter betreut.

Dort ist vieles im Fluss. Angesichts der Zahl der Geflüchteten
und der damit einhergehenden Herausforderungen ändern sich Regelungen und Gesetze oft – was letzten Monat selbstverständlich
war, gilt heute nicht mehr. Manche Jobcenter finanzieren nur noch
Sprachkurse bis zu einem bestimmten Niveau, danach muss sich jeder Arbeit suchen. Das mag grundsätzlich sinnvoll sein, in manchen Fällen aber auch nicht. Ein Cousin meines Mannes möchte
seinen Mathematikabschluss aus Damaskus hier anerkennen lassen
und einen Master anschließen, muss dafür aber weiter Deutsch lernen, um den Test Deutsch als Fremdsprache (TestDaF) bestehen
zu können, der ihn zum Hochschulstudium berechtigt. Soll er seine Pläne hinschmeißen und sich wie Tausende andere irgendeinen
Job suchen? Soll er sich mit Schwarzarbeit das Geld verdienen, das
er für die entsprechenden Kurse braucht? Oder soll er dem Vorschlag des Jobcenters folgen und einen berufsspezifischen Deutschkurs machen, um anschließend eine Ausbildung zum Buchhalter zu
beginnen? Nach fünf Jahren Mathematikstudium in Syrien und angesichts der guten Berufsaussichten als Mathematiker in Deutschland kann man ihm davon nur abraten – schließlich werden Leute
wie er in der freien Wirtschaft gesucht.

Die Geflüchteten sind mit dem System der Jobcenter überfordert. Wohngeld, Erstausstattung, Sondermittel für medizinische
Härtefälle, Anrechnung von Einkünften, Fahrtkosten, Vermögen
und Kindergeld – die für den Bezug von Leistungen notwendigen
Anträge und Nachweise sind so kompliziert, dass jeder, der einmal
seinen Bedarf geregelt hat, froh ist. Etwa die Hälfte der Jobcen-
ter-Mitarbeiter beschäftigt sich in der Leistungsabteilung mit der
Überprüfung und Abwicklung von Anträgen – würde man diese vereinfachen, gäbe es mehr Kapazitäten für das, was die andere
Hälfte der Mitarbeiter macht: die Leistungsempfänger beraten und
ihnen bei der Suche nach Arbeit helfen. Das ist bei deutschen Lang-

zeitarbeitslosen schon schwer genug, manche unmotivierten und schlecht ausgebildeten Ausländer lassen sich womöglich nie vermitteln. Aber es gibt unter den Geflüchteten auch viele Motivierte, deren Potenzial kaum individuell genutzt und gefördert wird, weil die zuständigen Berater überfordert sind und nicht genügend Integrations- und Sprachkurse zur Verfügung stehen. So dient das Jobcenter nicht als Sprungbrett, sondern wird zur Hängematte. Man wartet und wartet und richtet sich irgendwie ein. Die Geflüchteten machen hier und da einen Deutschkurs, bestehen eine Prüfung, oder auch nicht. Das System ist träge und die Kunden werden es auch.

Leider sehen manche der Neuankömmlinge in dieser Zeit, wie sich andere mit dem Jobcenter arrangiert haben, darunter auch Migranten, die seit Jahren in Deutschland leben (mit deutsch-deutschen Sozialhilfeempfängern haben Geflüchtete eher selten persönliche Kontakte). Sie beziehen Arbeitslosengeld II, melden dem Jobcenter einen Minijob und verdienen dann schwarz dazu – meist in der Gastronomie, im Baugewerbe oder als Haushaltshilfe. Sollte die Firma, das Restaurant oder der Imbiss überprüft werden, ist der Angestellte als Minijobber mit bis zu 450 € im Monat offiziell angemeldet und somit legal beschäftigt. Die Tatsache, dass er in Wirklichkeit Vollzeit arbeitet und den größten Teil seines Lohnes bar auf die Hand erhält, erfährt dabei niemand. Die Bereitschaft zu arbeiten ist also durchaus vorhanden, nur lohnt es sich für viele Menschen nicht, alles zu 100 Prozent legal zu machen. Ein generelles Problem in Deutschland, unabhängig von der »Flüchtlingskrise«.

Gerade junge Syrer konzentrieren sich anfangs oft darauf, möglichst schnell Geld zu verdienen, weil sie noch Schulden ihrer Flucht zurückbezahlen oder Verwandte in der Heimat unterstützen müssen. Statt sich für eine Ausbildung oder ein Studium zu interessieren, müssen sie kalkulieren. Da lohnen sich zwei Monate Schwarzarbeit auf dem Bau, an deren Ende man 2.400 € in der Hand hält, mehr als der nächste Deutschkurs oder ein Praktikum.

Das beschriebene Modell ist auch deshalb verlockend, weil eine Unabhängigkeit vom Jobcenter schwer zu erreichen ist. Denn wer komplett auf eigenen Beinen stehen will, muss nicht nur den

Hartz IV-Regelsatz von 404 € (für eine alleinstehende Person), sondern auch die Kosten für Wohnung und Sozialversicherung selbst erwirtschaften. Damit liegt die Hürde für diesen Sprung ziemlich hoch. Ein Beispiel: Eine Familie mit vier Kindern (drei, sechs, zehn und 15 Jahre alt) bekommt pro Monat 1.800 € an Sozialleistungen und je nach Wohnlage bis zu 1.000 € Miet- und Heizkosten. Auf diese 2.800 € wird das Kindergeld in Höhe von 797 € angerechnet, am Ende bleiben also etwa 2.000 € zum Leben pro Monat, wenn niemand arbeiten geht. Sollte der Vater eine Arbeit aufnehmen, während die Mutter zu Hause bleibt, müsste er also diese 2.000 € netto verdienen, um die Beträge des Jobcenters zu erwirtschaften, eine für viele Sozialhilfeempfänger unrealistische Summe.

Es ist wahrscheinlicher, dass der Vater pro Monat etwa 1.200 € netto verdient, von denen ihm (laut Hartz IV-Rechner) 825 € angerechnet werden. In diesem Fall bleiben der Familie am Ende des Monats 1.175 € vom Jobcenter (2.000 € minus 825 €) plus das Einkommen des Vaters (1.200 €), also insgesamt 2.375 € und damit 375 € mehr als vorher. Um einen etwas größeren finanziellen Spielraum zu haben, überlegt die Mutter, einen Minijob von 450 € anzunehmen, davon werden ihr jedoch 280 € angerechnet, sodass die monatlichen Sozialleistungen auf 895 € schrumpfen. Viel lohnender – auch angesichts des bürokratischen Aufwandes – erscheinen da ein paar Stunden Schwarzarbeit. In jedem Fall ist es für die Familie gerade angesichts der vom Jobcenter übernommenen Mietkosten sehr schwierig, ihr Leben komplett alleine zu finanzieren.

Welche Anreize man setzen müsste, um den Einstieg in die Arbeitswelt – ob als Angestellter oder Selbstständiger – unkomplizierter und ein Ende des Leistungsbezugs erstrebenswerter zu machen, untersuchen Arbeitsmarktexperten und Wirtschaftswissenschaftler schon länger. Die Tatsache, dass durch die vielen Geflüchteten die Zahl der Arbeitslosengeld II-Empfänger deutlich steigt, sollte uns den Mut geben, Abläufe zu vereinfachen und zu beschleunigen. Wir brauchen dringend mehr Dynamik, denn die Erfahrung zeigt: Je schneller ein Geflüchteter Deutsch lernt, ein Studium (wieder-) aufnimmt oder erste Joberfahrungen sammelt und dadurch Kontakte zu Einheimischen knüpft, desto schneller kann er sich ein eigenständiges Leben in Deutschland aufbauen und seinen Beitrag an den Sozialstaat Deutschland leisten.

Egal ob jemand arbeiten wird oder nicht – ohne Deutsch geht es nicht. Dass es Frauen gibt, die nach Jahrzehnten in Deutschland nicht alleine einen Arzt aufsuchen können, ist ein Armutszeugnis für unsere Gesellschaft. Die Lehre daraus haben wir bereits gezogen. Jeder Ausländer, der nach Deutschland kommt und über keine entsprechenden Sprachkenntnisse verfügt, muss Deutsch lernen. Auch wenn sich in manchen deutschen Großstädten vieles auf Arabisch oder Türkisch erledigen lässt – ohne Deutsch wird ein Geflüchteter dieses Land und seine Gesellschaft nicht verstehen. Deshalb muss jeder einen Integrationskurs machen. Dieser besteht aus 600 Stunden Sprachvermittlung und 60 Stunden Orientierungswissen über die deutsche Rechts- und Gesellschaftsordnung. Jeder Hartz IV-Empfänger ist außerdem verpflichtet, an Weiterbildungsmaßnahmen teilzunehmen, die ihm zu einer Arbeitsstelle verhelfen könnten – sonst droht eine Kürzung der Leistungen. Insofern brauchen wir keine gesonderten Integrationsgesetze mit Pflichten für Ausländer, sondern mehr Möglichkeiten und Mitarbeiter in den Jobcentern. Eine zügige Integration der Geflüchteten scheitert bislang weniger an der mangelnder Bereitschaft oder gar »Verweigerung« der Migranten, sondern an den langwierigen Anerkennungsverfahren und an dem zu geringen Angebot an Deutschkursen, Weiterbildungen, Praktika und Stellen für Ungelernte.

Jeder muss sich anstrengen, denn wir alle sind auf eine gemeinsame Sprache angewiesen, um Vorurteile abzubauen, über Ängste zu reden, Vertrauen zu fassen. Und um zu vermitteln, wie das in Deutschland so läuft – mit dem Rechtsstaat, dem Föderalismus, dem Sozialstaat und dem Zusammenleben in einer offenen liberalen Gesellschaft.

Mut zum Bekenntnis:
Was jetzt zu tun ist –
und was nicht

Was ist deutsch? Die Frage klingt harmlos. Oft wurde sie in letzter Zeit gestellt, in Straßenumfragen, Talkshows und klugen Essays. Antworten darauf gibt es viele. Typisch deutsch sind Fußball und Fleiß, Schützenfest und Schweinebraten, Unzufriedenheit und Missmut, Fröhlichkeit und Fasching, Bier und Wein, Naturschutz und Bio, Pünktlichkeit und Präzision, Volksmusik und Trachten, Vereinsmitgliedschaft und Grillen, grüne Wiesen und Kühe, Burgen und Schlösser, Wind und Watt, Beethoven und Brahms, Dichter und Denker. Ach ja, und natürlich Gleichberechtigung und Toleranz. Eine Mischung aus historisch gewachsenen Stereotypen, Lebensräumen und Idealismus, so scheint es.

Ist also jemand, der morgens Cappuccino trinkt, mittags wahlweise Sushi, Döner oder Veggie-Burger isst und sich nach der Arbeit beim Italiener trifft, noch deutsch? Jemand, der freitags Tango tanzt, dienstags Yoga macht und seine Kinder zum Capoeira schickt, noch Teil dieser Gesellschaft? Mal ehrlich: Wer brät Gänse zu Sankt Martin? Wer geht an Allerheiligen ans Familiengrab? Wer legt Hering und Sauerbraten selbst ein? Wer pökelt das Fleisch zum Grünkohl? Und was passiert, wenn die Mehrheit der in Deutschland lebenden Erwachsenen lieber Latte Macchiato trinkt statt Filterkaffee mit Dosenmilch? Ist unsere Leitkultur dadurch in Gefahr? Nein. Denn es gibt sie gar nicht. Jedenfalls nicht in Abgrenzung zu anderem, sondern höchstens im Sinne einer »Kultur des guten Zusammenlebens«, wie Heribert Prantl, der Innenpolitikchef der *Süddeutschen Zeitung*, sie definiert.[52]

Tatsächlich ist die Vielfalt der Antworten auf die Frage, was deutsch ist, die eigentliche Antwort: Deutschland weist so viele kulturelle Unterschiede auf, dass es keine »Leit-Kultur«, also eine höher gestellte, alles andere dominierende Kultur geben kann. Wenn ein Berliner in der bayerischen Provinz komisch angeschaut wird, ein Ostfriese in der Pfalz Verständigungsprobleme hat, sich sowohl ein Sachse im Rheinland als auch ein Rheinländer in Sachsen fürchtet – der eine vor brauner Hautfarbe, der andere vor brauner Gesinnung –, dann besteht Deutschland aus einer Vielzahl von Lebenswelten, die höchst verschieden, aber eben alle deutsch sind.

Germanen-Gen oder Grundgesetz-Deutsche?

Die Alltagskultur – Essen, Hobbys, Freizeitgestaltung – hilft uns bei der Suche nach uns selbst folglich nicht weiter, genauso wenig wie das Aussehen (der deutsche Michel – blond mit blauen Augen – ist selbst in der AfD-Führung in der Minderheit). Sind vielleicht Namen ein eindeutiger Hinweis auf eine »deutsche Identität«? Wohin aber dann mit den Sarazzins, Sloterdijks, Safranskis? Und was machen wir mit den dunkelhäutigen Hannas, den asiatisch aussehenden Konstantins und den kopftuchtragenden Kathrins, Ninas und Claudias? Wir können von den Geflüchteten weder erwarten, Schweinefleisch zu essen (zu viele Vegetarier und Veganer in unserer Gesellschaft) und Alkohol zu trinken (zu viele Ex-Alkoholiker und deutsche Muslime) noch Helene Fischer, Heino oder Beethoven zu hören (zu viele Jazz-, Metal- und HipHop-Fans). In Ordnung, sie können essen und anziehen, was sie wollen, werden jetzt viele denken, aber an »unsere Werte«, an die müssen sie sich halten. Unsere Werte? Schon haben wir das nächste Definitionsproblem. Denn aus Werten lässt sich keine Verbindlichkeit ableiten, sie bilden ab, was wir wertschätzen und was uns wichtig ist. Für den einen ist Bildung ein hoher Wert, für den nächsten die Familie. Bewertungen sind subjektiv, Werte deshalb stets umstritten. Was wir meistens meinen, wenn wir von verbindlichen Werten sprechen, sind Normen, sagt auch der Philosoph Herbert Schnädelbach. Sie legen fest, was erlaubt und verboten oder auch geboten ist.[53]

Unsere deutsche Identität basiert folglich auf einer normativen Ordnung, die mit Werten verknüpft ist. Insofern formuliert das Grundgesetz was uns am Herzen liegt: die Gleichberechtigung der Frau, die unantastbare Würde jedes Menschen, die Meinungs-, Presse- und Versammlungsfreiheit, die Glaubens- und Gewissensfreiheit, die Gleichheit vor dem Gesetz und das Recht auf freie Entfaltung der Persönlichkeit. Von einer zu schützenden Kulturnation oder einem einheitlichen Staatsvolk ist dort allerdings nirgendwo die Rede, ganz im Gegenteil. In Artikel 116 heißt es: »Deutscher [...] ist, wer die deutsche Staatsangehörigkeit besitzt.« Und Artikel 3 Absatz 3 formuliert die Grundlage eines modernen Einwanderungslandes: »Niemand darf wegen seines Geschlechtes, seiner Abstammung, seiner Rasse, seiner Sprache, seiner Heimat und Herkunft, seines Glaubens, seiner religiösen oder politischen Anschauungen benachteiligt oder bevorzugt werden.«

Das, was die Neue Rechte postuliert, was AfD und Pegida beschwören und die NPD mit Hilfe von »national befreiten Räumen« retten will – eine homogene Volksgemeinschaft – ist also nichts anderes als eine Sehnsucht. Eine Illusion, der man sich nur hingeben kann, wenn man mit geschlossenen Augen und Ohren durch Deutschland läuft, Geschichte für Propagandazwecke missbraucht (mit dem Bezug auf ein 1.000-jähriges Reich) und unsere Verfassung ignoriert. Dabei ist sie es, die das deutsche Volk zusammenhält.

»Deutschland ist eine Verfassungsnation«, schreibt der Journalist und Verleger Jakob Augstein. Der deutsche Patriotismus nach dem Krieg gründe auf dem Grundgesetz. Und diesem Staat sei auch die DDR beigetreten. »Wir leben im Staat des Grundgesetzes, nicht im Deutschen Reich«, so Augstein. »Unsere Kultur und unsere Werte sind von solcher Art, dass man ihnen beitreten kann. Es ist eine Bekenntniskultur, keine Abstammungskultur.« Und es gebe, so Augstein weiter, auch keine geheimnisvolle Substanz, die nur von Deutschen an Deutsche weitergegeben werde und die man nur durch Geburt erlange.[54]

Ein vermeintliches »Germanen-Gen« existiert also nicht. Auch juristisch spielt es keine Rolle. Deutscher Staatsbürger ist man von Geburt an oder kann es werden. Seit 2000 (und damit einige Jahrzehnte zu spät) gilt in Deutschland nicht mehr nur das Abstammungsrecht »ius sanguinis« (Blutrecht), sondern auch das Geburtsortprinzip »ius soli« (Recht des Bodens). Das heißt, nicht nur Kinder deutscher Eltern sind automatisch Deutsche, sondern auch in Deutschland geborene Kinder ausländischer Eltern, wenn sich ein Elternteil seit acht Jahren rechtmäßig in Deutschland aufhält.

Außerdem kann deutscher Staatsbürger werden, wer nach acht Jahren in Deutschland eine unbefristete Aufenthaltsgenehmigung hat, gut Deutsch spricht, seinen Lebensunterhalt ohne staatliche Hilfe sichert, nicht wegen einer Straftat verurteilt wurde und bereit ist, seine bisherige Staatangehörigkeit aufzugeben. Das in diesem Fall geltende Verbot der Doppelstaatlichkeit wirkt in der globalisierten Welt des 21. Jahrhunderts allerdings wie ein Relikt aus alten Zeiten.

Von diesen zugewanderten Deutschen fordern viele Menschen hierzulande gerne »Verfassungstreue«. Dabei wissen sie häufig selbst nicht so genau, was in unserer Verfassung steht. Das führt zu Missverständnissen. »So macht man das halt bei uns in Deutschland!«, heißt es dann. Wer nicht mitmacht, will sich offensichtlich nicht integrieren und ist somit unerwünscht. Bestes Beispiel dafür ist der verweigerte Händedruck. Dabei hat die Art, sich zu begrüßen, nichts mit den Prinzipien unseres Grundgesetzes, sondern mit Konventionen und Umgangsformen zu tun.

Integrationswille an Sitten und Gebräuchen zu messen, ist kulturimperialistisch und steht im Widerspruch zur deutschen Verfassung. Dass Konventionen nicht in einen Gesetzestext gehören, zeigt sich übrigens auch daran, wie sie sich über die Jahre verändern. Die Titelseite der *BILD* vom 17.2.1968 fasst zusammen, was den Deutschen damals »nicht passte«. Jeweils etwa die Hälfte der Befragten war gegen lange Haare bei Männern, Miniröcke, Flirten am Steuer und Rauchen auf der Straße. Frauen in Hosen lehnte immerhin noch jeder sechste Deutsche ab. Wie gut also, dass Kleidung und sonstige Äußerlichkeiten, die vielen Menschen in diesem Land gegen den Strich gehen (damals Minirock – heute Kopftuch), nicht gleich per Gesetz verboten werden. Umgekehrt wären manche Gesetze nie zustande gekommen, hätte man sich an der Mehrheitsmeinung der Bevölkerung orientiert. Etwa die rechtliche Gleichstellung homosexueller Paare, auf die wir in der aktuellen Flüchtlingsdebatte so gerne verweisen.

Unsere Identität ist also nichts Statisches, sondern unterliegt einem permanenten Wandel. Und wer Teil dieser Gesellschaft ist, weil er seit Jahren in Deutschland lebt und arbeitet, sollte diese mit beeinflussen dürfen. Dazu zählen auch jene berühmten »Menschen mit Migrationshintergrund«, die inzwischen ein Fünftel der Bevölkerung ausmachen und von denen die meisten aus der Türkei, aus Polen, der Russischen Föderation und Kasachstan stammen. Wer sich die Definition dieser Gruppe genauer ansieht, versteht, warum es so viele sind. Laut statistischem Bundesamt sind Menschen mit Migrationshintergrund 1. Ausländer, 2. eingebürgerte ehemalige Ausländer, 3. alle, die nach 1949 als Deutsche auf das heutige Gebiet der Bundesrepublik zugewandert sind, 4. alle in Deutschland als Deutsche Geborenen mit mindestens einem zugewanderten oder als Ausländer in Deutschland geborenen Elternteil.[55]

Diese 16,5 Millionen Menschen prägen Deutschland und tragen wie alle anderen Gesellschaftsmitglieder dazu bei, dass es sich verändert (vor allem in Westdeutschland und Berlin, wo 96 Prozent von ihnen leben). Doch genau dieses Mitgestalten versuchen rechtnationale Kräfte zu verhindern, indem sie sagen, Menschen mit ausländischen Wurzeln dürfen hier zwar leben, aber sie müssen sich assimilieren, also auch kulturell anpassen. Wer kein Schwein essen will, okay, aber wenn Schulen und Kitas darauf verzichten, ist deutsche Esskultur und damit unsere Identität in Gefahr, argumentieren Pegida-Anhänger. Auch wenn mancherorts die Mehrheit der Kinder kein Schwein oder viele Kinder gar kein Fleisch essen und ein Kindergarten deshalb aus praktischen Gründen sein Speiseangebot an der Nachfrage orientieren möchte. Auch wer vorschlägt, das Stadtteil-Schwimmbad montags nur für Frauen zu öffnen, treibt aus Sicht der Neuen Rechten die Islamisierung des Abendlandes voran.

Wem Schweinefleisch und gemischte Schwimmbäder nicht passen, der kann ja wieder »nach Hause« gehen, so die Argumentation – angesichts der erwähnten Definition von Migrationshintergrund eine lächerliche Forderung, schließlich müssten viele dann »zurück« nach Hamburg, Stuttgart, Berlin oder Köln.

Wo Panikmache auf fruchtbaren Boden fällt

Die Panikmache der Neuen Rechten geht an der Realität vorbei. Denn Deutschland ist seit Langem ein Einwanderungsland. Fluchtbewegungen ziehen sich seit Jahrhunderten über Europa, schließlich waren es die innereuropäischen Dauerkonflikte, die Kolonialkriege und Eroberungsfeldzüge europäischer Herrscher nicht nur auf dem europäischen Kontinent, sondern auch im Mittelmeerraum und anderswo in der Welt (Asien, Afrika, Amerika), die Millionen von Menschen zu Flüchtenden machten. Von Alexander dem Großen und dem Römischen Reich über die Reconquista, Karl den Großen, die Kreuzzüge, den Dreißigjährigen Krieg, diverse Erbfolgekriege, Aufstände, Bürgerkriege und Unabhängigkeitskriege bis zu den zwei Weltkriegen – historisch betrachtet hat Europa mehr Blut vergossen und Menschen vertrieben als jede andere Weltregion.

Das Gebiet der heutigen Bundesrepublik steht deshalb schon lange im Zentrum europäischer Wanderbewegungen. Bevor Deutschland 1871 ein Nationalstaat wurde, bestand es aus Königreichen, Herzogtümern und Fürstentümern wie Preußen, Sachsen, Hessen, Bayern, Baden, Württemberg, Elsaß-Lothringen, Holstein und Mecklenburg. Ab den 1880er-Jahren brauchte das Deutsche Kaiserreich im Zuge der Industrialisierung mehr Arbeitskräfte. Bis 1914 kamen deshalb mehr als 1,2 Millionen Wanderarbeiter (vor allem aus Polen) ins Land. Im Ersten Weltkrieg beschäftigten Unternehmen und Behörden zunehmend ausländische Zwangsarbeiter, nach den Friedensverträgen wurden europaweit etwa 10 Millionen Menschen gegen ihren Willen vertrieben oder umgesiedelt.

Der Nationalsozialismus löste ab 1933 die größten Migrationsbewegungen des 20. Jahrhunderts aus. Hunderttausende Juden und politische Verfolgte emigrierten. In Osteuropa wurden systematisch »Volksdeutsche« angesiedelt und Einheimische deportiert oder ermordet. Nach dem Zweiten Weltkrieg mussten mehr als zehn Millionen ausländische Zwangsarbeiter und Insassen von Konzentrationslagern in ihre Heimatländer repatriiert werden und zwölf Millionen deutsche Vertriebene aus den Gebieten östlich von Oder und Neiße aufgenommen werden. Zwischen 1955 und 1973 folgten 14 Millionen angeworbene Gastarbeiter vor allem aus Italien, Griechenland, Spanien und der Türkei (von denen elf Millionen in ihre Heimatländer zurückkehrten). Außerdem kamen, besonders während der 1990er-Jahre, insgesamt fünf Millionen Aussiedler und Spätaussiedler aus Osteuropa und dem Gebiet der Sowjetunion in die Bundesrepublik.

Deutschland ist folglich von Anfang an ein Einwanderungsland gewesen, auch wenn deutsche Politiker dies jahrzehntelang nicht wahrhaben wollten, schreibt der Journalist Christoph Seils im Magazin *Cicero* vom 2. März 2016: »Die Frage lautet angesichts der Flüchtlingskrise also nicht ›Einwanderung – ja oder nein?‹. Ein ›Nein‹ wäre nicht nur ahistorisch. Es gehört zu den größten Versagen der Politik seit dem Zweiten Weltkrieg, es ein halbes Jahrhundert lang negiert zu haben, dass Deutschland ein Einwanderungsland ist. Ein ›Nein‹ wäre im Zeitalter der Globalisierung, in dem Geld-, Daten- und Warenströme entgrenzt wurden und Umweltverschmutzungen globale Folgen haben, vor allem auch ein Anachronismus.«[56]

Wir sollten deshalb endlich Frieden mit uns selbst schließen. Mit der Tatsache, dass Deutschland ein freiheitlich-demokratisch verfasstes Einwanderungsland und keine kulturell einheitliche Abstammungsnation ist. Leider wollen das viele Menschen ausgerechnet jetzt nicht wahrhaben. Wer dieser Tage »wir sind das Volk« ruft, um sich abzugrenzen und andere auszugrenzen, ist weder auf dem Boden des Grundgesetzes noch im heutigen Deutschland angekommen.

Warum das vor allem Menschen in Ostdeutschland betrifft, hat drei Gründe. Erstens leben in den fünf neuen Bundesländern nur 600.000 Menschen mit Migrationshintergrund. Das bedeutet, Ostdeutsche haben in ihrer großen Mehrheit gar keinen persönlichen Kontakt zu Menschen, die anders sind als sie selbst. Das macht sie empfänglich für Feindbilder, wie sie Pegida, AfD und Co. verbreiten: Die »gewaltbereiten«, »religionsfanatischen«, »frauen- und schwulenfeindlichen« Migranten, Flüchtlinge, Ausländer, Muslime, die »kriminellen jungen Männer aus dem arabischem und nordafrikanischen Raum«, die »unsere deutsche Kultur und Identität« bedrohen. Das macht einem Mecklenburger, Thüringer und Sachsen Angst, denn sie verstehen unter »deutschem Volk« nur das, was sie in ihrem Umfeld sehen und erleben, und da finden sich außer einzelnen als »Fijis« bezeichneten Deutschvietnamesen kaum Deutsche mit Migrationshintergrund.

Die Realität anderswo – in Städten wie Stuttgart, Frankfurt oder Köln – kennen sie meist nicht persönlich, sondern nur aus dem Fernsehen oder Internet. Sie haben das selbstverständliche Miteinander verschiedener Kulturen nie erlebt, das aus alltäglichen Begegnungen und persönlichen Beziehungen besteht, sondern sehen in westdeutschen Großstädten nur überfremdete soziale Brennpunkte, wie sie in den Schlagzeilen der Medien und den Reden von AfD-Politikern auftauchen. Zum Beispiel beim Thüringischen Landesvorsitzenden Björn Höcke: »Die wenigen deutschen Kinder in Berlin, die sprechen Kanak-Sprak.«[57] So mancher Rheinländer oder Hamburger kann über die Panikmache der Neuen Rechten nur lachen oder den Kopf schütteln, weil er mit diesen »gefährlichen Migranten« seit Jahren gut zusammenlebt. Seine »deutsche Identität« sieht schon lange ganz anders aus als jene in Rostock, Erfurt und Magdeburg.

Zweitens haben 40 Jahre Diktatur Spuren hinterlassen, die bis heute nachwirken – auch in der Generation der 30- bis 50-Jährigen, die noch in der DDR zur Schule gegangen sind oder mit ihrer DDR-Ausbildung nach der Wende Schwierigkeiten hatten, beruflich Fuß zu fassen. Viele von ihnen fühlen sich vom Westen verraten, von der Berliner Republik vernachlässigt und gegenüber den Bürgern der alten Bundesländer benachteiligt und projizieren ihren Frust und ihre Wut jetzt auf jene, die schwächer sind als sie: Geflüchtete und Migranten. Sie machen »Asylschmarotzer« und »kriminelle Ausländer« verantwortlich für den eigenen Existenzkampf, dabei hat kein Ostdeutscher bislang weniger staatliche Unterstützung bekommen, weil mehr Ausländer im Land sind. Im Gegenteil:

Die Einwanderer finanzieren den Aufbau Ost seit 1990 kräftig mit, schließlich bezahlen Millionen Menschen mit Migrationshintergrund in Nordrhein-Westfalen und Niedersachsen, in Baden-Württemberg und Bayern als steuerpflichtig Beschäftigte ihren Solidaritätszuschlag. Dass die Arbeitslosigkeit in den neuen Bundesländern trotzdem vielerorts doppelt so hoch ist wie im Westen, hat verschiedene Gründe, ist aber auf jeden Fall nicht deren Schuld.

Trotzdem laufen genau diese Frustrierten jetzt zum Teil mit Kinderwagen bei Pegida-Demonstrationen mit, und wir wundern uns über den Rassismus und die Vorurteile vieler junger Ostdeutscher. Aber auch ideologisch wirkt die DDR nach. Während in der alten Bundesrepublik 40 Jahre lang mühsam und mit Rückschlägen Demokratie, Vielfalt, Differenz und Toleranz eingeübt wurden, propagierte die DDR-Führung ein einheitliches sozialistisches Gesellschaftmodell, an dem jeder mitarbeiten sollte – Widerspruch und freies Denken waren unerwünscht. Der Westen bemühte sich um eine kritische Aufarbeitung des Dritten Reiches, der Osten ersetzte den Nationalsozialismus durch Kommunismus und Sozialismus. Eine Ideologie löste die nächste ab, aus Faschismus wurde Anti-Faschismus, historisch aufgearbeitet und gesellschaftlich hinterfragt wurde wenig.

Deswegen haben es rechtradikale Parteien wie die NPD, ausländer- und islamfeindliche Bewegungen wie Pegida, nationale Vordenker und rassistische Hetzer im Osten viel leichter. Sie knüpfen an etwas an, was nie wirklich infrage gestellt wurde: ein deutschnationales rassistisches Gedankengut, das zu DDR-Zeiten unbemerkt weiterschlummerte und seit der Wiedervereinigung offen zutage tritt. Vor Ort wird es verharmlost, als normal angesehen oder stillschweigend geduldet, weil viele im Geiste einverstanden sind – auch Staatsvertreter. Angesichts der rasant steigenden Zahl fremdenfeindlicher Straftaten und der geringen Aufklärungsrate scheinen Polizei, Justiz und Behörden in besorgniserregendem Ausmaß auf dem rechten Auge blind und machtlos zu sein.

Während ich in meiner Schulzeit ständig aufgefordert wurde, eigenständig über etwas nachzudenken, selbst zu einem Thema zu recherchieren und kritische Fragen zu stellen, lernte meine Freundin im Osten die Staatsdoktrin der DDR zu verinnerlichen und nichts zu hinterfragen; wer Kritik äußerte, stand außerhalb der Gemeinschaft. Im Westen ging es um Vielfalt und individuelle Selbstverwirklichung, im Osten um ein zwangskollektivistisches Denken und Linientreue im Interesse der sozialistischen Gemeinschaft.

Der Kern der aktuellen Debatte über unser deutsches Selbstverständnis, nämlich der Umgang mit dem Anderssein, war innerhalb Deutschlands jahrzehntelang unterschiedlich geregelt. Anders zu sein war für Westdeutsche ein Ausdruck von Freiheit und ein erstrebenswertes Ziel. In der DDR galt dagegen alles, was anders war, als feindlich. Kein Wunder, dass sich viele Menschen im Osten bis heute von Andersartigkeit in Form einer dunklen Hautfarbe oder eines Kopftuchs bedroht und persönlich infrage gestellt fühlen.

Drittens haben wir diese Unterschiede nach der Wiedervereinigung einfach weggewischt. Beeindruckt von der friedlichen Revolution, die zum Ende der DDR führte (»Wir sind das Volk« stand 1989 für die Selbstermächtigung der Bürger gegenüber einer Diktatur), dachten alle, die Menschen in Ostdeutschland würden sich in ihrem Drang nach Freiheit auch für die freiheitlich-demokratische Ordnung der alten Bundesrepublik begeistern. »Ossis« würden von nun an so leben wollen wie »Wessis«. Aber mit dem Denken und der Wahrnehmung der Menschen im Osten haben wir uns gar nicht richtig befasst. Stattdessen ging es um Wirtschaftsförderung, den Aufbau Ost und den Soli, Kapitalismuskritik und das Versprechen »blühender Landschaften«, die lange auf sich warten ließen und sich mancherorts zu entvölkerten Einöden entwickelten.

Dadurch haben wir versäumt, auch in unserem Selbstverständnis zusammenzuwachsen. Wir haben versäumt, mit den Bewohnern von Mecklenburg-Vorpommern und Brandenburg, Sachsen-Anhalt, Thüringen und Sachsen über das Grundgesetz und seine Bedeutung für das Zusammenleben in Deutschland zu sprechen. Und wir haben versäumt, einen intensiveren Austausch zwischen West- und Ostdeutschen in Gang zu setzen. Deshalb fehlt es heute an Verständnis für die Position des jeweils anderen. Statt sich mit den Lebenswelten und Befindlichkeiten vor Ort zu beschäftigen, werden Regionen wahlweise zu »Dunkeldeutschland«, »national befreiten Räumen« oder »undeutschen Ghettos« erklärt, was die Spaltung dieses Landes nur befördert.

Ressentiments gibt es auf allen Seiten. Wer sie überwinden will, muss verstehen, dass Hunderttausende Bürger in Ostdeutschland gedanklich nie in der Bundesrepublik angekommen sind, während sich in Westdeutschland manche bewusst vom Verfassungsstaat abzuwenden scheinen. Diese Menschen reden von Freiheit, meinen aber nur ihre eigene und nicht die Freiheit, anders zu sein. Sie berufen sich auf das deutsche Volk und meinen damit Menschen, die so sind wie sie. Wenn sie feststellen, dass 30 oder 300 km weiter Deutschland ganz anders aussieht, reagieren sie schockiert oder ablehnend. Es gibt in Deutschland also nicht nur Ausländer, sondern auch Deutsche, deren Integration in die freiheitlich-demokratische Grundordnung gescheitert ist.

Freiheit braucht Toleranz

»Jeder hat das Recht auf die freie Entfaltung seiner Persönlichkeit, soweit er nicht die Rechte anderer verletzt und nicht gegen die verfassungsmäßige Ordnung oder das Sittengesetz verstößt«, heißt es in Artikel 2 des Grundgesetzes. Das bedeutet, der Einzelne kann vieles so machen, wie er will, muss aber im Gegenzug auch vieles ertragen, was andere eben anders machen. Kurzum: Freiheit braucht Toleranz.

Für den deutschen Philosophen Theodor W. Adorno heißt Freiheit, »ohne Angst verschieden sein zu können«.[58] Erst wenn jedes Mitglied einer Gesellschaft so empfindet, ist diese Gesellschaft tolerant. Davon sind wir offensichtlich weit entfernt. Denn viele Menschen, die anders aussehen, sich anders kleiden oder manches anders machen als der »mainstream« des jeweiligen Ortes, werden schief angeguckt und fühlen sich ausgegrenzt. Das Problem ist, dass sich die meisten Deutschen für tolerant halten, ohne es tatsächlich zu sein. Sie leben unter ihresgleichen und wissen deshalb gar nicht, wie anstrengend und schmerzhaft Toleranz (aus dem Lateinischen tolerare = ertragen) sein kann.

Denn Toleranz beginnt in Wirklichkeit dort, wo jemand etwas macht, was ich persönlich nie tun würde und überhaupt nicht nachvollziehen kann. Zum Beispiel sich das Gesicht tätowieren zu lassen, keinen Alkohol zu trinken, als Mann einen Mann zu küssen, Insekten oder Hunde zu essen, sein Haar zu verhüllen, einen Schwarzen zu heiraten, Ringe durch die Zunge und Lippen stechen zu lassen, zehn Katzen in der Wohnung zu halten, nackt durch die Natur zu wandern, ein Kind abzutreiben, fünf Mal am Tag zu beten. Seien wir ehrlich – mindestens eines dieser Beispiele löst bei jedem von uns große Ablehnung oder Abscheu aus. Wie tolerant sind wir also tatsächlich?

Das »jüdisch-christliche Abendland« als Kampfbegriff

Als größte Herausforderung unserer Toleranz empfinden wir in der heutigen Zeit den Islam. Denn viele Menschen in Deutschland nehmen ihn nur als Quelle von Terror, Frauenfeindlichkeit und Gewalt wahr. Dabei sind die meisten Opfer von islamistischem Terror selbst Muslime, weshalb die allermeisten von ihnen Gruppen wie den IS oder al-Qaida genauso ablehnen wie wir.

Gemeinsame Wurzeln: vergessen und verdrängt

Was also ist der Islam? Zunächst einmal ist der Islam eine Weltreligion mit 1,6 Milliarden Mitgliedern, die zum größten Teil in Indonesien, Pakistan, Indien und Bangladesch leben. Erst danach folgen Ägypten und Nigeria mit jeweils 5 Prozent sowie der Iran und die Türkei mit jeweils 4,7 Prozent der weltweiten Muslime. Sie alle glauben an den einen Gott, der auf Abraham als Stammvater und Begründer des Monotheismus zurückgeht. Muslime glauben also an den gleichen Gott wie Juden und Christen. Allah ist kein anderer Gott, sondern das arabische Wort für Gott, so wie er auf Französisch Dieux, auf Englisch God und auf Spanisch Dios heißt. Arabische Christen beten ebenfalls zu Allah. Als jüngste der drei monotheistischen Religionen umfasst der Islam vieles, was im Judentum und im Christentum vorkommt. Zum Beispiel gelten

Adam, Noah, Abraham, Ismael, Isaak, Hiob, Mose, Johannes und Jesus (neben anderen) als Propheten, die von Gott auserwählt wurden, um den Menschen sein Wort zu verkünden.

Aus islamischer Sicht wandte sich Gott also immer wieder an die Menschen, woraus nacheinander das Judentum, das Christentum und schließlich der Islam entstanden. Die Erneuerung der göttlichen Botschaft wurde notwendig, weil die Gläubigen in der Vergangenheit manches missverstanden. Die Juden erklärten sich zum auserwählten Volk, obwohl Gottes Offenbarung sich an alle richtet ohne Unterschiede zwischen Rasse, Sprache oder Herkunft. Und die Christen machten Jesus zu Gottes Sohn und verehren ihn als Gott, obwohl es im Monotheismus nur den einen transzendenten Gott geben kann und auch Propheten nur Menschen sind, die man zwar respektieren, aber niemals anbeten sollte. Der Islam betont deshalb die Gleichheit aller Menschen (die bei der Pilgerfahrt in Mekka sichtbar wird, wenn Zehntausende Muslime aus aller Welt in einfache weiße Tücher gehüllt um die Kaaba kreisen und sich sämtliche Unterschiede zwischen Afrikanern und Amerikanern, Asiaten, Europäern und Arabern auflösen) und den Glauben an den einen allumfassenden Gott. Wörtlich bedeutet Islam »Hingabe«, ein Muslim ist also jemand, der sich Gott »ergibt« oder »hingibt«. Nach dieser Logik ist der Islam gewissermaßen die neueste Version der immer gleichen göttlichen Botschaft, das letzte »update« Abrahams.

Neben dieser theologischen Definition umfasst der Begriff Islam natürlich noch mehr. Eine vielfältige Kultur etwa (von Afrika über Arabien, Europa, den Kaukasus und Zentralasien bis nach Südostasien), regional unterschiedliche Traditionen (wie den Sufismus), diverse Rechtsschulen, die den Koran und das Leben des Propheten Mohammed interpretieren, Lebensweisen, die keineswegs einheitlich und starr sind, sondern sich mit der Zeit verändern. Wer sich auf den Islam bezieht, sollte es sich folglich nicht zu einfach machen, sondern innerislamische Vielfalt und Widersprüchlichkeit mit bedenken. Denn was haben der amerikanische Chefarzt, der algerische Karawanenführer, der qatarische Prinz, der indonesische Reisbauer, der türkische Unternehmer, der indische Tagelöhner, die iranische Studentin, die pakistanische Mutter von zehn Kindern und die deutsche Anwältin gemeinsam außer der Tatsache, dass sie

Muslime sind? Warum sind wir in der Lage, die Christen dieser Welt – ob in Kolumbien, Italien, Russland oder auf den Philippinen – in ihrer Unterschiedlichkeit wahrzunehmen, während wir den Muslimen unterstellen, sie seien alle irgendwie gleich, nämlich frauenfeindlich, gewaltbereit und intolerant?

Mir geht es im Zusammenhang mit dem Islam um zwei Feststellungen und eine daraus folgende Forderung. Erstens die Tatsache, dass der Islam keine Antithese zum Westen darstellt, sondern im Gegenteil auf den gleichen historischen Wurzeln basiert und deshalb Teil unserer europäischen Identität ist. Zweitens die Einsicht, dass Muslime genauso wenig wie Christen, Buddhisten und Juden nur von ihrer Religion beeinflusst und geprägt sind. Und dass es auch in Ländern mit muslimischer Bevölkerungsmehrheit andere Faktoren als die Religion gibt, die zu Missständen beitragen – sozio-ökonomische, kulturelle, politische. Daraus folgt meine Forderung, dass der Islam in der deutschen Gesellschaft dringend normalisiert und sichtbarer werden muss.

Zunächst zu den gemeinsamen Wurzeln. Mit der Stiftung des Islam durch den Propheten Mohammed im frühen 7. Jahrhundert beginnt auch die Geschichte einer einzigartigen und weitreichenden Hochkultur. Vieles, was wir heute für den Inbegriff europäischer Zivilisation halten, ist ohne sie nicht denkbar. In den ersten Jahrhunderten seiner Ausbreitung erwies sich der Islam als eine Religion, die naturwissenschaftliche Forschung und geistigen Erkenntnisgewinn nicht nur zulässt, sondern ausdrücklich fördert. Die Offenbarung an den Propheten Mohammed begann mit dem Wort »*iqra'*«, was »lies« oder »trage vor« bedeutet. Im Koran wird der Gläubige an vielen Stellen aufgefordert, nachzudenken, hinzusehen, Einsicht zu zeigen und zu verstehen, was ab dem 8. Jahrhundert zu einer geistigen Entwicklung führte, die historisch als »Blütezeit des Islam« bezeichnet wird.

Damals herrschte die Dynastie der Abbasiden von Bagdad aus über ein islamisches Reich, das von Nordafrika bis nach Persien und Vorderasien reichte. Das von den Mauren errichtete unabhängige Emirat von Córdoba brachte Spanien Jahrhunderte der religiösen Toleranz. 400 Jahre lang (vom 9. bis zum 13. Jahrhundert) prägten Gelehrte der islamischen Welt die Wissenschaften. Sie waren in vielen Fällen Universalgelehrte, die nicht nur Medizin, Physik und Chemie studierten, sondern sich auch in Astronomie, Mathematik, Philosophie und Logik, Korankunde und islamischem Recht auskannten. Als solche traten sie das Erbe der alten Griechen an. Der persische Mathematiker al-Chwarizmi etwa übernahm Anfang des 9. Jahrhunderts das indische Stellenwertsystem inklusive der Null und löste dadurch eine Revolution der Rechenmethoden aus (der Algorithmus ist nach ihm benannt). Der 980 in Buchara im heutigen Usbekistan geborene Ibn Sina (latinisiert: Avicenna) gilt als bekanntester Mediziner des Islam. Er formulierte als Erster Prinzipien einer ganzheitlichen Medizin, indem er betonte, die Heilung des Körpers sei ohne eine Heilung von Geist und Seele nie vollkommen. Sein *Kanon der Medizin* war bis zum 19. Jahrhundert ein Standardwerk der medizinischen Ausbildung. Ibn Sinas Kollege al-Biruni, ein bedeutender Astronom und Kartograf, entwickelte ein Messverfahren, mit dem er den Radius der Erde bestimmte, erfand das erste Pyknometer (mit dem sich die Dichte von Flüssigkeiten und Festkörpern messen lässt) und beobachtete eine Mond- und eine Sonnenfinsternis. Der aus der südirakischen Stadt Kufa stammende al-Kindi (latinisiert: Alkindus) verband im 9. Jahrhundert als erster großer Philosoph des Islam das aristotelische mit dem neoplatonischen Denken und bemühte sich um eine Vermittlung zwischen koranischer Offenbarung und griechischer Philosophie.

Dreihundert Jahre später wirkte der arabische Philosoph Ibn Rushd (oder Averroës) im spanischen Cordoba. Er kommentierte fast alle Werke des Aristoteles, weswegen ihn das europäische Mittelalter nur »den Kommentator« nannte. Ibn Rushd forderte die Menschen im 12. Jahrhundert auf, sich ihrer Vernunft zu bedienen, und analysierte das Verhältnis von Vernunft und Glauben. Wie der in islamischer Philosophie promovierte Geert Hendrich von der Technischen Universität Darmstadt in seinem Buch *Arabisch-islamische Philosophie* ausführt, plädiere Ibn Rushd für ein metaphorisches Verständnis des Korans, um den scheinbaren Widerspruch zwischen einer »bewiesenen philosophischen Wahrheit« und dem »wörtlichen Sinn eines religiösen Textes« aufzulösen. Deshalb stehe Ibn Rushd wie kein anderer für eine »eigenständige und von Europa unabhängige Tradition der Aufklärung innerhalb der islamischen Kultur«.[59] Entsprechend bedeutsam ist sein Werk für die gegenwärtigen Diskussionen über eine zeitgemäße Koraninterpretation.

Es waren die Wissenschaftler des islamischen Weltreiches, die das geistige und wissenschaftliche Erbe der alten Griechen sicherten, übersetzten und weiterentwickelten, während Mitteleuropa eine finstere Zeit erlebte. Im Christentum galten damals die Bibel und die Schriften der Kirchenväter als einzige Quellen von Erkenntnis, das Studium weltlicher Dinge war eine Sache des Teufels. Die Kirche betrachtete jede wissenschaftliche Forschung als eine Bedrohung ihres eigenen Machtanspruchs. Erst als der Dominikaner und Theologe Thomas von Aquin Mitte des 13. Jahrhunderts begann, die Dogmen der katholischen Lehre mit dem Aristotelismus zu versöhnen, waren die geistigen Voraussetzungen für die Reformation und die Renaissance geschaffen.

Ohne die Gelehrten des Islam also keine wissenschaftliche Wiedergeburt Europas. Daran sollten wir denken, wenn wir täglich mit ihrem Erbe hantieren: den arabischen Zahlen (inklusive der Null, arabisch *al-sifr*, daher die »Ziffer«), vielen aus dem Arabischen entlehnten Wörtern wie Sofa, Magazin, Rabatt, Schachmatt, Tarif, Safari, Haschisch, Karaffe, Matratze, Razzia und Zucker sowie den wissenschaftlichen Begriffen mit der arabischen Vorsilbe »Al« wie Algebra, Algorithmus, Alchemie, Alkalien und Alkohol.

Wissenschaftler verschiedener Disziplinen sprechen deshalb vom Islam als dem »verdrängten Erbe der Europäer« neben dem griechisch-antiken, dem jüdischen und dem christlichen. Die Begriffe jüdisch und christlich mit einem Bindestrich zu versehen, wie es unter deutschen Politikern Mode geworden ist, zeugt von Unredlichkeit. Denn erstens ist das Verhältnis zwischen Juden und Christen in Europa so stark von Glaubenskriegen, Verfolgung und Vernichtung gezeichnet, dass der Bindestrich geschichtsklitternd und scheinheilig wirkt. Und zweitens gibt es keine »jüdisch-christliche Identität«. Sie ist ein künstliches Konstrukt, dessen einziges Ziel darin besteht, den Islam als fremde Kultur auszuschließen. Die Professorin für jüdische Philosophie Almut Shulamit Bruckstein Çoruh wehrt sich seit Jahren entschieden gegen Versuche, Jüdisches von Arabischem zu trennen oder gar einer jüdisch-christlichen Geschichte zuzuordnen, um es für eine Mobilisierung gegen den Islam zu benutzen.

Was Pegida fordert – »unsere christlich-jüdisch geprägte Abendlandkultur« zu erhalten und vor der Islamisierung zu schützen (so steht es in ihrem Positionspapier) – ist jüdischen Intellektuellen wie Bruckstein Çoruh ein Graus. Denn es erinnert auf fatale Weise an den Antisemitismus vor 150 Jahren. »Im 19. Jahrhundert waren es die Juden, deren Tradition unter dem Generalverdacht verweigerter Integration, doppelter Loyalitäten, primitiver Spiritualität und pathologischer Abgrenzung gegenüber ihren deutschen Mitbürgern stand«, schreibt sie. Es ging um »jüdische Parallelgesellschaften« und die Unvereinbarkeit des jüdischen Rechts mit den Werten der deutschen Mehrheitsgesellschaft. Genau so klingt es bei AfD-Politikern in Bezug auf den Islam.

»Während heute Karikaturisten, die eine Bombe in den Turban des Propheten zeichnen, Auszeichnungen erhalten, erhob das Marburger Landgericht 1888 Anklage gegen einen Volksschullehrer, der 1886 ähnlich Brisantes ins Herz der rabbinischen Tradition platzierte«, so die Professorin in einem Essay für den *Berliner Tagesspiegel* aus dem Jahr 2010.[60] Der Lehrer hatte behauptet, der Talmud erlaube den Juden unmoralisches Verhalten gegenüber Nichtjuden und wurde dafür zu 14 Tagen Gefängnis verurteilt. Die seit 1879 von Parteien, Vereinen und Publizisten betriebene anti-jüdische Hetze und spätere systematische Verfolgung der Juden konnte dieses Urteil bekanntlich nicht aufhalten. Umso wichtiger ist es, uns die Zeit vor dem Nationalsozialismus bewusst zu machen.

Warum wir den Islam überschätzen

Zwar setzt die deutsche Justiz auch heute klare Zeichen zur Erhaltung der Glaubensfreiheit und Gleichstellung der Religionen, zum Beispiel mit dem zweiten Kopftuchurteil des Bundesverfassungsgerichts 2015, das ein generelles Kopftuchverbot für Lehrerinnen für verfassungswidrig erklärte. Aber gegen den Koran darf jeder Pädagoge, Politiker und Pseudo-Experte öffentlich wettern, ohne eine

Ahnung von der Vielfalt islamischer Koranexegese und Rechtsauslegung zu haben. Das ist natürlich einerseits Ausdruck von Meinungsfreiheit, andererseits in einem vergifteten gesellschaftlichen Klima durchaus gefährlich.

Das Wort »Abendland« ist insofern ein Kampfbegriff, mit dem ein bestimmtes Volk erschaffen und andere Gruppen ausgeschlossen werden sollen, argumentiert die *taz*-Autorin Sonja Vogel. Er entbehre jeglichen historischen Bewusstseins. Denn tatsächlich wurde aus dem »christlichen« Abendland, das zunächst eine Abgrenzung von den Juden beabsichtigte, erst nach 1945 das »jüdisch-christliche« Abendland. Der Begriff diene den Deutschen folglich zur Beruhigung ihres schlechten Gewissens und Bereinigung der Geschichte. »Ganz nebenbei werden so der Holocaust, der Antisemitismus und die Glaubenskriege zu einer Lappalie, einer Unpässlichkeit in der langen und harmonischen christlich-jüdischen Geschichte«, schreibt Vogel.[61] Auch Almut Shulamit Bruckstein Çoruh hält die jüdisch-christliche Tradition für eine »Erfindung der europäischen Moderne und ein Lieblingskind der traumatisierten Deutschen. [...] Zu Zeiten, als es in Deutschland noch eine jüdische Gelehrsamkeit gab, die in ihrer kosmopolitischen und kritischen Geistesart einzigartig war und der klassischen jüdisch-arabischen Tradition im Geiste nah verwandt, da wussten die jüdischen Gelehrten um die Liaison der Juden und Muslime. Bis in die frühen dreißiger Jahre haben sich jüdische Gelehrte in der Verteidigung ihrer universalen Vernunfttradition und ihrer Kritik der Christologie Rückendeckung geholt bei den Denkern der arabischen Aufklärung«. Umso wichtiger sei deshalb eine Solidarität der in Deutschland lebenden Juden mit den Muslimen. »In Zeiten, in denen muslimische Traditionen unter Generalverdacht stehen, bedarf es einer erneuten Liaison der jüdischen Intellektuellen mit den Muslimen dieses Landes. Es ist wieder Zeit, dass wir bekennen müssen. Wo Muslime Fremde sind, sind wir es auch.«[62] Diese Worte stammen wie gesagt aus dem Jahr 2010, auch wenn sie aktueller denn je klingen.

Lassen wir Islam und Judentum einmal beiseite und nehmen wir an, das Christentum sei für Deutschland die einzige oder zumindest dominante identitätsstiftende Religion. Dann sollten wir uns fragen, woher »unser Christentum« eigentlich stammt. Ach ja, richtig, aus dem Nahen Osten. Jesus wurde nicht in der Nähe von Rom, Madrid oder Berlin geboren, sondern in Bethlehem, zehn Kilometer von Jerusalem entfernt. Palästinenser und Syrer haben den christlichen Glauben also lange vor den Griechen und Italienern angenommen.

Wie aber kam das Christentum nach Europa? Es war Paulus, der ab dem Jahr 46 n. Chr. die Botschaft Jesu Richtung Europa verbreitete. Er stammte aus dem heutigen türkisch-syrischen Grenzgebiet (der Stadt Tarsus in der Provinz Mersin), wurde in Jerusalem zum Toralehrer ausgebildet, bekehrte sich in Damaskus vom jüdischen Christenverfolger Saulus zum Apostel Paulus und startete daraufhin seine Missionierung des östlichen Mittelmeerraumes. Europa hat »sein« Christentum also einem Reisenden aus dem Nahen Osten zu verdanken, einem Migranten, dessen Wege über die Türkei (Ephesus) nach Griechenland (Korinth), Makedonien und Italien (Neapel, Rom) sich gar nicht so sehr von den heutigen Fluchtrouten der Syrer unterscheiden.

Wir halten fest: Das Christentum hat seine Wurzeln wie das Judentum und der Islam in der heutigen arabischen Welt. Alle drei monotheistischen Religionen haben sich ideengeschichtlich beeinflusst und Europa geprägt – vor allem in Form von Glaubenskriegen und Verfolgung. Während das Christentum im 1. Jahrhundert Teile Europas erreichte und die ersten Juden im 4. Jahrhundert in Europa lebten, dominierten die Muslime ab dem 8. Jahrhundert Spanien und sind als Religionsgemeinschaften seit Ende des 14. Jahrhunderts in Litauen und seit dem frühen 15. Jahrhundert in Bosnien anerkannt. Es leben also seit Jahrhunderten Muslime, Juden und Christen in Europa mal besser, mal schlechter zusammen. Der Tübinger Senior-Professor Stefan Schreiner, der sowohl am Institut für Religionswissenschaft und Judaistik lehrt als auch das Zentrum für Islamische Theologie berät, beschreibt unsere europäische Identität deshalb so: »So wenig Europa, auch das ›christliche‹ Europa ohne seine jüdischen und islamischen Wurzeln und Werte neben denen der klassischen, griechisch-römischen Antike denkbar ist, so sehr wird ein *christliches* Europa in dem Sinne, in dem der Begriff heute weithin verstanden und verwendet wird, die Fiktion bleiben, die es immer war. Wie Europa in seiner Vergangenheit wesentlich durch wechselseitige Beeinflussung und schöpferische Auseinandersetzung der drei monotheistischen, abrahamischen Religionen gestaltet und nachhaltig geprägt worden ist – selbst die Vertreibung der Juden und Muslime hat nicht das Ende jüdischer und islamischer Mitgestaltung bedeutet –, so wird in nicht geringerem Maße die Gestaltung auch des zukünftigen Europas nur in einem Miteinander der drei abrahamischen Religionen gelingen.«[63]

Es geht also um ein Miteinander der Religionen. Die aktuell zu beobachtende Ausgrenzung der einen (Islam) durch eine Beschwörung der beiden anderen (Christentum und Judentum) wird Europa spalten und weiteren Unfrieden stiften. Dieser Erkenntnis trägt das deutsche Grundgesetz Rechnung, das nach der Erfahrung des Nationalsozialismus die Freiheit des Glaubens als unverletzlich definiert und die ungestörte Religionsausübung gewährleistet (Artikel 4) sowie jede Diskriminierung oder Bevorzugung aufgrund von religiöser Anschauung verbietet (Artikel 3). Das Anti-Islam-Programm der AfD und die von ihr geforderte Bevorzugung des christlichen Glaubens stehen folglich im Widerspruch zur Verfassung.

Das bringt mich zu meiner zweiten Feststellung. Im Falle des Islam neigen viele Deutsche dazu, in doppelter Hinsicht zu pauschalisieren: Sie übertragen nicht nur das Verhalten Einzelner auf die Religion, sondern führen auch Missstände eines Landes oder einer Gesellschaft allein auf die Religion zurück. Kurzum: Der Islam ist immer und überall an allem schuld. IS-Anhänger sprengen sich in Paris oder Brüssel in die Luft – der Islam ist gewalttätig. Betrunkene Nordafrikaner begrapschen Frauen am Kölner Hauptbahnhof – der Islam ist frauenfeindlich. Von Marokko bis Irak herrschen Krieg, Könige oder Diktatoren – der Islam ist unvereinbar mit Demokratie. Arabische Clans terrorisieren Teile Berlins – der Islam macht kriminell und ist nicht integrierbar.

Drehen wir den Spieß einmal um. Militante Abtreibungsgegner erschießen in den USA Ärzte – das Christentum ist gewalttätig. Der amerikanische Ex-Präsident George W. Bush marschiert im Namen Gottes im Irak ein – das Christentum ist intolerant und aggressiv. Die christliche Lord's Resistance Army (Widerstandsarmee des Herrn) des Joseph Kony, die in Afrika für die Errichtung eines Gottesstaates kämpft und dabei laut UN mehr als 100.000 Menschen getötet hat, überfällt mehrere Dörfer und metzelt Hunderte Frauen, Männer und Kinder mit Macheten und Äxten nieder – das Christentum ist brutal. In Europa schlagen betrunkene Ehemänner ihre Frauen, liegen tote Rentner tagelang unbemerkt in ihren Wohnungen, werden Neugeborene in Müllcontainern gefunden und ermorden Familienväter ihre Frauen und Kinder – der christliche Westen ist unmoralisch und verroht. Katholische Priester dürfen nicht heiraten, Frauen keine Kirchenämter bekleiden, Verhütung ist offiziell verboten, aber überall hängen Bilder von nackten Frauen, die damit zum Sexualobjekt degradiert werden – das Christentum ist weltfremd, bigott und frauenfeindlich. In katholischen Internaten und Knabenchören werden über Jahrzehnte Jungen sexuell missbraucht – das Christentum macht pädophil.

Sie finden, das könne man so nicht sagen? Die Beispiele und Argumente seien übertrieben, unfair und unsachlich? Genau das finden Muslime auch. Für sie fühlt sich der öffentliche Islam-Diskurs seit Jahren genau so an: übertrieben, unfair und unsachlich. Dabei passieren diese Dinge ja. Nichts davon ist erfunden. Problematisch wird es nur, wenn Negativschlagzeilen unsere Wahrnehmung einer Weltreligion und ihrer Mitglieder dominieren und es daneben scheinbar nichts anderes gibt. Was für viele Deutsche auf der Hand liegt (Gewaltbereitschaft, Frauen- und Demokratiefeindlichkeit des Islam) ist aus Sicht der Bewohner des Nahen Ostens, Afrikas oder Asiens ebenfalls eindeutig (Glaubenskriege, Frauenfeindlichkeit und moralischer Verfall des christlichen Westens). Denn so wie sich unsere Journalisten auf die Verbrechen und Grausamkeiten dort stürzen, berichten auch die Medien anderswo nur über die Skandale, Schreckensnachrichten und kranken Auswüchse der Gesellschaft bei uns. Das führt dazu, dass wir beim Blick auf die anderen das Wichtigste gar nicht mehr sehen: die Normalität. Das ganz normale Leben von Millionen Menschen, das sich gar nicht so sehr von unserem Alltag unterscheidet. Weil es überall auf der Welt um das Gleiche geht – gesund und zufrieden zu sein, in Freiheit und ohne Angst leben zu können, Familie und Freunde zu haben, zu lernen und genug Geld für ein einigermaßen sorgenfreies Leben zu verdienen.

Unsere Sichtweise zeigt deshalb vor allem, wie sehr wir den Islam überschätzen – seinen Einfluss auf den Einzelnen und auf die Gesellschaft. Muslime tun Dinge, weil sie arm sind oder reich, gebildet oder ungebildet, weil sie auf dem Land leben oder in der Stadt, weil sie gesellschaftlich benachteiligt, mächtig oder unterdrückt sind, weil sie sozialen Abstieg oder Aufstieg erfahren haben und weil ihre Eltern Arbeiter, Bauern oder Akademiker sind. Jedenfalls nicht einfach nur, »weil sie Muslime sind«. Gleiches gilt für andere Länder und Gesellschaften. Wer verstehen will, warum in Teilen der islamischen Welt (der arabischen, weniger der asiatischen) Diktatoren und autoritäre Regime herrschen, Frauen nicht gleichberechtigt sind, Kriege und Konflikte ausbrechen, Korruption und Bereicherung wirtschaftlichen Fortschritt und Wohlstand verhindern, viele auch gut ausgebildete junge Leute arbeitslos sind und so wenige Bücher verlegt werden, sollte sozio-ökonomische Entwicklungen, koloniale Grenzziehungen, westliche Interessenpolitik, gesellschaftliche Zusammenhänge und kulturelle Verhaltensmuster ebenso bedenken wie Religion.

Das ist eigentlich eine Selbstverständlichkeit, schließlich beanspruchen deutsche Atheisten, Agnostiker und Christen zum Verständnis ihrer eigenen Identität und gesellschaftlichen Realität auch ein Mindestmaß an Differenzierung. Dieses sollten sie folglich auch dem Islam und den Muslimen zugestehen. Stattdessen teilen sie Deutschlands Muslime ein in »echte« oder »nicht echte«, »radikale« oder »gemäßigte«, »moderne« oder »konservative«, »praktizierende« oder »formale«. Schublade auf, Muslim rein, Schublade zu. Dabei ist derjenige ein guter Muslim, der als solcher nicht erkennbar ist, weil er nach Feierabend ein Bierchen trinkt, in der Kantine Spaghetti Carbonara isst, seinen Kindern zu Weihnachten ein Bäumchen hinstellt und weder betet noch fastet.

Wie fände es der Durchschnittsdeutsche, wenn wir ihn nur nach dem Ausmaß seiner Religiosität beurteilen und definieren würden? Welche Schubladen bräuchten wir? Eine für »getauft«, eine für »geht regelmäßig in die Kirche«, eine für »weiß, was an Weihnachten, Osten und Pfingsten passiert ist«, eine für »glaubt an Gott, ist aber aus der Kirche ausgetreten«, eine für »glaubt an irgendeine Kraft, weiß aber nicht, ob das Gott ist«, eine für »keine Ahnung, ob es Gott gibt« und schließlich eine für »es gibt keinen Gott und Religion ist eine Geißel der Menschheit«? Was wissen wir jetzt über diese Menschen in den Schubladen? Nicht besonders viel.

Wir wissen nichts über ihren Charakter, ihre Vorlieben und Eigenheiten. Sind sie Frühaufsteher oder Morgenmuffel, arbeiten sie gerne im Garten, spielen ein Musikinstrument, sind Anhänger eines Fußballklubs? Wir wissen nicht, ob sie gerne kochen, tanzen, unter der Dusche singen oder Süßes essen. Ob sie Kinder mögen, gut Witze erzählen können und wohin sie gerne mal reisen würden. Ob sie stundenlang lesen, lieber in der Natur oder mitten in Stadt wohnen, ob sie mehr Angst vor dem Fliegen oder vor Spinnen haben, Krimis, Actionfilme, Komödien, Liebesdramen, Science Fiction oder Dokumentarfilme sehen. Dies und noch viel mehr macht unsere Persönlichkeit aus – auch die von Muslimen.

Theoretisch ist uns natürlich seit Langem klar, dass es »den Islam« und »die Muslime« gar nicht gibt. Weil beides so plural und voller Widersprüche ist, dass andere Faktoren eine größere Rolle spielen. Zum Beispiel die gesellschaftliche Schicht, aus der jemand stammt und die dafür sorgt, dass er sich überall auf der Welt unter »seinesgleichen« entsprechend heimisch fühlen wird. Als Tochter oder Sohn eines Arztes etwa. Egal ob dieser Vater in Damaskus, Teheran, Neu-Delhi, Jakarta oder Buenos Aires arbeitet, seine Kinder sind überall in einem bürgerlichen, wohlhabenden und privilegierten gesellschaftlichen Umfeld groß geworden. Kommt dieser Arzt mit seiner Familie nach Deutschland, werden sich seine Kinder den deutschen Kindern aus Akademikerfamilien näher fühlen als den Kindern eines Bauern, Arbeiters oder Slumbewohners ihrer Heimat – selbst wenn sie mit diesen die Hautfarbe, Nationalität und Religion teilen. Ein solches Standesdenken klingt zwar unzeitgemäß und wir hätten es gerne schon überwunden. Aber schaut man sich Studien zur Durchlässigkeit unseres Bildungssystems an, spielt die soziale Herkunft eines Kindes eine erschreckend große Rolle für seine Bildungschancen und berufliche Zukunft.

Das bestätigt auch der Sachverständigenrat deutscher Stiftungen für Integration und Migration (SVR) in seinem Jahresgutachten 2016 *Viele Götter, ein Staat: Religiöse Vielfalt und Teilhabe im Einwanderungsland.* Der zentrale Erklärungsfaktor für Erfolg oder Misserfolg im Bildungssystem und auf dem Arbeitsmarkt sei nach wie vor der soziale Hintergrund und nicht die Religionszugehörigkeit, heißt es darin. »Es liegen keine belastbaren wissenschaftlichen Belege dafür vor, dass individuelle Religiosität bzw. Religion grundsätzlich die Teilhabe an Bildung und am Arbeitsmarkt erschwert.« Der Zusammenhang von Religion und individueller Integration werde in der öffentlichen Debatte folglich »doppelt überschätzt«, so der SVR.[64]

Kluge Menschen in diesem Land weisen seit vielen Jahren auf die Vielschichtigkeit im Verständnis und gelebten Alltag des Islam hin. Navid Kermani, Charlotte Wiedemann, Gudrun Krämer, Katajun Amirpur, Thomas Bauer, Riem Spielhaus, Lamya Kaddor und andere schreiben Bücher und Essays, halten Vorträge und geben Interviews. Erhellende Hintergründe finden sich auch bei dem eigens zu diesem Zweck eingerichteten Internetportal www.qantara.de. Und doch scheint die deutsche Mehrheitsgesellschaft mit Blick auf den Islam resistent zu sein.

Vom Terror nicht erschüttern lassen

Viele verharren in pauschaler Kritik und lassen sich von effektiv geschürten Ängsten leiten. Das hat vor allem mit dem gefühlt allgegenwärtigen Terror im Namen des Islam zu tun. Er ist in dem Sinne allgegenwärtig, als dass er uns überall und jederzeit treffen kann, aber in einen statistischen und historischen Kontext gestellt verliert der islamistische Terrorismus einiges an Schrecken. Weil das für unseren Umgang mit ihm existenziell ist, hier ein paar Zahlen und Fakten. Zwischen 2001 und 2015 starben in Westeuropa 611 Menschen bei Terroranschlägen (laut der Global Terrorism Database der Universität Maryland). Damit ist der Terror bei uns seit Mitte der 1990er-Jahre stark zurückgegangen, denn zuvor waren es zum Teil 300 bis 400 Opfer pro Jahr. In den 1970er- und 1980er-Jahren gehörten Anschläge und Attentate in Westeuropa zum Alltag und gingen von Terrororganisationen wie der katholischen IRA in Nordirland, der baskischen ETA in Spanien, der linksextremen RAF in Deutschland, den kommunistischen Roten Brigaden und der neofaschistischen Ordine Nuovo in Italien aus.[65]

Obwohl laut Europol nur wenige terroristische Anschläge in der EU religiös motiviert sind (die meisten gehen auf das Konto von Separatisten und Anarchisten, fordern jedoch kaum Todesopfer),[66] denken wir beim Thema Terror nur an große islamistische Anschläge: 2004 in Madrid mit 191 Toten und 2005 in London mit 52 Toten. Dabei tötete der rechtsnationale, ausländer- und islamfeindliche Anders Breivik 2011 in Norwegen 77 Menschen. Die Anschläge 2015 in Paris mit 130 Toten sowie 2016 in Brüssel mit 32 Toten und in Nizza mit 84 Toten verstärken diesen Eindruck, wonach nicht alle Muslime Terroristen sind, wohl aber alle Terroristen Muslime. Dabei sieht die Realität anders aus. Gerade im Westen ist der islamische Fundamentalismus der Global Terrorism Database zufolge nicht die Hauptursache des Terrorismus. 80 Prozent der Getöteten sind Opfer von Einzeltätern, die politische oder religiöse (nicht-muslimische) Extremisten, Nationalisten oder Rassisten sind. In den USA wurden zwischen 2002 und 2014 insgesamt mehr als 190.000 Menschen ermordet, durch radikale Islamisten starben in diesen 12 Jahren 37 US-Bürger. Wie der amerikanische Journalist Dean Obeidallah vorrechnet, war es für einen Amerikaner im Jahr 2013 wahrscheinlicher, von einem Kleinkind erschossen zu werden (fünf Tote durch Schusswaffengebrauch von Drei- bis Fünfjährigen) als von einem Terroristen (vier Tote beim Boston Marathon).[67]

Global betrachtet nimmt der Terror seit 2005 zu und hat sich von Europa in den Nahen Osten verlagert. 80 Prozent der Opfer terroristischer Anschläge weltweit sind Muslime. Die Wahrscheinlichkeit, in Europa Opfer eines Terroranschlags zu werden, liegt bei 0,002 Prozent.[68] So viel zur Faktenlage.

Und dennoch: Jeder Anschlag in Europa erschüttert uns. Physisch und emotional, gedanklich und in den Grundfesten unserer Überzeugungen. War das nun typisch Islam? Der Beweis für das, was wir nicht wahrhaben wollen? Eine Gefahr, die sich mit den muslimischen Geflüchteten ausbreitet und nur im entschiedenen

Kampf gegen die »islamische Ideologie« eindämmen lässt? Reflexartig folgen die beiden Thesen »der Islam ist schuld« und »der Islam hat nichts damit zu tun«. Muslime, die sich nicht sofort distanzieren, stehen unter Generalverdacht. Zeitungsartikel, Interviews, Talkshows diskutieren die immer gleichen Hintergründe – wer sind die Attentäter, warum tun die so was, was steht im Koran und wie sicher sind wir noch? – und ein paar Hundert Kilometer weiter lachen sich IS-Funktionäre ins Fäustchen. Es hat wieder einmal geklappt – nicht nur der Anschlag mit Dutzenden Toten – sondern die mediale Wirkung, die ihm folgt. Wir verfallen in Panik, erstarren in Angst und reagieren über. Dem Terror wird einmal mehr »der Krieg erklärt«, der IS wird zum absolut Bösen stilisiert und mit dem Islam in Verbindung gebracht – damit übernehmen unsere Medien die PR-Arbeit der Extremisten. Je anti-islamischer der Diskurs, desto zufriedener sind sie, denn was sie wollen, ist spalten. Europas Muslimen soll es schlecht ergehen, sie sollen sich im »gottlosen Westen« unwohl fühlen, ausgegrenzt und verfolgt werden, damit sie sich innerlich abwenden, die Seiten wechseln und den »wahren Islam«, also den islamisch verbrämten Terrorismus, anerkennen. Jedes aus der Öffentlichkeit verbannte Kopftuch, jede Bürgerinitiative gegen eine Moschee, jedes Minarett-Verbot, jede Beschwerde wegen des Rufs eines Muezzins, jeder feindselige Blick in der U-Bahn, jede brennende Erstunterkunft und jede Schweinehälfte vor den Türen einer Moschee hilft den Terroristen. »Der Westen gegen den Islam« – so lautet die apokalyptische Weltsicht der Radikalen auf beiden Seiten. Das Drehbuch zu einem »Clash Of Civilizations«, einem Kampf der Kulturen, den der amerikanische Politikwissenschaftler Samuel Huntington voraussah, als nach dem Zusammenbruch der Sowjetunion aus der bipolaren eine multipolare Weltordnung wurde. Wissenschaftlich gilt Huntingtons These als widerlegt und veraltet, politisch wird sie dagegen noch immer gerne bemüht. Zum Beispiel von Pegida und AfD, die Deutschland vor einer Islamisierung, einer Übernahme durch Muslime oder gar vor der islamischen Weltherrschaft retten wollen (die jüdische Weltverschwörung lässt grüßen). Mit ihrer Behauptung, der Islam sei mit unserer Verfassung nicht vereinbar, ziehen sie in Wahrheit mit dem IS am gleichen Strang.

Wer den Terror des IS besiegen will, braucht dafür die Muslime – sowohl die Sunniten jener Länder, in denen sich der IS breitmacht, als auch die im Westen lebenden Muslime. Die erste Schlacht, die wir in Europa gewinnen müssen, ist deshalb die um die Köpfe und Herzen der muslimischen Mitbürger. Dafür müssen wir aufhören, sie wie Gäste oder Fremde zu behandeln. Deutschlands Muslime fühlen sich in ihrer übergroßen Mehrheit als Teil der Gesellschaft und identifizieren sich mit unserer freiheitlichen Grundordnung. Wir sollten ihnen deshalb das Gefühl geben, dazuzugehören – nicht als Geduldete, sondern als Gestaltende.

Daneben müssen wir den islamistischen Terrorismus in seiner ganzen Dimension begreifen. Wer sich die verschiedenen Forschungen und Studien zu dem Thema anschaut, kommt auf mindestens vier Faktoren, die ihn begünstigen. Dabei gibt es allgemein betrachtet keine einfachen Gründe für Terror, sondern verschiedene persönliche, gesellschaftliche und politische Umstände, die ihn hervorbringen.

Dazu zählt erstens der Faktor Religion. Nicht im Sinne von »religiöser Fanatismus verursacht Terrorismus«, sondern viel indirekter und dadurch schwieriger zu fassen. Der Islam in seinen vorherrschenden politischen und juristischen Verharrungstendenzen erleichtert seinen Missbrauch als Ideologie für terroristische Zwecke. Die islamische Theologie ist in den meisten Ländern mit muslimischer Bevölkerungsmehrheit der Orthodoxie verhaftet und erstarrt. Ihre Vertreter sind politisch korrumpiert und werden zum Machterhalt autoritärer Herrscher missbraucht. Diese unsägliche Allianz führt zu politischem und religiösem Stillstand. Ohne politische Freiheit kein freies Denken. Also auch keine Rückbesinnung auf fortschrittliche Koraninterpretationen und eine Kultur der Toleranz gegenüber verschiedenen Sichtweisen, wie sie frühere Jahrhunderte kennzeichnete. Und keine Weiterentwicklung zu reformtheologischen Ansätzen und einer selbstkritischen Bewusstseinsbildung der Muslime. Unmündige und autoritätsgläubige Muslime sind leichte Beute für Extremisten.

Zweitens spielen historisches Unrecht, politische Konflikte und staatliche Gewalt eine Rolle. Statistisch gesehen sind militärische Fremdherrschaft und Besatzung weltweit die wichtigste Ursache für die Entstehung terroristischer Gruppen. Nicht ohne Grund werden sie von manchen als legitimer Widerstand oder Befreiungskämpfer wahrgenommen (zum Beispiel die IRA in Nordirland, die Tamil Tigers in Sri Lanka, die militärischen Flügel der Hisbollah im Libanon und die Hamas in den besetzten palästinensischen Gebieten). Die meisten Terrorgruppen haben deshalb auch konkrete politische Ziele und Machtansprüche, die sie mit paramilitärischer Gewalt durchsetzen wollen.

Die aggressive und unglaubwürdige westliche Außenpolitik der vergangenen Jahrzehnte, die im Nahen Osten Assoziationen mit den christlichen Kreuzzügen weckt, hat zur Entstehung von al-Qaida und IS beigetragen. Wenn westliche Staatschefs wie im Falle des Irak Massenvernichtungswaffen erfinden, von Demokratie faseln, in Wirklichkeit Öl wollen und dafür eine halbe Million Tote und die Zerstörung eines Staates in Kauf nehmen, werden sie in den Augen vieler Bewohner dieses Landes zu Feinden – der perfekte Nährboden für anti-westliche Rhetorik und Radikalisierung.

Beim dritten Faktor geht es um Europas Dschihadisten, die »verlorenen, frustrierten oder marginalisierten Kinder der Globalisierung«,[69] wie der französische Islamwissenschaftler Olivier Roy sie nennt. Hier stehen sozio-ökonomische Gründe im Vordergrund. Diese überwiegend jungen Männer fühlen sich innerhalb der europäischen Mehrheitsgesellschaft ausgegrenzt und als Versager. Jahrelang wollten sie dazugehören (etwa als Fitnesstrainer und Rapper), erfuhren jedoch immer wieder Ablehnung und scheiterten. Sie gehören meist der in Europa geborenen zweiten oder dritten Einwanderergeneration an und sind in den trostlosen Vororten etwa von Paris aufgewachsen – mit kaum Chancen auf höhere Bildung und beruflichen Aufstieg. Mancher wurde kriminell, saß wegen kleinerer Delikte im Gefängnis und radikalisierte sich dort. Sie sind folglich Produkte einer gescheiterten Integration seitens der Mehrheitsgesellschaft, die sie ausgrenzt, egal wie westlich sie sich geben. Olivier Roy weist auf einen Bruch dieser Jugendlichen mit ihrer Elterngeneration hin. Letztere kann den Dschihadismus ihrer Söhne in der Regel nicht nachvollziehen und lehnt ihn ab. Die Eltern konnten ihren Kindern weder die religiösen und kulturellen Wurzeln der alten Heimat vermitteln noch das Versprechen nach einem besseren Leben in Frankreich einlösen. Typischerweise radikalisieren sich diese jungen Männer sehr schnell – sie haben kaum Vorkenntnisse über den Islam, sind entsprechend beeinflussbar und übernehmen direkt die Ideologie des IS.

Den Dschihadismus begreift Roy deshalb vor allem als eine Art Jugendkultur. In früheren Zeiten wurde ein revoltierender Jugendlicher auf der Suche nach einer gerechteren Welt radikaler Marxist oder Maoist und landete im Extremfall bei der RAF. Schließlich kann jedes Streben nach einem gesellschaftlichen Idealzustand ins Totalitäre und Gewalttätige umschlagen. Heute wird er Dschihadist und landet beim IS, wo er endlich Anerkennung findet, für soziale Gerechtigkeit in einer besseren Welt kämpft, sich als Teil einer historisch-globalen Bewegung fühlt und in kürzester Zeit vom Versager zum Helden aufsteigt. Es ist für Roy deshalb nicht der Islam, der sich radikalisiert. Es ist der Radikalismus, der sich islamisiert.[70]

Mehrere Tausend Europäer sollen sich inzwischen dem IS angeschlossen haben, darunter auffallend viele Franzosen. Frankreich vereint gleich mehrere Gründe, die für die wachsende Zahl europäischer Dschihadisten verantwortlich gemacht werden. Wegen der kolonialen Vergangenheit sind viele Algerier und Marokkaner ins Land gekommen, deren Kinder und Enkel europäisiert und »verwestlicht« leben ohne Bezug zu den Traditionen ihrer Eltern, dabei aber in isolierten Ghettos und ohne Perspektiven aufwachsen. Beides macht sie anfällig für einfache Heilsversprechen. Muslime, darunter vor allem Konvertiten, fühlen sich durch Frankreichs strengen Laizismus ausgegrenzt. Vollwertiger Franzose und gleichzeitig praktizierender Muslim zu sein, wird als Widerspruch empfunden, wodurch sich Jugendliche von ihren häufig atheistischen Familien entfremden. Außerdem ist Frankreich eine der führenden Nationen beim internationalen Militäreinsatz gegen den IS.

Der französische Journalist Nicolas Hénin, der zehn Monate Geisel des IS war und im April 2014 freigelassen wurde, bezeichnet die Religion als eine »übergestülpte Identität«. Im Gespräch mit NZZ-Redakteur Daniel Steinvorth fordert er den Westen auf, die Weltanschauung des IS als das zu entlarven, was sie in Wirklichkeit ist: »eine im Kern nihilistische, gespeist aus Rachegefühlen (gegen die ungerechte Welt), Allmachtfantasie und Todeskult«.[71] Wie interne Dokumente beweisen, benutzt der IS die Religion vor allem zu Propagandazwecken, während er sich zur Erlangung von Macht und Ressourcen der klassischen Methoden eines totalitären Geheimdienststaates bedient: Überwachung, Ausspionierung, Ermordung und Abschreckung.[72]

Hénins Ausführungen helfen auch beim Verständnis des vierten Faktors, der die verschiedenen persönlichen Umstände beinhaltet, die islamistischen Terror begünstigen. Unter den IS-Rekruten in Europa finden sich nämlich keineswegs nur Jugendliche mit Migrationshintergrund aus sozial schwachen Familien, sondern auch Mittelschichtskinder, Akademiker und 25 Prozent Konvertiten. Sogar mehrere Hundert Mädchen und Frauen sind nach Syrien zum IS gereist. Viele fühlen sich von dessen eindeutigen Moralvorstellungen angezogen und wollen im Kalifat ihre konservativen Vorstellungen vom Islam ausleben, mit denen sie in Europa auf Widerstand stoßen. Manche rebellieren mit ihrem Entschluss gegen die Eltern oder wollen als Krankenschwestern oder Ärztinnen den Menschen helfen.[73] Die Tätergruppe sei für Kriminologen extrem schwer zu typologisieren, schreibt Steinvorth in der *NZZ*. »Familiäre, psychologische oder gesellschaftliche Probleme können eine Rolle spielen, eine kriminelle Vorvergangenheit ebenso wie ein radikales Erweckungserlebnis.«[74]

Mit den erwähnten Absolutheitsansprüchen – »der Islam ist schuld« oder »der Islam hat damit nichts zu tun« – kommen wir folglich nicht weiter; was wir brauchen, sind Ehrlichkeit und Differenzierung. Der islamistische Terror hat sowohl mit dem Zustand des Islam als auch mit westlicher Nahostpolitik zu tun, mit gescheiterter Integration von Einwanderern genauso wie mit individuellen biografischen Entwicklungen. Wer ihn bekämpfen will, muss deshalb ebenso breit denken und handeln.

Dazu gehört eine militärische und polizeiliche Komponente, vor allem die bessere Vernetzung verschiedener Sicherheitsdienste für eine effektivere Beobachtung und Lokalisierung von Verdächtigen. Außerdem eine glaubwürdigere Außenpolitik, die sich für Demokratie und Menschenrechte auch dann einsetzt, wenn sie wirtschaftlichen Interessen zuwiderlaufen. Statt Diktatoren als Garanten für

Stabilität zu unterstützen und damit auf Kosten der einheimischen Bevölkerung eigene Interessen zu verfolgen, sollten wir autoritär regierenden Präsidenten und Königen gegenüber weniger scheinheilig, sondern ehrlich und kritisch auftreten und zivilgesellschaftlichen Gruppen den Rücken stärken (ob in Ankara, Kairo, Riad, Jerusalem oder Teheran). Nicht in Form einer naiven Idealpolitik, sondern als Realpolitik, die ihre Grenzen dort hat, wo Doppelmoral beginnt.

Zu einer effektiven Anti-Terror-Strategie gehört ferner, sich der eigenen Werte zu vergewissern, Haltung zu zeigen, sich nicht von populistischem Nationalismus beirren zu lassen sowie die Freiheit und den Rechtsstaat hochzuhalten. Und schließlich gehört dazu der Schulterschluss mit Europas Muslimen. Sie müssen sehen, dass sie in Europa als gute Muslime und vollwertige Bürger leben können, dass die Story vom Islam als unterdrückter Religion und von den Muslimen als Opfer eine Lüge ist, wie Olivier Roy schreibt. Er fordert europäische Regierungen und Gesellschaften auf, den moderaten Islam zu unterstützen, um den radikalen Islam zu bekämpfen.[75] Rechtlich, institutionell und gesellschaftlich müssen wir den Islam zu dem machen, was er schon lange sein sollte: etwas Selbstverständliches.

Dafür müsse sich der Islam aber endlich reformieren, werden jetzt viele einwerfen. Die Frage ist: wie? Wer in Deutschland die beiden Wörter »Islam« und »Reform« in einem Satz nennt, löst damit in der Regel einen eurozentristischen Reflex aus. Deutsche werfen gerne einen verklärenden Blick auf ihre Geschichte und übertragen Europas historische Entwicklungen dann schablonenhaft auf den Islam. Mit dem Ergebnis, dass dieser dringend einen Luther brauche und »unsere Aufklärung« durchlaufen müsse. Dabei stilisieren sie beides – Reformation und Aufklärung – zu den unmittelbaren Quellen unserer heutigen freiheitlichen, rechtsstaatlichen und demokratischen Zivilisation. Als ob der überzeugte Judenfeind Martin Luther für Glaubensfreiheit eingetreten wäre oder Philosophen wie Thomas Hobbes, John Locke und Immanuel Kant sich für die Gleichberechtigung der Frau ausgesprochen hätten. Tatsächlich dauerte Europas Weg zu dem, was wir heute als Errungenschaften der Moderne erachten und was im Grundgesetz steht, mehrere Jahrhunderte. Und er war geprägt von herausragenden Denkern, deren Positionen vielfach nicht mit der Verfassung der Bundesrepublik vereinbar sind.

Martin Luther etwa, der Begründer der Reformation, ermöglichte eine christliche Erneuerung, indem er unter anderem den Ablasshandel und die Käuflichkeit kirchlicher Ämter bekämpfte und den politischen Einfluss der römisch-katholischen Kirche zurückdrängte. Gleichzeitig ermutigte er die ihm nahestehenden Landesfürsten 1525 zur Niederschlagung aufständischer Bauern, die sich bei ihren Forderungen nach sozialer Befreiung auf seine theologischen Thesen beriefen (etwa 100.000 Bauern kamen ums Leben, Leibeigenschaft und Feudalismus bestanden bis ins 19. Jahrhundert fort). Luther bezeichnete Behinderte als »Teufelsgeschöpfe«, forderte die Todesstrafe für Zauberei (zu seinen Lebzeiten wurden 1540 die ersten »Hexen« in Wittenberg verbrannt) und rief zur Vertreibung der Juden auf.

Natürlich muss man das alles in einen historischen Kontext setzen – genau wie wir es mit den Quellen und Gelehrten des Islam tun sollten. Aber als Vorkämpfer einer modernen deutschen Identität, zu dem ihn bereits die Nationalisten im 19. Jahrhundert stilisierten, taugt Luther eher nicht. Hinzu kommt, dass es im Islam eine Institution wie die Kirche nicht gibt – keine Stellvertreter Gottes auf Erden, keine hierarchische Ämterordnung und keine Fiskalisierung der Religion (die »Armensteuer« Zakāt berechnet und verteilt jeder Muslim selbst). Zwar gibt es wie erwähnt in manchen Ländern eine unheilvolle Verbindung von theologischer Geistlichkeit und politischer Macht, aber diese manifestiert sich örtlich sehr unterschiedlich und hat anders als im Christentum keine einheitliche institutionelle Struktur. Die aktuellen Probleme des Islam könnte ein Luther deshalb gar nicht lösen.

Eine Reformation im Sinne einer Rückkehr zur reinen Lehre, wie sie Luther für das Christentum formulierte, hat der Islam außerdem bereits hinter sich. Muhammad ibn ʿAbd al-Wahhāb formulierte sie im 18. Jahrhundert auf der arabischen Halbinsel und begründete damit den an der wörtlichen Umsetzung der islamischen Quellen orientierten Wahabismus – der heute vor allem von Saudi-Arabien propagiert wird. Al-Wahhābs Rückkehr ging mit einer Nachahmung der gesellschaftlichen Realität des 7. Jahrhunderts einher und führte zu einem radikal wörtlichen Verständnis des Korans, von dem sich frühere Geistliche bereits emanzipiert hatten und an den sich heute nur noch Salafisten klammern.

Die wegweisenden staatstheoretischen Entwürfe der britischen Philosophen Thomas Hobbes und John Locke im 17. Jahrhundert berücksichtigten keineswegs alle Menschen, sondern lediglich reiche weiße Männer. Sie schrieben deshalb auch über das »Recht des Herrn gegen seine Sklaven«[76] (Hobbes) und über die eheliche und deshalb natürliche Unterordnung der Frau als »Unterwerfung, welche jede Frau ihrem Manne schuldig sei«[77] (Locke). Selbst Immanuel Kant, dessen vernunftgeleitete Visionen im 18. Jahrhundert viele Grenzen überschritten, konnte die Erkenntnisse seines Rationalismus nicht auf die Frauen anwenden: »Das Weib in jedem Alter wird für bürgerlich-unmündig erklärt; der Ehemann ist ihr natürlicher Curator.«[78] Laut Kant macht »das vereinigte Paar gleichsam eine einzige moralische Person« aus, welche »durch den Verstand des Mannes und den Geschmack der Frauen belebt und regiert wird.«[79] Dabei hatte der Königsberger Philosoph zu seiner Zeit durchaus mit Wissenschaftlerinnen zu tun. Über die französische Naturwissenschaftlerin und Philosophin Émilie du Châtelet schrieb Kant: »Mühsames Lernen oder peinliches Grübeln, wenn es gleich ein Frauenzimmer darin hoch bringen sollte, [...] werden zugleich die Reize schwächen, wodurch sie ihre große Gewalt über das andere Geschlecht ausüben.«[80]

Von Luther bis Kant – alle Vordenker der europäischen Neuzeit unterscheiden zwischen dem Mann als dem erhabenen, verständigen und der Frau als dem schönen und gefühlsbetonten Geschlecht. Was bei Luther gottgegeben ist, sieht Kant als naturgegeben an – für die Frauen änderte sich dadurch zunächst nichts. Die geistigen, gesellschaftlichen und politischen Errungenschaften der Aufklärer kamen folglich weitere 150 Jahre nur einer gesellschaftlichen Minderheit zugute: den privilegierten weißen Männern Europas. Nicht den Armen, nicht den Sklaven und nicht den Frauen. Von der 1789 beginnenden Französischen Revolution – wir erinnern uns: »Frei-

heit, Gleichheit, Brüderlichkeit« – bis zur Einführung des Frauen-
wahlrechts in Frankreich im Jahr 1944 vergingen 155 Jahre. Die
Schweizer brauchten bekanntlich noch länger und erlaubten ihren
Frauen erst 1971 zu wählen.

Wir sollten deshalb nicht so tun als hätten uns Luther, Hobbes, Locke, Montesquieu, Rousseau, Kant und Robespierre gerade-
wegs in unseren heutigen zivilisatorischen Zustand gebeamt. Statt
die Muslime im 21. Jahrhundert aufzufordern, unsere historischen
Entwicklungen nachzuahmen und sich an Europas Gelehrten des
16. bis 18. Jahrhunderts zu orientieren, sollten diese an ihre eigenen aufklärerischen Traditionen und Erneuerungsbewegungen innerhalb des Islam anknüpfen.

Syrer bei uns –
Ein 7-Punkte-Programm

Was also ist zu tun, damit Deutschland eine freiheitlich-demokratische Staatsbürgernation bleibt und sich vom verkorksten Einwanderungsland zu einer erfolgreichen Integrationsrepublik entwickelt?

Zunächst einmal sollten wir erkennen, dass die Voraussetzungen
dafür gar nicht so schlecht sind. Wir leben in Freiheit, Sicherheit,
Wohlstand und relativer Sorglosigkeit. Wirtschaftlich geht es uns
gut. Als viertgrößte Volkswirtschaft der Welt hat Deutschland von
der Globalisierung bislang durchweg profitiert und befindet sich
in einem Moment ökonomischer Stärke (niedrige Arbeitslosigkeit,
höhere Sozialausgaben bei ausgeglichenem Staatshaushalt, steigen-
de reale Rentenzahlungen). Gesellschaftlich kommen wir insgesamt
klar miteinander, Vielfalt und Toleranz sind anerkannte Werte.

Als faktisches Einwanderungsland hat die Bundesrepublik seit
Jahrzehnten mehr oder weniger unbewusst und ungewollt Millionen von Migranten aufgenommen und integriert. Dabei musste
sie nicht mit den Nachwirkungen ihrer kolonialen Vergangenheit
kämpfen. Rechtlich hat sich in Deutschland ein religionsbejahen-
des System etabliert. Wir sind durch den Nationalsozialismus historisch geläutert und erleben seit einem halben Jahrhundert ein kon-

fliktfreies Nebeneinander der Religionen. International hat man uns lieb – zumindest schlägt den Deutschen weltweit eher Respekt, Anerkennung und Sympathie entgegen als Ablehnung.

Punkt 1: Probleme ehrlich benennen

Natürlich gibt es Probleme. Auch in Deutschland gibt es Stadtteile, die wir als »soziale Brennpunkte« bezeichnen mit hohen Kriminalitätsraten, unkontrollierten Drogenszenen, zum Teil rechtsfreien Räumen, struktureller Armut und niedrigem Bildungsniveau. Es gibt unfreiwillige Parallelgesellschaften und die Gefahr, dass diese wachsen – weil Geflüchtete und Migranten sich bezahlbaren Wohnraum nicht in verschiedenen Stadtteilen suchen können, sondern an den Rand des Dorfes oder der Stadt »abgeschoben« werden. Wo sie unter sich bleiben und kaum Gelegenheit haben, mit Deutschen in Kontakt zu kommen. Aber diese »Brennpunkte« liegen dank unseres Föderalismus nicht alle nebeneinander und nicht so extrem isoliert wie die Pariser Banlieues. Ihre Bewohner sind deshalb gemischter als in vergleichbaren Vierteln Frankreichs oder Englands. Viele junge Männer dort arbeiten schwarz, aber immerhin: sie arbeiten. Und dennoch – die Probleme scheinen mitunter kaum zu bewältigen.

In manchen Großstädten haben sich ausländische Familienclans oder Zuwanderer-Netzwerke in der organisierten Kriminalität eingerichtet und führen den Rechtsstaat an der Nase herum. Von ihnen geht eine große Gefahr für ankommende Geflüchtete aus (insbesondere unbegleitete Jugendliche), deswegen müssen diese kriminellen Strukturen an ihren beiden Enden erfolgreicher bekämpft werden. Am oberen Ende müssen Clanchefs und Strippenzieher belangt werden, indem potenzielle Zeugen unter staatlichen Schutz gestellt und dadurch zu Aussagen motiviert werden, die sie im Gerichtssaal aus Angst vor Vergeltung bislang nicht wagen. Auch eine Umkehr der Beweislast könnte helfen. In anderen europäischen Ländern müssen Angeklagte beweisen, dass sie Vermögen und Gewinne rechtmäßig verdient haben, in Deutschland muss der Staatsanwalt beweisen, dass sie geklaut oder illegal zustande gekommen sind, was oft schwierig ist.

Am unteren Ende dürfen sich Kleinkriminalität und Drogen-handel auf der Straße nicht mehr lohnen. Es muss attraktiver sein, Deutsch zu lernen, eine Ausbildung zu machen und einem legalen Job nachzugehen, als Tütchen mit Kokain und Heroin zu verkau-fen. Das klingt einfach, ist aber eine der großen Herausforderun-gen dieser Tage. Denn staatliche Strukturen – Polizei, Sozialarbeit, Schulen und Prävention – sind überfordert, weil die Basisarbeit vor Ort noch immer unterschätzt wird und zu wenig Geld zur Verfü-gung hat.

Dabei gibt es bundesweit viele Beispiele erfolgreicher Integrations-arbeit, die zeigen, was mit Bildung, Beratung und Therapie er-reicht werden kann. In Schulen, Jugendzentren, Vereinen und is-lamischen Gemeinden gelingt es, Fragen der persönlichen Identität und Zugehörigkeit zu beantworten, patriarchale Einstellungen zu hinterfragen, kulturelle Vielfalt nicht als Widerspruch, sondern Er-gänzung zu begreifen, eingeschliffene diskriminierende Verhaltens-muster und Denkweisen aufzubrechen, Gewalt als tradiertes Mittel der Konfliktbearbeitung durch alternative Wege der Streitschlich-tung zu ersetzen und junge muslimische Frauen bei der Verwirkli-chung eines selbstbestimmten Lebens zu unterstützen.

Ein paar Beispiele. Das Projekt *Dialog macht Schule* bildet Studie-rende zu Dialogmoderatoren aus. Diese gehen dann einmal die Woche in bestimmte Schulklassen sozial schwacher Stadtteile und diskutieren mit den Jugendlichen über Themen, die diese beschäftigen – Identi-tät, Sex, Berufswahl. Der Duisburger Verein *MINA* begleitet und för-dert junge Musliminnen bei ihrer Persönlichkeitsentwicklung und gesellschaftlichen Partizipation. Gleichzeitig klärt er Nicht-Muslime über Frauen im Islam auf, um Vorurteilen und einseitiger Medienbe-richterstattung entgegenzutreten. Der Verein *AL WASAT – Die Mitte* arbeitet in Hamburg-Harburg mit lokalen Moscheen, der evangeli-schen Kirche und staatlichen Stellen zusammen, um einer Radikali-sierung von Jugendlichen vorzubeugen. Und in Bremen bietet der muslimische Dachverband *Schura* in seinem Projekt *Pro Islam – gegen Radikalisierung und Extremismus – AL-E'TIDAL* Fortbildungen für Eltern, Lehrer, Polizisten und Sozialarbeiter an. Die Idee: Wer mehr über den Islam weiß, kann mit gefährdeten Jugendlichen besser umgehen, weil er die extremistischen Diskurse kennt und mithilfe des Islam dagegen argumentieren kann.

Wichtig ist, soziale Probleme in prekären Stadtteilen nicht zu islamisieren und bestimmte Bevölkerungsgruppen wie Migranten oder Muslime nicht zu stigmatisieren – beides erschwert Integrations- und Präventionsbemühungen. Gerade in der Arbeit mit Jugendlichen müssen alle möglichen Faktoren bedacht werden: Zugang zu Bildung, soziale Schicht, finanzielle Verhältnisse, Familienkonstellationen, psychologische Probleme und anderes – nicht nur Religion und Herkunft. Außerdem darf Integration keine Einbahnstraße sein. Es geht nicht nur um die Aufklärung der Geflüchteten, sondern auch die der deutschen Mehrheitsgesellschaft. Sie muss für Rassismus, Alltagssexismus und Rollenzuschreibungen sensibilisiert werden. Gerade an Schulen muss das Bewusstsein für Rassismus – auch den eigenen – wachsen, Lehrer brauchen mehr Informationen, um unterschwelligen Pauschalisierungen entgegenzuwirken und das eigene vielleicht vorurteilsbehaftete Verhalten zu ändern. Ein Blick in deutsche Schulbücher zeigt, dass die Darstellung von Migranten oft klischeehaft und die Abbildung deutscher Lebenswelten nicht mehr zeitgemäß ist.

Wenn aber Flucht und Einwanderung für Deutschland nichts Neues sind, woher kommt dann die ganze Aufregung über die »Flüchtlingskrise«? Das eigentliche Problem der letzten Zeit ist weniger die Zahl der nach Deutschland Geflüchteten, sondern der damit einhergehende staatliche Kontrollverlust. Die Deutschen fühlen sich überrannt und überfordert, weil Flüchtende und Migranten mehr oder weniger unkontrolliert über die Grenzen kommen, statt geordnet einzureisen. Daran sind jedoch nicht die Menschen aus Syrien, Irak, Afghanistan und vom Balkan schuld, sondern Deutschlands Politiker, die es seit Jahrzehnten nicht schaffen, eine für dieses Land angemessene Migration zu organisieren.

Punkt 2: Einwanderung, aber richtig

Seit mehr als 50 Jahren sind wir ein Einwanderungsland ohne Einwanderungsgesetz. Das seit 2005 geltende Zuwanderungsgesetz dient, wie der Name schon sagt, »zur Steuerung und Begrenzung der Zuwanderung« – in der Realität verunmöglicht es Einwanderung, wie die Praxis in den Visastellen deutscher Botschaften weltweit zeigt. Statt unbürokratische, legale Wege zu eröffnen (nicht nur für Spitzenkräfte in Forschung und Industrie), doktern Deutschlands Parteien lieber am Asylrecht herum. Dieses ist jedoch ein in der Verfassung verankertes Grundrecht, kennt keine Obergrenze und ist nicht verhandelbar. In Wahrheit muss das Asylrecht nicht beschränkt, sondern vor Missbrauch geschützt werden. Es ist als Individualrecht für politisch Verfolgte eine Errungenschaft Europas nach dem Zweiten Weltkrieg. Ein Meilenstein der Menschlichkeit und politischen Verantwortung, von dem gerade wir Deutsche als Meister der Vertreibung die Finger lassen sollten.

Deutschland muss deshalb endlich anfangen, Migration zu vereinfachen und aktiv zu gestalten. Nicht um alle hereinzulassen, sondern um Souveränität zurückzugewinnen. Denn wenn die vergangenen Monate eines gezeigt haben, dann das: Wer verzweifelt ist und nichts zu verlieren hat, findet immer einen Weg. Zäune, Mauern und Patrouillen machen die illegalen Routen teurer und gefährlicher, die Schlepper verdienen besser und mehr Menschen sterben. Wer das als lohnende Abschreckung begreift, hat seinen moralischen Bankrott erklärt.

Die Jahre, in denen Deutschland sich dank seiner geografischen Lage inmitten Europas wie eine Insel der Glückseligen fernab von den Krisen dieser Welt anfühlte, sind definitiv vorbei. Dieses Gefühl durch Einmauern erhalten zu wollen, ist im 21. Jahrhundert ein Anachronismus. Als Trutzburg kann Deutschland nicht überleben – Augen zu, Ängste an und Zäune hoch ist kein Modell für eine globalisierte Welt. Wir müssen uns der Realität stellen.

Diese verursacht Bauchgrummeln. Wir stehen vor einer Zeitenwende, die radikales Umdenken, Entschlossenheit und Mut erfordert. Seit jeher machen sich Menschen auf den Weg, um Armut und Hunger zu entkommen, sich in Sicherheit zu bringen oder ein besseres Leben zu führen. Aber noch nie in der Geschichte der Menschheit waren es so viele wie heute: 65 Millionen sind laut Flüchtlingshilfswerk der Vereinten Nationen (UNHCR) weltweit auf der Flucht, die Hälfte von ihnen sind Kinder und Jugendliche. Schuld daran sind die durch Hunger, Kriege und bewaffnete Konflikte ausgelösten humanitären Krisen in Afrika (in der Demokratischen Republik Kongo, im Sudan und Südsudan, in Nigeria, Somalia, Burundi, Niger und der Zentralafrikanischen Republik), in Nahost und Nordafrika (Syrien, Irak, Jemen und Libyen), in Südasien (Pakistan, Afghanistan und Myanmar), Südamerika (Kolumbien) und Mittelamerika (El Salvador, Guatemala, Honduras).[81] Viele davon haben mit Wirtschafts- und Handelsinteressen des Westens, kolonialen Grenzen und europäischer Agrarpolitik zu tun. Subventionen für Europas industrielle Landwirtschaft und Massentierhaltung ermöglichen Fleisch- und Milchexporte zu Dumpingpreisen, die in den Entwicklungsländern die Existenz von Kleinbauern und die lokale Nahrungsmittelerzeugung zerstören.

Die große Mehrheit, nämlich 70 Prozent der Vertriebenen, bleibt innerhalb ihrer Staatsgrenzen oder flieht in ein Nachbarland (die Hauptaufnahmestaaten sind die Türkei, Pakistan, Libanon, Iran, Äthiopien, Jordanien, Kenia, Uganda), nur drei Prozent gelangen nach Europa (1,8 Millionen waren es 2015 nach Schätzung der EU-Grenzschutzorganisation Frontex). Es geht also nicht darum, wie Populisten gerne behaupten, das ganze Elend dieser Erde hereinzulassen, sondern entsprechend unserer Verantwortung, Kapazitäten und Interessen Menschen aufzunehmen. Setzt man innerhalb Europas die Zahl der Asylbewerber ins Verhältnis zur Gesamtbevölkerung, haben Ungarn, Schweden, Österreich, Norwegen und Finnland 2015 mehr Ausländer aufgenommen als Deutschland. Denn selbst zwei Millionen Geflüchtete sind für mehr als 80 Millionen Bundesbürger gar nicht so viele. Stellen sie sich vor, Sie sitzen mit 40 Leuten in einer gut gefüllten Kneipe, die Tür geht auf und ein geflüchteter Syrer kommt rein. Was ist ihr erster Gedanke? Fühlen Sie sich bedroht? Oder bieten Sie ihm einen Platz an? Letzteres würde den Abend vermutlich gut ausklingen lassen.

Da in der Berichterstattung vieles durcheinandergeht – Flucht, Migration, Asyl, Einwanderung –, sollten wir zunächst sauber unterscheiden. Grob gesagt gibt es drei Gruppen von Ausländern. Erstens Einwanderer, die nicht in Lebensgefahr schweben, sondern aus Mangel an Perspektiven in der Heimat ihr Glück woanders suchen.

Die sogenannten Wirtschaftsflüchtlinge. Zweitens Kriegsflüchtlinge, die wegen einer akuten Krisensituation aus einer bestimmten Region vor Tod und Zerstörung fliehen. Und drittens politisch Verfolgte, die wegen ihres politischen Engagements, ihrer religiösen oder ethnischen Zugehörigkeit oder ihrer sexuellen Neigung verfolgt werden.

Um es klar zu sagen: Die erste Gruppe der Einwanderer brauchen wir. Die Kriegsflüchtlinge brauchen uns vorübergehend. Die politisch Verfolgten brauchen uns grundsätzlich. Und doch schmeißen wir formal alle in den gleichen Topf. Wer erst einmal in Deutschland ist, muss einen Antrag auf Asyl stellen, um bleiben zu können. Juristisch gesehen hat nur die letzte Gruppe der persönlich Verfolgten Anspruch auf Asyl, tatsächlich aber landen zum jetzigen Zeitpunkt alle illegal Zugewanderten in unserem Asylsystem. Aus dem individuellen Anspruch des politisch Verfolgten ist dadurch ein Kollektivrecht für Kriegsflüchtlinge geworden mit all den negativen Folgen, die eine solche Aushöhlung des Asylrechts mit sich bringt. Statt die Marokkaner, Eritreer und Albaner als Einwanderer und die Syrer als Kriegsflüchtlinge zu behandeln, machen wir aus ihnen allen Asylbewerber und wundern uns, wenn die staatlichen Strukturen zusammenbrechen und das Bundesamt für Migration und Flüchtlinge mit der Abarbeitung der Anträge nicht mehr nachkommt. Gleichzeitig entsteht ein Berg von Ablehnungsbescheiden, die zum Teil juristisch angefochten werden (noch mehr Arbeit für die Behörden) und aufwendige Abschiebeverfahren mit sich bringen.

Dabei wäre es theoretisch ganz einfach. Für die Einwanderer – nicht nur die Hochqualifizierten und Akademiker wie den indischen Informatiker und den amerikanischen Professor – braucht Deutschland ein Einwanderungsgesetz. Und zwar eines, das diesen Namen verdient, das also Einwanderung ermöglicht, und nicht einen undurchdringlichen Dschungel aus 60 verschiedenen Aufenthaltstiteln schafft und Paragraph für Paragraph Hürden aufzählt wie das erwähnte Zuwanderungsgesetz. Werfen wir einen Blick nach Kanada. Dort kann man sich je nach beruflicher Qualifikation und Sprachkenntnissen online für verschiedene Einwanderungsprogramme bewerben. Ob es am Ende klappt, hängt auch in Kanada von bestimmten Faktoren ab, aber die zugrundeliegende Botschaft lautet: »Du willst nach Kanada? Dann schau, welche Wege es gibt und was für dich passen könnte.«

Nach Deutschland kommt ein Nicht-EU-Ausländer dagegen nur, wenn er einen Arbeits- oder Ausbildungsvertrag vorweisen kann, also wenn er sich von Nigeria, Pakistan oder Ägypten aus einen Job gesucht hat, sein deutscher Arbeitgeber keinen Deutschen oder EU-Bürger für die Tätigkeit gefunden hat und die Bundesagentur für Arbeit einverstanden ist. Unter solchen Bedingungen finden ein deutscher Bäckermeister und ein somalischer Frühaufsteher kaum zueinander und die Menschen suchen sich andere Wege.

Hätten wir ein modernes Einwanderungsgesetz, könnte sich jeder arme Schlucker, der schlau, geschickt oder motiviert ist, von seiner Heimat aus um Einwanderung nach Deutschland bewerben. Schon jetzt legen in Afrika große Familien ihre Ersparnisse zusammen, um den Begabtesten ihrer Söhne nach Europa zu schicken in der Hoffnung, dieser würde dort etwas lernen und etwas sparen. Nicht nur um von Europa aus Geld nach Hause zu schicken, sondern vor allem um nach ein paar Jahren mit einem Startkapital und Knowhow in die Heimat zurückzukehren, sich eine neue Existenz aufzubauen und der gesamten Familie ein besseres Leben zu ermöglichen. In dieser Form ist Migration sinnvoll, da sie mittelfristig Kenntnisse und Bildung transferiert und nachhaltige Entwicklung in den Herkunftsländern ermöglicht.

Statt verschiedenen Schlepperbanden für eine langwierige und gefährliche Reise Tausende von Euro zu bezahlen und das Leben dieses vielversprechenden jungen Mannes zu riskieren, könnte ihm die Familie Deutschkurse in der Hauptstadt finanzieren, die seine Chancen auf einen Einwanderungsplatz nach Deutschland erhöhen. Auch eine Ausbildung oder Berufserfahrung in einer Branche, für die in der Bundesrepublik der Nachwuchs fehlt, würden im Auswahlverfahren belohnt. Am Ende entscheidet der deutsche Staat, wen er gerade braucht (auf dem Arbeitsmarkt und für die Rentenkassen) und wen nicht. Zurzeit hätten Ärzte, Pflegepersonal, Handwerker, landwirtschaftliche Hilfskräfte und Angestellte im Hotel- und Gaststättengewerbe sowie Ingenieure und IT-Experten gute Chancen, vor allem, wenn sie bereits Deutsch sprechen.

Für die Kriegsflüchtlinge gibt es einen legalen Weg nach Deutschland: den des Kontingents. Er wird nur viel zu wenig genutzt. Die Bundesregierung kann »aus völkerrechtlichen oder humanitären Gründen oder zur Wahrung politischer Interessen der Bundesrepublik« bestimmten Ausländergruppen eine Aufenthaltserlaubnis erteilen. Solche Kontingente gab es zum Beispiel in den 1970er-Jahren für vietnamesische und Anfang der 1990er-Jahre in ähnlicher Form für bosnische Geflüchtete. Damals kamen insgesamt 350.000 Bürgerkriegsflüchtlinge aus dem Gebiet des ehemaligen Jugoslawiens nach Deutschland, von denen die allermeisten nach dem Krieg zurückkehrten.

Für Syrer hat die Bundesregierung seit 2013 Aufnahmeprogramme mit insgesamt 20.000 Plätzen beschlossen. Angesichts von fünf Millionen außer Landes geflüchteten und monatlich zum Teil mehreren Zehntausend nach Deutschland einreisenden Syrern (im Oktober 2015 waren es 88.000) ist das eine lächerliche Zahl. Wir brauchen dringend weitere großzügige Kontingente, mit denen Syrer, die in der Türkei, im Libanon oder in Jordanien registriert sind, geordnet nach Deutschland kommen können – selbst dann, wenn andere EU-Staaten nicht mitziehen. Denn die Bundesrepublik hat ein großes Eigeninteresse an Kontingenten: Wer geregelt kommt, ist schneller integriert.

Sehr viele Geflüchtete haben bis heute keine Ahnung, wann es wie weitergeht. Nach der ersten Erleichterung darüber, es nach Deutschland geschafft zu haben und in Sicherheit zu sein, wollen sie möglichst schnell ankommen, eigenverantwortlich Entscheidungen treffen und ein neues Leben beginnen – und werden dann von der deutschen Bürokratie ausgebremst. Monatelang warten sie darauf, einen Asylantrag stellen und ein eigenes Zimmer beziehen zu können, Deutsch zu lernen und ihre Kinder in die Schule zu schicken. Und keiner kann ihnen sagen, was genau passiert und warum alles so lange dauert – ausgerechnet in Deutschland, dem Meister der Organisation und Logistik. Neue Gesetze, örtlich unterschiedliche Regelungen und gesellschaftliche Debatten lösen zusätzliche Verunsicherung aus.

Genau deshalb sind Kontingente so sinnvoll. Mit ihrer Hilfe würden die wirklich bedürftigen Syrer dort, wo sie sind, nach humanitären Kriterien ausgewählt und geregelt und sicher nach Deutschland gebracht. Der Bund wüsste genau, wer wann ankommt, und könnte die Syrer von Anfang an fair verteilen, Kommunen und Gemeinden könnten sich und ihre Bewohner entsprechend vorbereiten. Vor Ort würden die Syrer mit zwei Jahren Aufenthalt, einem eigenen Zimmer, einem Deutsch- und einem Orientierungskurs, einem Schulplatz für die Kinder und einer sofortigen Arbeitserlaubnis begrüßt. Ein solches Willkommenspaket steht jedem syrischen Kontingentflüchtling zu, es verursacht mittelfristig weniger Kosten als die dauerhafte Notversorgung frustrierter Neuankömmlinge. Denn während diese monatelange Ungewissheit erwartet, beginnt die Integration der legal einreisenden Syrer schon bei ihrer Ankunft am Flughafen.

Kontingente schaffen keine neuen Anreize zur Flucht, im Gegenteil: Sie machen illegale Wege unattraktiver. Warum sollte ein Syrer auf ein überfülltes Boot steigen, wenn er Aussicht auf ein Flugticket als Kontingentflüchtling hat? Tatsächlich sind Kontingente steuerbare Maßnahmen für Menschen, die alles verloren haben und in den nächsten Jahren ohnehin kommen würden, weil sie sich in ihrer Verzweiflung weder von Stacheldraht noch von »Leistungskürzungen« abschrecken lassen.

Auch bessere Flüchtlingslager in der Region werden die Syrer nicht halten, denn wer keine Hoffnung auf eine baldige Rückkehr in die Heimat hat, will eine Perspektive für seine Kinder und nicht einen Container mit Wasseranschluss. Wir müssen weg von der Nothilfe hin zu mehr Existenzförderung. Ohne die Chance auf Bildung und Arbeit im Libanon, in Jordanien, im Nordirak und in der Türkei werden weiterhin Hunderttausende Syrer Richtung Europa ziehen. Insofern ist es richtig und überfällig, mit internationalen Geldern die Bildungssysteme und Arbeitsmärkte dieser Länder zu stärken und seitens der EU Handelsbarrieren abzubauen und die Wirtschaft zu fördern. Trotzdem sind fast zwei Millionen geflüchtete Syrer für viereinhalb Millionen Libanesen schlicht zu viel. Deshalb sollten wohlhabende Industrienationen in Amerika, Europa, Asien und Australien die verzweifelten Apelle des UNHCR endlich erhören und im Rahmen von Resettlement-Programmen besonders schutzbedürftige Syrer aufnehmen. Die Forderung, zehn Prozent der syrischen Flüchtlinge, also etwa 500.000 Menschen, auf diesem Wege auf die reichsten Länder dieser Welt zu verteilen, klingt bescheiden. Die Tatsache, dass dem UNHCR bis Frühsommer 2016 gerade mal 180.000 Plätze zugesagt wurden und nur etwa 70.000 Syrer tatsächlich in reiche Drittstaaten umgesiedelt wurden, ist umso beschämender. Gemessen an ihrer wirtschaftlichen Leistungsfähigkeit sind laut der Nichtregierungsorganisation Oxfam vor allem Japan, Frankreich, die Niederlande, Italien und die USA in der Pflicht, während Norwegen, Kanada und Deutschland ihren »fairen Anteil« bereits erfüllt haben.[82]

Bleibt der dritte Weg: das Asylrecht für politisch Verfolgte. Sinnvoll wäre es, wenn der Verfolgte seinen Asylantrag bereits bei der deutschen Botschaft in seinem Heimatland stellen könnte, um nach einer positiven Vorabprüfung ein »Visum aus humanitären Gründen« zu erhalten (so macht es die Schweiz), mit dem er legal nach Deutschland kommen kann. Denn ansonsten bleibt ihm weiterhin nur die illegale Einreise (mit gefälschten Papieren, Schleppern oder durch einen Fallschirmabsprung) oder die Beantragung eines Besuchervisum, das er jedoch nur bekommt, wenn er seine »Rückkehrwilligkeit« beweisen kann, was im Falle eines politisch Verfolgten ein Widerspruch in sich ist.

Das Problem ist bekannt. Dank Dublin und unserer »sicheren« Nachbarschaft kann Deutschland rein rechtlich betrachtet jeden Asylbewerber wegschicken. Schließlich hat er europäischen Boden bestimmt nicht in Deutschland erstmals betreten (es sei denn er ist vom Himmel gefallen, siehe oben). Diese Regelung hat sich als realitätsfern und Augenwischerei erwiesen, weswegen es die erwähnten legalen Wege aus den Herkunftsländern direkt nach Deutschland geben muss. Erst wenn diese etabliert sind und genutzt werden, kann Deutschland guten Gewissens illegal eingereiste Ausländer an seine europäischen Nachbarn zurückschicken.

Nebenbei würde den Schleppern weitgehend das Handwerk gelegt – ohne Nachfrage kein Angebot. Solange wir Flucht jedoch kriminalisieren, weil jeder, der nach Europa kommen will, Gesetze brechen muss, werden Menschenhändler (die früher auch manchmal Fluchthelfer hießen) davon profitieren. Ohne eine Legalisierung der Einwanderung ist der viel beschworene Kampf gegen Schlepper deshalb nicht nur sinnlos, sondern heuchlerisch. Er macht die Boote voller, die Überfahrt teurer und das Mittelmeer auch in Zukunft zum Massengrab.

Punkt 3: Weg vom Gesetz, hin zum Vertrag

Gehen wir einen Schritt weiter. Die Ausländer – Einwanderer, Kriegsflüchtlinge und politisch Verfolgte – kommen legal und staatlich gesteuert nach Deutschland. Jetzt folgt ihre »Integration«, zugleich Zauberwort und Totschlagargument. Integration, wie sie zur Zeit diskutiert wird, vermittelt den Eindruck einer Einbahnstraße, die in einer Sackgasse endet: Der Ausländer muss sich integrieren, also so schnell wie möglich Deutsch lernen, einen Job finden und alles so machen wie wir. So funktioniert es aber nicht. Denn Integration ist keine Einbahnstraße mit dem Ziel Assimilation, sondern eine mehrspurige und in beide Richtungen befahrene Autobahn mit einer Menge Abzweigungen. Gelungene Integration erfordert Toleranz und Anpassung von allen Seiten. Dann fällt uns der »Neue« in der Nachbarschaft auch nicht mehr auf. Man kennt sich, besucht sich und heiratet sogar.

Was also ist zu tun? Am besten das, was viele Deutsche ohnehin gerne tun: spazieren gehen, über Zäune blicken, neugierig sein, dazulernen, Freunde besuchen, plaudern, zusammen grillen, Neues probieren. Und schon haben wir den Begriff Integration richtig verstanden, er kommt nämlich von dem lateinischen Wort »integrare« und bedeutet nicht nur aufnehmen und ergänzen, sondern auch erneuern. Wer integriert – egal ob sich oder andere – stellt Bestehendes infrage und ist offen für Neues.

Ein Integrationsgesetz ist deshalb nur dann sinnvoll, wenn es gesamtgesellschaftlich gedacht und formuliert ist. Wenn es für alle

Menschen in diesem Land verbindlich regelt, wie wir zusammenleben wollen, und jeden, der sich nicht daran hält, sanktioniert – auch herkunftsdeutsche Integrationsverweigerer. Denn warum sollte einem Syrer, der den Holocaust leugnet, die Sozialhilfe gekürzt werden, einem Neonazi dagegen nicht? Wie können wir von den Geflüchteten Toleranz gegenüber anderen Religionen fordern, ohne dies auch von AfD-Vertretern zu verlangen? Und wieso erwarten deutsche Politiker Respekt, Höflichkeit und Hilfsbereitschaft nur von Geflüchteten, während gerade diese Eigenschaften in Orten wie Heidenau und Claußnitz offensichtlich unterentwickelt sind?

Das Konzept der Integration ist eine fortwährende Gratwanderung. Wollen wir wirklich gesetzlich regeln, wie man sich in Deutschland üblicherweise begrüßt? Welche deutschen Dichter und Denker man kennen muss? Und dass man anderen gegenüber höflich und hilfsbereit zu sein scheint? Letzteres muss man niemandem erklären, da es keine deutsche Besonderheit ist, sondern überall auf der Welt das zwischenmenschliche Verhalten betrifft. Goethe, Schiller und Kant gehören in die Lehrpläne oder auch den Orientierungskurs. Alles andere – dass man sich beim Unterhalten in die Augen schaut, beim Essen nicht laut rülpst und schmatzt, sich die Hand beim Gähnen vor den Mund hält, um Erlaubnis bittet, bevor man sich etwas ausleiht, und seinen Müll nicht auf die Straße wirft – hat mit kulturellen Gepflogenheiten und Manieren zu tun, die man in mehrsprachigen Broschüren und Willkommenskursen zusammenfassen kann, aber nicht zur gesetzlichen Norm erheben sollte. Die entscheidenden Grundlagen unseres Zusammenlebens (Gleichberechtigung, Meinungs- und Religionsfreiheit etc.) sind bereits im Grundgesetz geregelt und müssen lediglich vermittelt, eingefordert und durchgesetzt werden – und zwar nicht nur gegenüber Geflüchteten, sondern gegenüber allen, die sie bislang offensichtlich nicht verstanden oder verinnerlicht haben.

Staat und Gesellschaft sollten einen »gemeinsamen Integrationsvertrag« aushandeln und nicht ein »einseitiges Integrationsgesetz« beschließen, meint Naika Foroutan, Professorin für Integrationsforschung und Gesellschaftspolitik an der Berliner Humboldt-Universität. Auf der Grundlage eines solchen Vertrages könnten Integrations- und Orientierungskurse inhaltlich erweitert werden. Mit Extra-Gesetzen für Extra-Gruppen unterstelle man ankommenden Migranten dagegen, sich den Normen und Werten der Mehrheitsgesellschaft verweigern zu wollen, und grenze sie aus, so Foroutan. Das ist ziemlich genau das Gegenteil von dem, was Deutschland gegenwärtig braucht. Und es geht an der Realität vorbei, schließlich müssen Geflüchtete, die so schnell wie möglich ihren Sprach- und Orientierungskurs machen wollen, sehr lange darauf warten. Es fehle also an Integrationskursen und nicht am Integrationswillen.[83]

Wir sollten uns deshalb nicht länger mit Integrationsgesetzen aufhalten, die den Eindruck vermitteln, durch »Fördern« und »Fordern« Ausländer zu einer Integration zwingen zu müssen, die diese von selbst angeblich gar nicht wollten. Sondern wir sollten unter der Überschrift »Integrationsförderung« konkrete Maßnahmen benennen, die es Ausländern ermöglichen, schnell Deutsch zu lernen, eine Ausbildung zu beginnen oder eine Arbeit zu finden. Manche solcher Maßnahmen formuliert das vom Bundestag im Juli 2016 beschlossene Integrationsgesetz (berufsvorbereitende Bildungsmaßnahmen nach drei Monaten, anfangs mindestlohnfreie Praktika, 100.000 neue Ein-Euro-Jobs, gesicherter Aufenthalt während der Ausbildung und einer anschließenden zweijährigen Beschäftigung). Es steckt inhaltlich also durchaus Gutes darin, nur der Ansatz ist falsch.

Außerdem sollten wir ehrlich zu uns selbst sein. Es gibt kein homogenes Deutschland, in das sich Zuwanderer einfach einfügen können, wir selbst sind uns in vielen auch grundsätzlichen Dingen nicht einig. Wie wäre es stattdessen mit einer aufrichtigen Diskussion darüber, was wir unter »gut integriert« verstehen und wie wir das für die in Deutschland lebenden Menschen erreichen können? Denn am Ende werden wir uns alle integrieren – also erneuern – müssen. Nicht weil Ausländer das Sagen haben, die uns zu Fremden im eigenen Land machen, und wir vor der drohenden Übernahme des Islam oder der »Barbaren« (so nennt sie der AfD-Politiker Alexander Gauland) kapitulieren, sondern weil Deutschland in Bewegung ist. Weil wir uns als Gesellschaft ständig weiterentwickeln und verändern, wie innenpolitische Debatten über Hausfrauen-Ehe und Sterbehilfe, Mautgebühr und Betreuungsgeld, gesetzliche Frauenquote und das Sexualstrafrecht veranschaulichen.

Das ist gut so, denn in einer globalisierten Welt, in der sich Worte und Bilder, Informationen, Waren und Menschen in atemberaubendem Tempo über den Globus bewegen, können wir nicht erstarren und die Zeit anhalten. »Alles soll so bleiben, wie es ist« kann ein nachvollziehbares Gefühl, aber keine Handlungsprämisse sein. In diesem Sinne ist jemand integriert, der sich an gesellschaftlichen und politischen Debatten beteiligt und nicht passiv auf eine Ansage der Bundesregierung wartet, der eigene Positionen formuliert, diese in Gremien und in der Öffentlichkeit vertritt und dann zu einer demokratisch ausgehandelten Kompromisslösung beiträgt.

Punkt 4: Zauberformel Patenschaft und viele gute Ideen

Fragt man Menschen in Deutschland, was sie unter »gut integriert« verstehen, nennen sie vor allem zwei Dinge: Sprachkenntnisse und Arbeit. Damit die Geflüchteten schnell in Deutschland ankommen und dabei gleichzeitig sich und ihre Würde wiederfinden, muss also dreierlei passieren.

1. Deutschland muss entsprechenden Wohnraum schaffen, damit nicht nur jeder Geflüchtete, sondern auch jeder bedürftige Deutsche unter zumutbaren Bedingungen in seinen eigenen vier Wänden wohnen kann. Sozialer Wohnungsbau, die dezentrale Unterbringung von Geflüchteten sowie eine faire Verteilung und freiwillige Durchmischung von Bewohnern auf lokaler, regionaler und nationaler Ebene sollten oberste Priorität haben. Für Architekten und Städtebauer bedeutet das mehr Aufwand und Kreativität. Statt monotone Massenunterkünfte in homogenen Siedlungen hochzuziehen, sollten Gebiete kleinteilig erschlossen und bebaut werden mit einer Mischung aus Wohnungen, Gewerbeeinheiten und öffentlichem Raum. Nur dann können sich urbane Vielfalt und Lebendigkeit entwickeln.

2. Für das schnelle Erlernen der Sprache braucht es mehr Deutschkurse, spezielle Angebote für alleinstehende Mütter und Väter mit Kindern, die bessere Einbeziehung von Unterrichtsangebo-

ten freiwilliger Helfer (vielerorts engagieren sich Rentner, Studierende, Hausfrauen und andere bei der Sprachvermittlung) und die Organisation von Sprachtandems oder Lese- und Lernpatenschaften, bei denen jeweils ein Einheimischer und ein Ausländer zusammen lernen.

3. Schulpflichtige Kinder sollten innerhalb von acht Wochen eine Schule, Kleinkinder ab drei Jahren einen Kindergarten besuchen (bei Kontingentflüchtlingen durchaus machbar). Lehrer und Erzieher müssen geschult und unterstützt werden. Junge Leute sollten beruflich beraten und ältere Geflüchtete entsprechend ihren Sprachkenntnissen und beruflichen Fähigkeiten vermittelt werden. Ihre Kompetenzen (Abschlüsse, ein angefangenes Studium oder Joberfahrung) könnten schon bei der ersten Registrierung festgehalten und an die örtliche Agentur für Arbeit oder einen Pool interessierter Arbeitgeber in der Region weitergeleitet werden. Dann finden Betriebe und potenzielle Auszubildende, Praktikanten, Ein-Euro-Jobber oder Mitarbeiter schneller zueinander. Die Vorrangprüfung, bei der zunächst nach deutschen oder europäischen Bewerbern gesucht werden muss, bevor ein Nicht-EU-Ausländer den Job bekommen kann, sollte bis auf Weiteres komplett ausgesetzt werden. Und Unternehmen, die Geflüchtete einstellen, könnte man unterschiedliche Anreize bieten.

Das ist alles nichts Neues, sondern den Experten in Behörden, Universitäten, Fachhochschulen, Wirtschaftsverbänden, Industrie- und Handelskammern durchaus bekannt. Es gibt aber einen Weg, die Integration in allen drei Bereichen entscheidend zu beschleunigen. Eine Art Zauberformel, die man staatlich fördern sollte: das Konzept der privaten Patenschaften. Schon jetzt übernehmen viele Deutsche (mit oder ohne Migrationshintergrund) in persönlichem Engagement auf sehr unterschiedliche Weise Verantwortung für ankommende Geflüchtete. Sie bürgen finanziell, gehen mit zu Behörden, Ärzten oder Anwälten, helfen beim Ausfüllen von Anträgen, suchen nach Wohnraum, Kitaplätzen oder Praktikumsstellen und sind Ansprechpartner für sämtliche Belange des Alltags.

Eine solche Patenschaft ist sehr zeitintensiv und bedeutet (neben der meist erfreulichen menschlichen Begegnung) viel Arbeit, Frust und Stress. Deshalb erscheint es sinnvoll, sich in Gruppen zusammenzuschließen. Wenn sich mehrere Leute um eine ankommende Familie kümmern, hat jeder einzelne weniger Aufgaben und Verantwortung zu schultern. Außerdem gilt: Je vielfältiger die Paten, desto effektiver die Hilfe. Die eine spricht gut Englisch oder womöglich Arabisch oder Kurdisch und kann deshalb bei Behörden und Anträgen helfen, der nächste kennt ein paar Handwerker oder Unternehmer, die junge Auszubildende suchen, die dritte hat von einer Wohnung gehört, die bald frei wird, der vierte hat eine Schwester, die Kinderärztin ist, der fünfte ist selbst Jurist und kann rechtlichen Beistand organisieren, die sechste ist Lehrerin und organisiert Lernpatenschaften zwischen interessierten Schülern und syrischen Jugendlichen.

All das findet in Deutschland bereits statt. Das private Engagement ist beeindruckend, reicht aber nicht. Es gibt Gruppen von Jungbauern, die syrischen Landwirten ihre Betriebe zeigen, spezielle Studienzweige für syrische Lehrer, die in der Praxis mit deutschen Lehramtsstudierenden Teams bilden, syrische Imker, die vom örtlichen Imkerverein ein eigenes Bienenvolk inklusive Obstwiesennutzung bekommen haben, Kleingartenkolonien, in denen Syrer eigene Parzellen bewirtschaften, syrische Köche und Friseure, die bei deutschen Kollegen hospitieren, und viele inner- und außerbetriebliche Initiativen deutscher Unternehmen. Zur Verstärkung dieses Engagements müssen deutsche Patenschaften von Anfang an strukturiert und organisiert vermittelt werden. Ein gutes Beispiel stellt auch hier wieder Kanada dar. Dort gibt es verschiedene Wege, wie Privatpersonen, Vereine, Hilfsorganisationen und lokale Behörden sich zusammen um Geflüchtete kümmern. In der Regel unterstützen sie etwa eine syrische Familie ein Jahr lang finanziell, beim Spracherwerb und bei der Suche nach Unterkunft und Arbeit. Mit relativ geringem Aufwand wäre es auch in Deutschland machbar, jedem syrischen Kontingentflüchtling, der einem bestimmten Ort in Deutschland zugewiesen wird, mehrere Paten zur Seite zu stellen. Vielleicht so: Eine Kommune erfährt, dass sie demnächst 200 Syrer aufnehmen muss. Sobald klar ist, wer kommt (wie viele Familien mit wie vielen Kindern in welchem Alter, wie viele allein stehende Männer mit welchem beruflichen oder akademischen Hintergrund, wie viele Alleinerziehende, wie viele Verletzte und Versehrte mit Behandlungsbedarf), werden die Bewohner aufgefordert, sich als Paten zu bewerben. Gemeinsam wird geprüft, wer am besten zueinander passt. Gibt es vielleicht syrische Familien mit Kindern im gleichen Alter wie die Kinder der Paten oder sind unter den Ankommenden handwerklich arbeitende Familienväter, die im ortsansässigen Betrieb arbeiten können, oder ist eine alleinerziehende Mutter dabei, die man gut in der leer stehenden Dachgeschosswohnung unterbringen könnte?

Würden sich jeweils etwa fünf Paten finden, wäre für die Integration viel gewonnen. Denn der Alltag und das regelmäßige Miteinander wären ein Dauer-Integrationskurs in alle Richtungen. Syrer würden viel über örtliche Gepflogenheiten, kulturelle Besonderheiten und die Bewältigung des Alltags hierzulande lernen. Deutsche wüssten besser darüber Bescheid, was die Geflüchteten durchgemacht haben, wie sie denken und fühlen und dass diese nicht gekommen sind, um den Deutschen etwas wegzunehmen, sondern im Gegenteil sich gerne einbringen möchten. Jeder Geflüchtete, der sieht, wie sich ein paar Einheimische für ihn einsetzen, wird extrem motiviert sein, schnell etwas zurückgeben zu können.

Wer sich in Deutschland umblickt und umhört, findet unzählige Geschichten eines gelungenen Miteinanders. Gemeinden kämpfen für den Verbleib von Geflüchteten, obwohl diese eigentlich in den Nachbarort umziehen sollten, weil sich alle schon aneinander gewöhnt und einige neue Bekanntschaften geschlossen haben. Handwerksmeister stellen gezielt Geflüchtete ein, Rentnerpaare lassen Syrer im Jugendzimmer der Kinder wohnen, örtliche Feste werden zusammen vorbereitet und gefeiert, Bewohner einer Notunterkunft helfen den Nachbarn bei der Gartenarbeit oder beim Holzhacken.

Alle diese Geschichten beruhen auf dem einfachen Prinzip, dass Geflüchtete und Einheimische in engen Kontakt miteinander kommen. Denn dann bleibt kein Raum für Misstrauen und Angst, Hetze und Hass. Dann werden schwarzhaarige Männer mit Bart und kopftuchtragende Frauen zu Menschen wie du und ich. Dieser intensive Kontakt hängt bis jetzt von dem Engagement Einzelner, den Bedingungen vor Ort und vielen Zufällen ab. Deshalb sollte Deutschland das beeindruckende zivilgesellschaftliche Engagement seiner Bürger und die gezielte Aufnahme von Kriegsflüchtlingen effektiv zusammenführen, indem es auf kommunaler und regionaler Ebene Patenschaftsprogramme einführt.

Einen weiteren wichtigen Beitrag können Deutsche mit Migrationshintergrund leisten. Sie haben die sprachlichen Fähigkeiten und die interkulturelle Kompetenz, um zwischen Herkunftsdeutschen und neu ankommenden Ausländern zu vermitteln. Für sie ist die große Zahl Geflüchteter zugleich Chance und Gefahr – je nachdem, welchen Kurs Deutschland einschlägt. Die Chance besteht darin, dass sie zu Brückenbauern werden. Türkisch-, kurdisch- oder arabischstämmige Deutsche, die sich als Übersetzer, Wachpersonal oder Integrationslotsen einbringen, gelten auf einmal als Experten für Integration. Ihr eigener Migrationshintergrund wird vom Hemmnis zu einer Qualifikation, sie sind in Unterkünften und bei Behörden unverzichtbar und entwickeln sich zu tragenden Säulen unserer Gesellschaft.

Auf der anderen Seite erleben dunkelhäutige Deutsche mancherorts Fremdenfeindlichkeit und Ablehnung in einem Ausmaß, das sie vorher nicht für möglich gehalten hätten. Sie sind in Deutschland als Kind eines afghanischen Vaters oder einer tunesischen Mutter geboren und haben nun in dieser Heimat mit Missbilligung, skeptischen Blicken und offenem Hass zu kämpfen. Promovierte Juristinnen libanesischer Herkunft, Chefärzte mit iranischen Wurzeln und Journalistenkollegen mit ägyptischem Vater werden für Geflüchtete gehalten und haben das Bedürfnis, klarzustellen, dass sie schon immer Deutsche waren. Ich selbst habe manchem Deutschen mit Migrationshintergrund vor dem Landesamt für Gesundheit und Soziales in Berlin Äpfel angeboten in der Annahme, er sei gerade angekommen. Je nachdem, welche Erfahrungen diese Menschen machen – ob jemand Hilfsbereitschaft zeigt oder sie beschimpft –, reagieren sie irritiert bis amüsiert oder genervt und wütend. Freunde erzählen mir, sie würden in der Öffentlichkeit jetzt nur noch Deutsch mit ihren Kindern reden und in der Bahn darauf achten, bloß keine Frau anzuschauen. In solchen Momenten scheint der Weg zu einer entspannten Integrationsgesellschaft ziemlich weit. Im schlimmsten Fall fühlen sich die deutschen Ahmads und Leilas zunehmend als Fremde im eigenen Land und ziehen sich in die innere Migration zurück. Dann hätten wir eine riesige Chance verpasst und die Gesellschaft weiter gespalten. Wir sollten deshalb mit ihrer Hilfe Integration vorantreiben und nicht durch die Ausgrenzung all jener, die längst dazugehören, Rückschritte machen.

Punkt 5: Normalisieren und sichtbarer machen

Da sich die Mehrheit der Geflüchteten zum Islam bekennt, kommt den vier Millionen in Deutschland lebenden Muslimen eine besondere Rolle zu. Der Durchschnittsdeutsche sollte deshalb mehr über ihre gesellschaftliche, emotionale und institutionelle Verfasstheit wissen. Deutschlands Muslime bilden keine einheitliche Religionsgemeinschaft, sondern sind – wenn überhaupt – in einer Vielzahl von Verbänden und Vereinen organisiert. Das hat historische Gründe. Die Generation der Gastarbeiter gründete ab den 1970er-Jahren lokale Kulturvereine und errichtete vor allem Hinterhofmoscheen – die große Mehrheit der etwa 2.600 Moscheen in Deutschland ist deshalb für Nichtmuslime unsichtbar. Erst die zweite Zuwanderergeneration, die gut Deutsch sprach, über mehr Ressourcen verfügte, sich rechtlich besser auskannte und selbstbewusster auftrat, organisierte sich übergreifender und baute auch repräsentative Moscheen mit Kuppeln und Minaretten.

Neben den vielen gemeinnützigen Moscheevereinen haben sich seit den 1990er-Jahren mehrere Dachverbände gegründet. Die größte Dachorganisation ist der Koordinationsrat der Muslime, zu dem sich 2007 im Zuge der Deutschen Islam Konferenz vier große Verbände zusammengeschlossen haben, die wiederum Tausende örtliche Vereine vertreten: die Türkisch-Islamische Union der Anstalt für Religion (DITIB), der Islamrat, der Zentralrat der Muslime und der Verband der Islamischen Kulturzentren. Ihre Vorsitzenden und Sprecher gelten als offene, dialogbereite und integrationsfördernde Vertreter des Islam in Deutschland. Einige der Mitgliedsorganisationen werden jedoch wegen ihrer Beeinflussung aus dem

Ausland, ihrer Nähe zu politischen extremistischen Positionen oder wegen ihres konservativen Religionsverständnisses (vor allem im Umgang mit Homosexualität und Geschlechtergerechtigkeit) kritisiert.

DITIB etwa steht als wichtigster Vertreter türkischstämmiger Sunniten in Deutschland unter der Aufsicht der staatlichen Religionsbehörde der Türkei. Die etwa 970 DITIB-Imame werden vom türkischen Staat entsandt, der auch ihre Predigten vorgibt. Dass in deutschen Moscheen türkische Imame auf Türkisch in Ankara verfasste Predigten halten und das jahrzehntelang niemanden interessierte, ist im Grunde ein Skandal. Allerdings sollte man dafür politische Versäumnisse in Deutschland verantwortlich machen und nicht die einzelnen Imame anfeinden. Diese machen vor Ort oft gute Arbeit, weil sie studierte Geistliche mit einem moderaten Diskurs sind und folglich als »Bollwerk« gegen Extremismus dienen. Dennoch sollten deutsche Muslime (auch wenn sie aus der Türkei stammen) nicht von türkischen Imamen vertreten werden, die alle fünf Jahre ausgetauscht werden, sondern von dauerhaft hier lebenden Geistlichen, die ein tieferes Verständnis für die gesellschaftspolitischen Fragen, kulturellen Eigenheiten und religionsspezifischen Probleme in Deutschland haben.

Zu den Organisationen außerhalb des Koordinationsrats der Muslime zählen die Alevitische Gemeinde Deutschlands, der als besonders fortschrittlich geltende Liberal-Islamische Bund sowie die Ahmadiyya-Gemeinschaft, die älteste muslimische Gemeinde Deutschlands. Während also die Katholiken von der Deutschen Bischofskonferenz, die Protestanten von der Evangelischen Kirche in Deutschland und die Juden vom Zentralrat der Juden vertreten werden, haben die Muslime keinen zentralen Ansprechpartner für ihre Belange. Der Koordinationsrat der Muslime wird bislang nicht als ein solcher legitimer Vertreter wahrgenommen.

Gleichzeitig haben Deutschlands Muslime in der Praxis die gleichen Bedürfnisse wie andere Gläubige und müssen in Zusammenarbeit mit dem Staat bestimmte Leistungen organisieren: bekenntnisgebundenen Religionsunterricht, die theologische Ausbildung von Religionslehrern und Imamen, Wohlfahrtspflege (vor allem Alten- und Krankenpflege), eigene Friedhöfe und Bestattungen nach islamischem Ritus, Seelsorge in Gefängnissen, Krankenhäusern und bei der Bundeswehr. Hinzu kommt die äußerst wichtige Jugendfürsorge, bei der islamische Gemeinden dringend Verbündete des Staates werden müssen. Bislang standen sie bei vielen unter dem Generalverdacht, Jugendliche für den Islamismus rekrutieren zu wollen, dabei sind es gerade sie, die einer Radikalisierung junger Muslime entgegenwirken können. Geeignete Vereine sollten sowohl strukturell als auch finanziell gefördert und als Träger der Jugendhilfe anerkannt werden, damit sie sich zu professionellen Partnern in der Arbeit mit Jugendlichen entwickeln können.

Auf Länderebene haben sich in den vergangenen Jahren verschiedene Wege der pragmatischen Zusammenarbeit herausgebildet, die vor Ort manches ermöglichen, aber die Verfasstheit des Islam insgesamt verkomplizieren. Manche Bundesländer haben Staatsverträge mit lokalen islamischen Vereinigungen abgeschlossen, in anderen ist die Ahmadiyya-Gemeinde als Körperschaft des öffentlichen Rechts anerkannt, hat aber weniger Einfluss als die großen Verbände. DITIB hat nur vereinzelt den Status einer Religionsgemeinschaft, kümmert sich aber in manchen Bundesländern um Gefängnisseelsorge und beeinflusst sowohl die Berufung von Professoren als auch Lehrinhalte des Islamunterrichts. Auf Grundlage lokaler Absprachen gibt es deshalb mancherorts in Deutschland muslimische Friedhöfe und Feiertagsregelungen (die Muslimen ermöglichen, zu islamischen Festen unbezahlten Urlaub zu nehmen), repräsentative Moscheen, islamischen Religionsunterricht und historisch-kritische Koranforschung, muslimische Kindergärten und Altersheime – während vieles davon in anderen Regionen kaum vorstellbar ist. Was die Präsenz islamischen Lebens angeht, zerfällt Deutschland in sehr verschiedene Realitäten.

Das größte Hindernis bei der Institutionalisierung des Islam in Deutschland ist und bleibt jedoch die Tatsache, dass er strukturell wenig organisiert ist. Muslimen liegt es fern, Mitgliedsanträge für ihre Glaubensgemeinschaft auszufüllen – Muslim ist man, weil man es vor Gott bezeugt und nicht weil man irgendwo einen Beitrag bezahlt. Während man im Christentum durch ein kirchliches Ritual (die meist von den Eltern veranlasste Taufe oder Kommunion) nicht nur in die christliche Gemeinschaft aufgenommen, sondern automatisch auch Kirchenmitglied und späterer Kirchensteuerzahler wird, kennt der Islam keinen formalen Ein- oder Austritt. Wer Muslim werden will, spricht vor Gott und üblicherweise zwei muslimischen Zeugen das Glaubensbekenntnis: »Es gibt keinen Gott außer Gott und Mohammed ist sein Prophet«. Eine Urkunde mit Stempel gibt es dafür nicht, keine Institution registriert den Neuzugang.

Die Verbände in Deutschland haben es dadurch schwer. Denn um als Religionsgemeinschaft oder Körperschaft des öffentlichen Rechts anerkannt zu werden, müssen Vereinigungen mitgliedschaftliche Strukturen aufweisen und eine gewisse Dauer gewähren. Die meisten Muslime in Deutschland sind jedoch nicht organisiert, sondern gehen – wenn überhaupt – freitags oder während des Ramadan in eine Moschee, ohne offizielles Mitglied der Gemeinde zu sein. Deshalb repräsentieren die islamischen Verbände nur geschätzte 20 bis 25 Prozent der hier lebenden Muslime.

Der Sachverständigenrat deutscher Stiftungen für Integration und Migration (SVR) schreibt in seinem Jahresgutachten 2016: »Zwischen dem Vertretungsanspruch der islamischen Dachverbände und ihrer tatsächlichen Vertretungsleistung liegen Welten«. Er sieht zum jetzigen Zeitpunkt die Muslime in der Pflicht, da der Staat institutionelle und rechtliche Bedingungen abgebaut habe. »Angesichts umfassender staatlicher Vorleistungen im Sinne einer Öffnung und der Absenkung von Hürden sind nun also vor allem die muslimischen Akteure gefordert, zur weiteren Institutionalisierung des Islam in Deutschland organisatorisch ihren Teil zu leisten.«[84]

Wie können die Verbände die Integration von Zugezogenen besser unterstützen? Und wie lassen sich Hass und Vorurteile abbauen in einem zunehmend islamfeindlichen Klima? Inzwischen gibt es deutschlandweit 150 Moscheen, die an ihrem Bau klar als solche erkennbar sind. Darunter einige historische Bauwerke wie die Wilmersdorfer Moschee (erbaut 1924), die Nuur-Moschee in Frankfurt-Sachsenhausen (1959) und die Imam-Ali-Moschee an der Hamburger Außenalster (1961). Beinahe jeder neue Moscheebau provoziert gesellschaftlichen Widerstand. Gewalttaten gegen islamische Gebets-und Gemeindezentren nehmen zu und gehören zum Alltag. Im Jahr 2015 gab es laut Bundeskriminalamt 75 Angriffe gegen Moscheen – jede Woche einen. Darunter vor allem Sachbeschädigungen, Nazi-Schmierereien und abgelegte Schweineköpfe, aber auch Brandstiftungen und Sprengstoffanschläge. Weil nicht alle Vorfälle gemeldet werden und antiislamische Straftaten im Gegensatz zu antisemitischen Delikten noch immer nicht gesondert erfasst werden, liegt die tatsächliche Zahl wahrscheinlich deutlich höher.[85]

Interessant ist dabei, dass die Ablehnung von Muslimen dort am größten ist, wo es kaum Muslime gibt. Die größten Islam-Hasser sind Menschen, die sich noch nie mit einem Muslim über Gott unterhalten, den Koran aufgeschlagen oder eine Moschee betreten haben. Deshalb muss der Islam in Deutschland normalisiert werden, er muss sichtbarer und offener werden: Moscheen raus aus den Industriegebieten, rein in die Stadtzentren und die Türen weit geöffnet. Am besten mit einem Minarett, das dem Herkunftsdeutschen den Weg weist und einer deutschsprachigen Infobroschüre am Eingang, die vom Gemeindeleben berichtet. Schon wanken die Vorurteile. »Es war gar nicht so schlimm! Die sind da ganz nett in der Moschee und gemütlich haben sie's auch auf ihren Teppichen. Da zieh ich doch gern meine Schuhe aus.«

Der »Tag der offenen Moschee« findet zwar seit 1997 – passenderweise immer am 3. Oktober – statt, aber welcher nichtmuslimische Deutsche hat schon mal eine Moschee in Deutschland betreten? Wer weiß, wo sich in seinem Ort oder in seiner Stadt Muslime zum Beten treffen und wie deren Moschee oder Gemeinde heißt? Nach einer Umfrage des Meinungsforschungsinstitutes YouGov im Auftrag der Deutschen Presse-Agentur haben 62 Prozent der Nichtmuslime in Deutschland keine Muslime in ihrem privaten Bekanntenkreis und 84 Prozent waren noch nie in einer deutschen Moscheegemeinde.[86]

Hier sind die Moscheevereine gefragt. Sie müssen für die Mehrheitsgesellschaft Gründe schaffen, ihre Gebetshäuser zu betreten, und sie dort mit einer Offenheit empfangen, wie ich sie unter anderem in Damaskus erlebt habe. Dort waren nicht-muslimische Besucher aus Europa stets beeindruckt von der gelassenen und friedlichen Stimmung in der Umayyaden-Moschee. Sie waren fasziniert von der religiösen Toleranz in Syrien, wo Moscheen und Kirchen zum Teil nebeneinander stehen und sowohl der Muezzin ruft als auch Kirchenglocken läuten. Ob sich diese Bildungsreisenden jetzt wohl auch für einen Moscheebau in der Nähe ihrer Kirche einsetzen würden? In Sachen religiöser Koexistenz können wir jedenfalls viel von den Syrern lernen.

Was also könnte einen Durchschnittsdeutschen dazu bewegen, der örtlichen Moschee einen Besuch abzustatten? Vielleicht eine Veranstaltung für und mit Geflüchteten? In diesem Fall wären dann die »Neuen« das Verbindungsglied zu den »Alten«. Da es inzwischen unzählige Kontakte zwischen Geflüchteten und ehrenamtlichen Helfern gibt, könnte man Moscheen und Gemeindezentren noch stärker als Orte der Solidarität und des Zusammenkommens nutzen. Für Deutschkurse, fremdsprachliche Orientierungskurse, kulturelle Abende, Benefizveranstaltungen und anderes. Dann würden auf einmal eine ganze Reihe Nicht-Muslime ein- und ausgehen, die sich in Zusammenarbeit mit den Gemeindemitgliedern um ankommende Geflüchtete kümmern und als Multiplikatoren dienen. Eine weitere kleine Brücke wäre gebaut. Auch interreligiöse Gottesdienste, wie sie in einigen deutschen Städten bereits gang und gäbe sind, könnten die Kontaktaufnahme erleichtern. Imame, Priester, Pfarrer und Rabbiner würden sie gemeinsam gestalten und abwechselnd in eine Kirche, Moschee und Synagoge einladen. Damit diejenigen, die sich bisher nur in die Kirche getraut haben, das nächste Mal auch in der Moschee mitbeten. Gerade Bischöfe und Vertreter des Zentralrats der Juden verurteilen anti-islamische Positionen laut und deutlich.

Überzeugte Christen haben oft weniger Berührungsängste mit Muslimen als säkular eingestellte Religionsskeptiker. Letztere wünschen sich eine Gesellschaft ohne sichtbare religiöse Bezüge und fürchten nun, mit den Muslimen würde Deutschland insgesamt wieder religiöser. Vor ihrem geistigen Auge sahen sie bereits die Kirchen in der Bedeutungslosigkeit verschwinden und freuten sich auf Deutschlands Wandel zu einem wirklich säkularen Staat. Sie können nicht nachvollziehen, warum es katholische Krankenhäuser und evangelische Kindergärten gibt, warum der Staat die Kirchensteuer einzieht und nicht nur in bayerischen Klassenzimmern, sondern auch in einigen Gerichtssälen noch immer ein Kreuz hängt.

Und jetzt sollen Musliminnen mit Kopftuch unterrichten dürfen? Aus Sicht dieser Agnostiker ist das ein Schritt in die falsche Richtung, schließlich betrachten sie schon den konfessionell gebundenen Religionsunterricht in der Schule als rückschrittlich. Ihre Vorstellung von Fortschritt erfüllt nur, wer sich von religiösen Weltbildern und Wahrheiten befreit. Solange es in Deutschland noch Menschen gibt, die an Gott glauben, sollte Religion reine Privatsache sein, fordern sie. Dabei zeigt sich gerade im Zusammenhang mit Einwanderung, dass ein religionsbejahender Staat wie Deutschland mehr gesellschaftlichen Frieden hervorbringt als ein streng laizistisches System wie in Frankreich.

Das Grundgesetz und seine Auslegung durch das Bundesverfassungsgericht definieren Deutschland als Staat, der religiös-weltanschaulich »neutral« ist. Das bedeutet jedoch nicht, dass er Religion aus der Öffentlichkeit verbannt, sondern dass er allen Religionen Platz einräumt und sie gleichermaßen schützt und fördert. Juristisch klingt das so: »Die dem Staat gebotene religiös-weltanschauliche Neutralität ist [...] nicht als eine distanzierende im Sinne einer strikten Trennung von Staat und Kirche, sondern als eine offene und übergreifende, die Glaubensfreiheit für alle Bekenntnisse gleichermaßen fördernde Haltung zu verstehen«.[87]
Jeder darf also glauben oder auch nicht, darf seinen Glauben aufgeben, ihn wechseln oder sichtbar praktizieren. In Deutschland muss es möglich sein, vom Islam zum Christentum zu konvertieren und andersrum. Es muss möglich sein, religionsübergreifende Gottesdienste abzuhalten und neben einer Kirche eine Moschee zu bauen – mit Kuppel und Minarett, die sich in die Nachbarschaft einpassen, was mit Hilfe deutscher Architekten vielerorts bereits gelingt. Dass das Minarett in Deutschland kein Ausdruck eines Herrschaftsanspruchs, sondern ein Bedürfnis optischer Präsenz ist, wissen wir seit 1924. Damals baute die Ahmadiyya-Gemeinde die erste bis heute erhaltene Moschee mit Kuppel und Minaretten in Berlin-Wilmersdorf. Gepredigt wird hier auf Deutsch. Salafisten dagegen bauen normalerweise keine Minarette, weil die ersten Moscheen zu Zeiten des Propheten Mohammed auch keine hatten. Den Kampf gegen Minarette füh-

ren AfD-Politiker also Seite an Seite mit radikalen Islamisten – wie so oft bilden Fundamentalisten auf beiden Seiten eine unheilvolle Allianz.

Dass die Glaubensinhalte des Islam zum Teil genauso wenig mit dem Grundgesetz vereinbar sind wie die des Christentums und Judentums, ist logisch. Sie müssen es auch gar nicht, denn sonst würde der Staat einer Religionsgemeinschaft vorschreiben, was sie glauben darf und was nicht. Glaubensfreiheit bedeutet, dass sich der Staat aus der Wahrheitsfrage heraushält und die Religionen den Inhalt ihres Bekenntnisses inklusive ihres Wahrheitsanspruches selbst bestimmen dürfen, schreibt der ehemalige Bundesverfassungsrichter Dieter Grimm in der *FAZ*.

»Wenn die Glaubensinhalte einer Religion mit dem Grundgesetz vereinbar sein müssten, hätte es auch das Christentum in Deutschland schwer. Wie viele andere Religionen beansprucht es für die gottgegebene Lehre allgemeine, nicht nur religionsinterne Gültigkeit. Dürften die christlichen Konfessionen ihren Anspruch, dem wahren Gott zu dienen, vor dem alle anderen Götter nur Götzen sind, nicht aufrechterhalten, müssten sie dem ersten Gebot abschwören. Der Katholizismus wäre unvereinbar mit dem Grundgesetz, weil die Kirche das Priesteramt Männern vorbehält und die Heirat von Priestern mit einem Berufsverbot belegt. Eine auf göttliche Wahrheit gegründete Religionsgemeinschaft wie das Christentum lässt sich auch nicht auf demokratische Grundsätze festlegen. Weltreligionen wären gar nicht mehr möglich, wenn sie ihren Glaubensinhalt nach den jeweiligen Staatsverfassungen auszurichten hätten.«[88] Das bedeute allerdings nicht, dass religiös begründete Verhaltensweisen, die den Prinzipien der Verfassung widersprechen, automatisch auch geschützt seien. Denn die Religionsfreiheit sei nur eines von mehreren Grundrechten und unterliege wie alle anderen gewissen Schranken, schreibt der Rechtswissenschaftler. Im Falle von Widersprüchen müsse man abwägen zwischen den im Gesetz formulierten Belangen der Allgemeinheit und dem Grundrecht auf Religionsfreiheit. Zusammenfassend bringt es Dieter Grimm auf die Formel: »Kein Glaube muss mit dem Grundgesetz vereinbar sein, aber nicht alles, was ein Glaube fordert, darf unter dem Grundgesetz verwirklicht werden.«[89]

Weil es juristisch betrachtet also keinen Unterschied zwischen Islam und Christentum gibt, verweisen Islam-Gegner gerne auf die Scharia und die angebliche Einheit von Religion und Politik im Islam, um zu beweisen, dass es gar nicht klappen kann mit unserer demokratischen Grundordnung und dem Islam. Dabei ist die Scharia kein kodifiziertes Recht in Form einer Gesetzessammlung, sondern formuliert Bestimmungen, die einem permanenten Wandel unterliegen, je nachdem, wie die Muslime die Quellen des Islam interpretieren. Es geht darum, festzulegen, was aus islamischer Sicht gut und was verwerflich ist, insofern ließe sich mit Hilfe einer modernen Koranauslegung durchaus eine fortschrittliche Scharia ausarbeiten.

Auch die Behauptung, im Islam seien politische und religiöse Macht nicht voneinander zu trennen, ist falsch. Der Koran enthält kein eindeutiges Modell für eine politische Ordnung und in der islamischen Geschichte waren geistliche und politische Herrschaft die meiste Zeit getrennt. Zudem gab es einen ausgeprägten säkularen Diskurs über Politik, wie der Islamwissenschaftler Thomas Bauer in seinem Buch *Die Kultur der Ambiguität* nachweist.[90] »Islamische Gottesstaaten« zu sein beanspruchen in der heutigen Welt lediglich zwei Länder für sich, wobei der eine – Saudi-Arabien – eine Monarchie und der andere – Iran – eine parlamentarische Republik ist. Fast die Hälfte aller Muslime leben in demokratisch regierten Staaten (Indonesien, Indien, Türkei, Europa und den USA), wo sie offensichtlich kein Problem damit haben, ihre Glaubensinhalte mit den jeweiligen politischen Ordnungen in Einklang zu bringen.

Punkt 6: Auf dem Kopf und in der Schule

Das gilt auch für Musliminnen mit Kopftuch. Sie sind längst aktive Bürgerinnen dieses Landes und haben doch vielfach mit Widerständen zu kämpfen, garade in der Berufswelt. Der große Vorbehalt gegenüber dem Kopftuch hat in Deutschland mit dem Bild des Islam zu tun, das die meist ungebildeten Gastarbeiter aus den ländlichen Gebieten der Südosttürkei in den 1960er-Jahren prägten. Damals liefen manche kaum Deutsch sprechenden und Kopftuch tragenden Hausfrauen bepackt mit schweren Einkaufstüten zwei Schritte hinter ihren Männern. Das Kopftuch wurde zum Inbegriff von Rückschrittlichkeit und Benachteiligung der Frau, obwohl in den Metropolen der islamischen Welt auch Ärztinnen, Architektinnen und Professorinnen ihre Haare bedecken. Viele Freundinnen und Verwandte, die mich in Syrien besuchten, waren überrascht, dass die Kopftuchträgerinnen in meinem Bekanntenkreis gar nicht so anders waren als sie selbst. Als akademisch gebildete, berufstätige und sozial engagierte Frauen und Mütter dachten und lebten sie ganz ähnlich wie meine deutschen Besucherinnen. In Syrien erkannten diese, dass sich auch selbstbewusste und unabhängige Frauen bewusst zum Tragen eines Kopftuches entscheiden – und trotzdem haben sie in Deutschland genau mit diesen Frauen ein Problem. Das liegt daran, dass wir lieber Gewissheiten pflegen als unser Weltbild zu überdenken. Solange die muslimische Frau unterdrückt zu Hause sitzt, passt sie in die Klischee-Schublade der meisten Deutschen. Eine Ärztin, die fünfmal am Tag betet, und eine Anwältin, die im Ramadan fastet, erschüttern jedoch die Grundfesten so mancher Überzeugung – es passt einfach nicht zusammen. Natürlich gibt es in Deutschland muslimische Frauen und Mädchen, die unterdrückt werden und nicht frei und nach ihrem eigenen Willen leben können. Aber während sich im Alltag vor allem junger Musliminnen vieles geändert hat, ist unser Bild von ihnen erstarrt. Wir denken, sie müssten sich erst von ihrer Religion befreien, um bei uns glücklich werden zu können, und das Kopftuch störe dabei nur. Dabei lassen sich persönlicher Glaube und ein selbstbestimmtes Leben in Deutschland durchaus vereinen – vorausgesetzt, die Mehrheitsgesellschaft entwickelt ein entspanntes Verhältnis zum Islam.

Dafür müssen wir auch unseren Blick auf die muslimische Frau ändern, denn dieser ist von Mitleid, Unverständnis und Verachtung geprägt. Die Muslimin wird als »zurückhaltendes, nichtaktives Wesen« gesehen, schreibt die Publizistin Charlotte Wiedemann in der *taz*, »ein Geschöpf, das hinnimmt und vermutlich leidet«. Jedenfalls setze sie unserem Verständnis nach keine Regeln. »Verweigert sie einem nichtmuslimischen Mann den Händedruck, wird er das mit ihrer Schüchternheit und ihrer Unterdrückung erklären. Das arme Ding! Wahrscheinlich schlägt ihr Mann/Bruder/Vater sie sonst! Der Muslima wird also ihr Verhalten verziehen, weil sie am Kreuzungspunkt von Islam- und Frauenfeindlichkeit lebt: Sie ist nur Objekt. Sie entscheidet nicht. Kein Mann wird durch sie um seine Ehre gebracht.«[91]

Würden wir Musliminnen dagegen als gesellschaftliche Akteure mit selbstbestimmten Handlungsweisen achten, könnten wir Missverständnisse vermeiden, eine Menge über den Islam lernen und mit größerer Gelassenheit reagieren. Eigentlich sollte uns das leicht fallen, denn inzwischen leben viele junge Musliminnen in Deutschland ziemlich emanzipiert. Die Kopftücher werden deswegen nicht unbedingt weniger, sondern sie werden sichtbarer. Diese Frauen entscheiden selbst, ob sie ihre Haare verhüllen wollen oder nicht. Zwar gibt es innerhalb der Familien oder muslimischen Gemeinden durchaus eine Erwartungshaltung, die persönlichen Druck erzeugen kann. Wer aber eine Ausbildung macht oder studiert, um anschließend berufstätig und finanziell unabhängig zu sein, lässt sich in Bezug auf die Kleidung wohl kaum Vorschriften machen. So wie die Medizinstudentin und Poetry-Slammerin Nemi El-Hassan, die in ihrem Gastkommentar für *heute.de* schreibt: »Ich trage mein Kopftuch aus religiösen Gründen, genau so, wie das Grundgesetz es mir zugesteht. Ich habe nicht vor, jemanden zu missionieren, und es ist auch nicht mein Ziel, dass alle Frauen in Deutschland ein Kopftuch tragen. Ich finde, im Jahr 2016 ist es an der Zeit, dass jede Frau selbst entscheidet, was sie tragen will, und was nicht. Auch – und gerade – wenn sie arbeitet. Das zumindest würde ich unter Emanzipation verstehen. Und genau die wird Frauen mit Kopftuch pauschal abgesprochen.«[92] Musliminnen wie Nemi El-Hassan, die hier geboren wurden, perfekt Deutsch sprechen, gut ausgebildet sind und aus persönlicher Überzeugung ein Kopftuch tragen, sind das beste Beispiel gelungener Integration. Weil sie beweisen, was man in Deutschland alles gleichzeitig sein kann – Doktorandin mit Migrationshintergrund, Muslimin und erfolgreiche Unternehmerin, arabische Muttersprachlerin und deutsche Journalistin, Kopftuchträgerin und Stipendiatin der Studienstiftung des deutschen Volkes.

Ein Eindruck drängt sich in diesem Zusammenhang auf: Je gebildeter Deutschlands Musliminnen sind, desto größer wird der gesellschaftliche Widerstand. Solange Kopftuchträgerinnen in den Schulen putzten, hatte die Mehrheitsgesellschaft kein Problem, erst seitdem sie unterrichten wollen, werden Gegenstimmen laut. Dabei ist die Rechtslage eindeutig. Lehrerinnen mit Kopftuch pauschal das Unterrichten zu verbieten, ist, wie bereits erwähnt, seit März 2015 verfassungswidrig. Das Bundesverfassungsgericht entschied damals, dass eine »hinreichend konkrete Gefahr« für den Schulfrieden zu belegen und zu begründen sei, um einer kopftuchtragenden Lehrerin den Schuldienst zu verweigern. »Das Tragen eines islamischen Kopftuchs begründet eine hinreichend konkrete Gefahr im Regelfall nicht«, heißt es in dem Urteil.[93] Einige Bundesländer müssen ihre Gesetzgebung noch entsprechend anpassen. Mit Verweis auf die staatliche Neutralität alle religiösen Symbole aus Klassenzimmern und Behörden zu verbannen, ist gerade nicht neutral. Denn das Kopftuch ist, im Gegensatz zu einem Kreuz an der Wand, Ausdruck eines persönlichen Bekenntnisses – im weitesten Sinne vergleichbar mit dem Kreuz an einer Halskette (das überall in Deutschland erlaubt ist). Während eine überzeugte Christin, Atheistin, Nationalistin oder Kommunistin ohne Weiteres unterrichten und Recht sprechen darf, solange sie ihre Gedanken und Überzeugungen für sich behält, unterstellen wir der Kopftuchträgerin, sie sei nicht in der Lage, ihren Beruf von ihrem Glauben zu trennen.

Warum aber sollte eine gläubige Muslimin eine schlechtere oder »gefährlichere« Deutsch- oder Mathelehrerin sein als eine gläubige Katholikin oder eine bekennende Anthroposophin? Wie können wir einer promovierten Juristin, deren Studienabschlüsse und Zeugnisse herausragend sind, die Fähigkeit absprechen, Recht zu sprechen – also deutsche Gesetze zu interpretieren und dabei ausschließlich juristische Methoden anzuwenden – nur weil sie ein Tuch trägt? Warum sollte ein evangelischer, agnostischer oder politisch eindeutig rechtskonservativ eingestellter Richter seine Arbeit besser von seinen persönlichen Überzeugungen trennen können als eine Muslimin?

Nicht das, was auf dem Kopf ist, sei wichtig, sondern die Einstellung darin, meint Autorin Nemi El-Hassan in ihrem Kommentar.

Das beweist der Fall eines Richters in Dresden, der sich in der AfD engagiert und einem anerkannten Extremismusforscher und Sachverständigen im NPD-Verbotsverfahren per einstweiliger Verfügung untersagte, seine wissenschaftlichen Aussagen über die NPD zu wiederholen.[94] Nemi El-Hassan fragt deshalb zurecht, warum nur sichtbare Kleidungsstücke zwangsläufig zu einer Beeinflussung von Schülern führen sollten. »Was ist eigentlich mit einem Geschichtslehrer, der mit rechtsnationalen Gedanken spielt und trotzdem unterrichtet? Und dabei übrigens ganz ›normal‹ aussieht?«[95]

Rein rechtlich gibt es in Deutschland kein Berufsverbot für Kopftuchträgerinnen (das wäre verfassungswidrig). Aber in der Realität haben Musliminnen mit Tuch kaum Chancen auf eine freie Berufswahl, weil sie vielfach diskriminiert werden. Auch im öffentlichen Dienst, etwa, wenn Rechtsreferendarinnen mit Verweis auf »staatliche Neutralität« von entscheidenden Arbeitsbereichen ausgeschlossen werden. Rassismus- und Integrationsforscher (und auch deutsche Gerichte) sind sich einig: Solange der Staat mit allen Mitteln versucht, Kopftuchträgerinnen vom öffentlichen Dienst fernzuhalten, misst er Musliminnen gegenüber mit zweierlei Maß – obwohl er laut Grundgesetz alle Religionen gleichermaßen fördern müsste.[96] Damit sendet er nebenbei ein falsches Signal an private Arbeitgeber, die sich in ihrer Tendenz, keine Kopftuchträgerinnen einzustellen, bestätigt fühlen. Warum sollte ein städtisches Krankenhaus eine Kinderärztin mit Kopftuch beschäftigen, wenn die Stadtverwaltung keine praktizierende Muslimin duldet? Indem Deutschland also diesen Frauen in vielen Bereichen die Berufstätigkeit erschwert, bestrafen wir sie genau für das, was wir sonst ständig einfordern: Bildungserfolg, gesellschaftlichen Aufstieg, Teilhabe an der Arbeitswelt und einen emanzipierten Islam. Wie vorbildlich integriert diese Kopftuchträgerinnen sind, sehen wir daran, dass sie sich die Diskriminierung immer weniger bieten lassen und klagen. Deutsche Gerichte beschäftigen sich deshalb zunehmend mit dem Thema.[97]

Dabei brauchen wir die Kopftuchträgerinnen dringend, um weitere Brücken zwischen der Mehrheitsgesellschaft und den Geflüchteten zu bauen. Die meisten Musliminnen, die neu nach Deutschland kommen, tragen Kopftuch und können sich zunächst nicht vorstellen, dieses abzunehmen. Für sie wären erfolgreiche deutsche Kopftuchträgerinnen die perfekten Vorbilder, die sie motivieren könnten, Deutsch zu lernen und aktiv zu werden (gesellschaftlich oder beruflich). Außerdem lassen diese Frauen sofort erkennen, dass deutsch und muslimisch zu sein kein Widerspruch ist. Die »neuen« Muslime wären gewappnet gegen die erwähnten Spaltungsversuche der Extremisten, wir hätten bewiesen, dass der Islam in allen Bereichen unserer Gesellschaft dazugehört und einen wichtigen Sieg im Kampf gegen Terror und Rassismus errungen.

In einer Untersuchung über Islamfeindlichkeit verschiedener europäischer Gesellschaften zeigte sich bereits 2010, dass die Deutschen deutlich intoleranter gegenüber dem Islam sind als andere Europäer. Der Religionssoziologe Detlef Pollack von der Universität Münster fand dabei heraus, dass die persönliche Begegnung der effektivste Weg sei, um Islamfeindlichkeit abzubauen. Wer keinen Muslim kenne, sei islamfeindlicher eingestellt als jemand, der Muslime im Bekanntenkreis habe.[98] Wer also im Alltag regelmäßig mit Kopftuch tragenden Frauen konfrontiert wird – im Krankenhaus, in der Apotheke oder im Fernsehen –, wer Musliminnen in der Nachbarschaft begegnet und sich mit ihnen zum Kaffee trifft, der wird das Kopftuch irgendwann gar nicht mehr sehen. So wie mein Bekannter Gibran, ein christlicher Mosaikdosenhersteller in der Altstadt von Damaskus, der mir einst erzählte, er könne mir gar nicht sagen, ob die Kundin vorhin ein Kopftuch getragen habe oder nicht, weil er es nicht bewusst wahrnehme. »Das ist so, als ob jemand eine Brille trägt oder nicht.«

In einem erfolgreichen Integrationsland sollten wir keinen Gedanken mehr daran verschwenden, ob die Lehrer und Lehrerinnen unserer Kinder gläubig sind oder nicht, ob sie Christen, Muslime, Juden oder Buddhisten sind, weil das für den Unterricht keine Rolle spielen darf, sondern einfach nur Vielfalt abbildet. Übrigens die gleiche Vielfalt, die in vielen Klassenzimmern längst selbstverständlich ist, weil die Schüler selbst sie verkörpern. Häufig steht einer sehr gemischten Schülerschaft noch immer eine ziemlich homogene Lehrerschaft gegenüber – auch das befördert Rassismen und erschwert gegenseitiges Verständnis. Doch wer weiß, vielleicht finden sich demnächst Schulen in Deutschland, in denen die Mathelehrerin Kopftuch trägt, die Lehrerin für islamische Religion dagegen nicht. Das wäre für mich ein Zeichen gesellschaftlicher Reife.

Seit mehr als zehn Jahren gibt es in einigen Bundesländern Modellversuche, islamische Religion in den Schulunterricht zu integrieren – entweder als Religionskunde (als neutrale Information über den Islam) oder als bekenntnisorientierten Unterricht (wie der katholische und evangelische Religionsunterricht). Inzwischen ist der Islamunterricht in den drei Bundesländern Nordrhein-Westfalen, Niedersachsen und Hessen ordentliches Schulfach. An fünf Hochschulen (in Münster und Osnabrück, Tübingen, Erlangen-Nürnberg sowie Frankfurt-Gießen) werden derzeit 1.800 Studierende zu Religionslehrern und islamischen Theologen ausgebildet. Obwohl die Deutsche Islam Konferenz schon 2008 die Kultusminister der Länder aufforderte, islamischen Religionsunterricht in deutscher Sprache an öffentlichen Schulen einzuführen, existiert bis heute kein flächendeckender Religionsunterricht für die muslimischen Kinder in Deutschland. Dabei sieht das Grundgesetz vor, dass der Religionsunterricht in den öffentlichen Schulen ordentliches Lehrfach ist und »in Übereinstimmung mit den Grundsätzen der Religionsgemeinschaften erteilt« wird (Artikel 7 Absatz 3). Es bleibt deshalb zu hoffen, dass durch die Einschulung geflüchteter Kinder auch dort islamischer Religionsunterricht zustande kommt, wo er bislang nicht notwendig war. Denn je früher religiöse Inhalte innerhalb von staatlichen Strukturen vermittelt werden, desto besser für das Islamverständnis insgesamt.

Punkt 7: Mutig voran mit »Vielfalt in Einheit«

Wie sich der Islam in Deutschland durch die Geflüchteten verändert, bleibt abzuwarten. Absehbar sind zwei Entwicklungen. Erstens wird die Vielfalt größer und das muslimische Leben dadurch deutscher. Denn wenn sich in der einzigen örtlichen Moschee nicht mehr überwiegend Deutschtürken treffen, sondern zunehmend auch Syrer, Iraker und Afghanen, dann wird sich Deutsch als gemeinsame Sprache durchsetzen. Daneben werden Gemeinden entstehen, in denen überwiegend Arabisch oder Dari gesprochen wird, was in einem Einwanderungsland normal ist – schließlich werden Gottesdienste orthodoxer Christen oder freikirchlicher Gemeinschaften ebenfalls in anderen Sprachen abgehalten.

Auch ein enger Bezug zum Herkunftsland inklusive finanzieller Unterstützung von dort ist keine Besonderheit des Islam, sondern findet sich in allen Religionen. Vorsicht ist nur bei Großprojekten ausländischer Regierungen geboten, die offensichtlich politische oder ideologische Zwecke verfolgen. Etwa wenn Saudi-Arabien (ohne hier mit einer bedeutenden saudischen Gemeinde verwurzelt zu sein) große islamische Zentren errichten will, mit dem Ziel, salafistische oder der Orthodoxie verhaftete Sichtweisen in Deutschland zu propagieren. Wer möchte, dass die muslimischen Gemeinden hierzulande grundsätzlich unabhängiger von ausländischen Geldern sind, muss Möglichkeiten einer inländischen Finanzierung schaffen.

Die zweite Entwicklung betrifft die ostdeutschen Bundesländer. Sie werden stärker als bisher mit dem Islam zu tun bekommen, da Geflüchtete ihren Wohnsitz zunächst nicht frei wählen können, sondern gerecht auf die Bundesländer verteilt werden. Entsprechend viele Muslime werden auch in Ostdeutschland leben und integriert werden müssen. Angesichts der Feindseligkeiten gegenüber Asylbewerbern, Migranten, Moscheegemeinden und engagierten Bürgern steht Deutschland hier vor seiner größten Herausforderung. Ostdeutsche und Muslime in persönlichen Kontakt zu bringen, wird für das gesellschaftliche Klima dieses Landes entscheidend sein.

Informieren, aufklären, ins Gespräch kommen, kennenlernen, Vorurteile abbauen – was in einzelnen Orten bereits im Kleinen funktioniert, sollte über die erwähnten Patenschaften gezielt gefördert werden. Die Bewohner selbst sollten Vorschläge machen, wie es mit den zugewiesenen Ausländern klappen könnte. Statt anderen die Schuld an »Überfremdung« und der »Zerstörung Deutschlands« zu geben, müssten sie selbst Verantwortung für die geliebte deutsche Heimat übernehmen. Der von Parteien, rechtsnationalen Kräften oder besorgten Bürgern mobilisierte pauschale Widerstand muss menschlich aufgebrochen und in konstruktive Mitgestaltung umgewandelt werden. Nur so kann aus Angst Vertrauen erwachsen. Dabei ist es normal, Angst vor Fremdem zu haben. Aber Angst vor Fremdem zu schüren und politisch zu instrumentalisieren, ist Rassismus und mit deutschen (eigentlich universalen) Werten wie Gleichberechtigung, Toleranz und Gleichheit vor dem Gesetz nicht vereinbar. Der natürliche Reflex sollte immer sein, jemandem seine Angst zu nehmen, und nicht, diese noch zu verstärken. Mit Fremden in Kontakt zu kommen, um Ängste abzubauen, ist also das eine. Daneben müssen die Menschen spüren, dass es ihnen wegen der Geflüchteten und Migranten nicht schlechter geht als vorher. Dafür braucht es zunächst Geld. Denn bis Syrer, Iraker, Afghanen und andere auf eigenen Beinen stehen, werden ein paar Jahre vergehen. Je jünger, desto besser die Chancen – manche über 45-Jährigen werden es vielleicht nie schaffen.

Das Geld, das es braucht, haben wir im Grunde – zum Beispiel in Form des Solidaritätszuschlags. Mit ihm wurde in der Vergangenheit vor allem die deutsche Einheit finanziert, regelmäßig diskutieren Politiker über seine Abschaffung. 2015 brachte der Soli Steuereinnahmen von fast 16 Milliarden Euro, damit ließe sich der größte Teil der Ausgaben für die Integration der Geflüchteten finanzieren. Nach Prognosen des Instituts der deutschen Wirtschaft kosten Unterbringung, Verpflegung, Deutsch- und Integrationskurse für 1,5 Millionen Geflüchtete etwa 22 Milliarden Euro.[99]

Wie schön also, dass der Soli heißt, wie er heißt. Denn so kann ihn die Politik für Dinge einsetzen, die unsere Solidarität benötigen. Zum Beispiel um in strukturell benachteiligten Regionen und sozialschwachen Stadtteilen in Ost- und Westdeutschland bezahlbaren Wohnraum, Arbeitsplätze und Bildungsangebote für alle zu schaffen. Diese kommen dann sowohl Deutschen mit und ohne Migrationshintergrund als auch Geflüchteten zugute. Um den sozialen Frieden zu sichern – oder ihn mancherorts wiederherzustellen – müssen die Lebensbedingungen überall dort, wo Geflüchtete dauerhaft unterkommen, für alle besser werden, sie dürfen sich zumindest nicht verschlechtern.

Der Solidaritätszuschlag erscheint als passender Finanzierungstopf, da jeder ihn entsprechend seiner Einkünfte bezahlen muss – Geringverdiener gar nicht, Gutverdiener umso mehr, und auch ein geflüchteter Syrer, der nach einem Jahr als Berater bei der Agentur für Arbeit oder Frisör angestellt wird, beteiligt sich am Soli. Das fühlt sich für den Durchschnittsdeutschen – zumal im Osten – deutlich gerechter an, als wenn innerhalb von Ministerien Haushaltsmittel umgeschichtet werden, die dann womöglich woanders fehlen. Außerdem garantiert der Soli jedes Jahr eine vorhersehbare Summe, sodass um das Geld für die Integration von Geflüchteten nicht zu sehr politisch geschachert würde.

Mit weniger Sorgen um die eigene Existenz gelingt es besser, Geflüchtete als Menschen zu sehen. Jeder einzelne Syrer und jede einzelne Afghanin ist ein Mensch mit Talenten und Problemen, Fähigkeiten und Defiziten. Das klingt selbstverständlich, ist es aber derzeit nicht. Ich kann in dem jungen Mann mit den dichten schwarzen Locken einen potenziellen Frauenvergewaltiger sehen oder einen geschickten Autobauer. Habe ich Angst oder Respekt? In dem vierfachen Familienvater und ehemaligen Krämerladenbesitzer aus Idlib kann ich einen Analphabeten und Sozialschmarotzer sehen oder einen selbstständigen Kaufmann mit großer persönlicher Einsatzbereitschaft. Begegne ich ihm mit Misstrauen oder Wohlwollen?

Deutschland steht auf der Kippe. Damit es wieder den Boden des Grundgesetzes unter die Füße bekommt, braucht es neben Investitionen, einer besseren Zusammenarbeit zwischen Politik und Zivilgesellschaft, einem neuen selbstverständlichen Verhältnis zum Islam und mehr Kontakten jenseits der eigenen Peergroup noch etwas: ein zukunftsfähiges Narrativ, das die Gesellschaft in Zeiten großer Veränderungen zusammenhält und stark macht. Ein »Leitbild«, wie der Rat für Migration es nennt. Viele Einwanderungsländer haben einen solchen Slogan, der für die Menschen kein bloßer Werbespruch ist, sondern identitätsstiftend wirkt. Die USA gelten als »Land der unbegrenzten Möglichkeiten«, Kanada hat für sich den Leitspruch »Einheit in Vielfalt« gefunden. Für Deutschland würde es vielleicht umgekehrt passen: »Vielfalt in Einheit«. Damit wir Einwanderung nicht als etwas Unerwünschtes betrachten, das über uns kommt oder das wir aus demografischen Gründen brauchen, sondern als Teil unseres Selbstverständnisses als Deutsche.

Dass viele Menschen diesen Wandel innerlich schon vollzogen haben, zeigt das breite zivilgesellschaftliche Engagement im Umgang mit Geflüchteten. Der Rat für Migration geht diesem nach und identifiziert im Rahmen des Projektes »So schaffen wir das« bundesweit 100 wegweisende Initiativen der Zivilgesellschaft. Grundsätzlich wiesen die Projekte »konkrete Wege aus der angstbesetzten Lähmung, die den Umgang mit Einwanderung kennzeichnet«, heißt es dort. Langfristig könnten sie den Deutschen dabei helfen, die Kultur einer Einwanderergesellschaft zu entwickeln, meint der Rat für Migration. »Damit die politische Definition, sich als Einwanderungsland zu verstehen, auch gesellschaftlich nachvollzogen wird.« Außerdem bedeute die Bürgerbewegung eine Chance, zu einem neuen Verhältnis zum Islam zu kommen, so die Projektbeschreibung. Schließlich seien unter den Geflüchteten viele Muslime – Initiativen aus der Mehrheitsgesellschaft und aus islamischen Gemeinden zögen an einem Strang.[100]

Gerade diejenigen, die seit Monaten oder Jahren mit Ausländern zu tun haben, wissen ziemlich genau, was auf Deutschland zukommt. Sie sind nicht die naiven Multi-Kulti-Verklärer, als die sie gerne verspottet werden, sondern das genaue Gegenteil: Sie sind die Realos. Und sie sind überall. In den Metropolen und ihren Vororten, in Kleinstädten und auf dem Land, in Reihenhäusern und Altbauwohnungen, Arbeitersiedlungen und Villengegenden. Ob konservativ oder liberal, bürgerlich oder links, ob Arbeiter, Aktionär oder Antifa. Die Signale kommen aus der gesamten Gesellschaft – das ist die Chance. Aber die anderen sind lauter – und das ist die Gefahr.

All jene, die sich hinter ihren Gartenzäunen verschanzen und nur herauskommen, um gegen Notunterkünfte und ankommende Busse zu demonstrieren, haben in Wirklichkeit keine Ahnung von dem, was sie als Bedrohung empfinden. Sie sind es, die verklären – nämlich Deutschland zu einer homogenen Abstammungsnation. Die kann es ohne Ausgrenzung, Verfolgung und Vernichtung vermeintlich fremder Einflüsse nicht geben, lehrt uns der Nationalsozialismus. Deshalb ist die Beschwörung eines deutschen Volkes im Sinne einer einheitlichen Kultur, Geschichte und Gesinnung so gefährlich. Eine deutsche Identität, die kollektiv verordnet wird und der sich jeder unterzuordnen hat, führt direkt in die Vergangenheit.

Verständlicherweise sind auch Deutsche verunsichert. Die Gewissheiten des Kalten Krieges (wir gut die anderen böse) gibt es nicht mehr, die Welt ist komplexer geworden. Um selbstbewusst darin navigieren zu können, braucht es jedoch neue Antworten und keine Rolle rückwärts in einen plumpen und überhöhten Nationalismus mit ewig gestrigen Parolen gegen Globalisierung, Finanzmärkte und Kapitalismus, gegen den Islam, Einwanderung, politische Eliten und »Altparteien«. Die Sehnsucht vieler Europäer nach Stabilität, Ordnung und Eindeutigkeit bringt am Ende autoritäre Populisten an die Macht, die das genaue Gegenteil verursachen, nämlich Instabilität, nationale Unberechenbarkeit, gesellschaftlichen Unfrieden und wachsende Angst.

Natürlich können wir stolz darauf sein, Deutsche zu sein. Auch ich will Deutschland für meine Kinder und Enkelkinder erhalten. Allerdings als ein Land, das Freiheit gewährt und Toleranz lehrt, das allen Menschen die gleichen Rechte garantiert und Andersartigkeit als Bereicherung und nicht als Gefahr begreift. Mit einer Gesellschaft, deren Horizont eben nicht am Gartenzaun endet, sondern weiter reicht – im Zweifelsfall bis nach Syrien, um zu erkennen, dass da jemand akut Hilfe braucht und meine Solidarität.

Den Syrern bleibt zu hoffen, dass sie bald nicht mehr schwimmen, laufen, klettern und rennen müssen, um nach Deutschland zu kommen. Dass sie in Izmir, Ankara oder Istanbul, in Beirut, Amman oder Erbil als Kontingentflüchtlinge ein Flugzeug besteigen können, das sie an einen Ort in Deutschland bringt, wo sie erwartet werden. Und dass sie bei uns das finden, wofür sie in ihrer Heimat bislang vergeblich demonstriert und gekämpft haben: ein Leben in Würde und ohne Angst.

Die Syrer zu integrieren wird sich lohnen: menschlich, als Investition in Syriens Zukunft und womöglich auch für Deutschland. Wer weiß, vielleicht ist einer wie Steve Jobs schon unter uns? Der Apple-Gründer wäre sicher ein Yusif oder Omar geworden, hätten sein syrischer Vater und seine deutsch-schweizerische Mutter ihn nicht gleich nach der Geburt in den USA zur Adoption freigegeben. Wäre Steve Jobs mit anderem Namen der gleiche Visionär und Multimillionär geworden? In Amerika vermutlich schon, in Deutschland eher nicht.

Woran sehen wir also, dass wir auf einem guten Weg sind? Daran, dass auch Mitglieder von Minderheiten Erfolg haben und hohe staatliche Ämter bekleiden. Wenn der erste Bundesverfassungsrichter Ahmad heißt, eine Frau mit Kopftuch Ministerin wird und Berlin einen muslimischen Bürgermeister hat (wie Rotterdam und London), dann sind wir kein Kalifat, sondern eine funktionierende Verfassungsnation mit einer auf Pluralismus basierenden Gesellschaft. Ein erfolgreiches Integrationsland, in dem jeder alles werden kann. Wirklich geschafft haben wir es allerdings erst, wenn genau das in deutschen Medien keine Nachricht mehr wert ist.

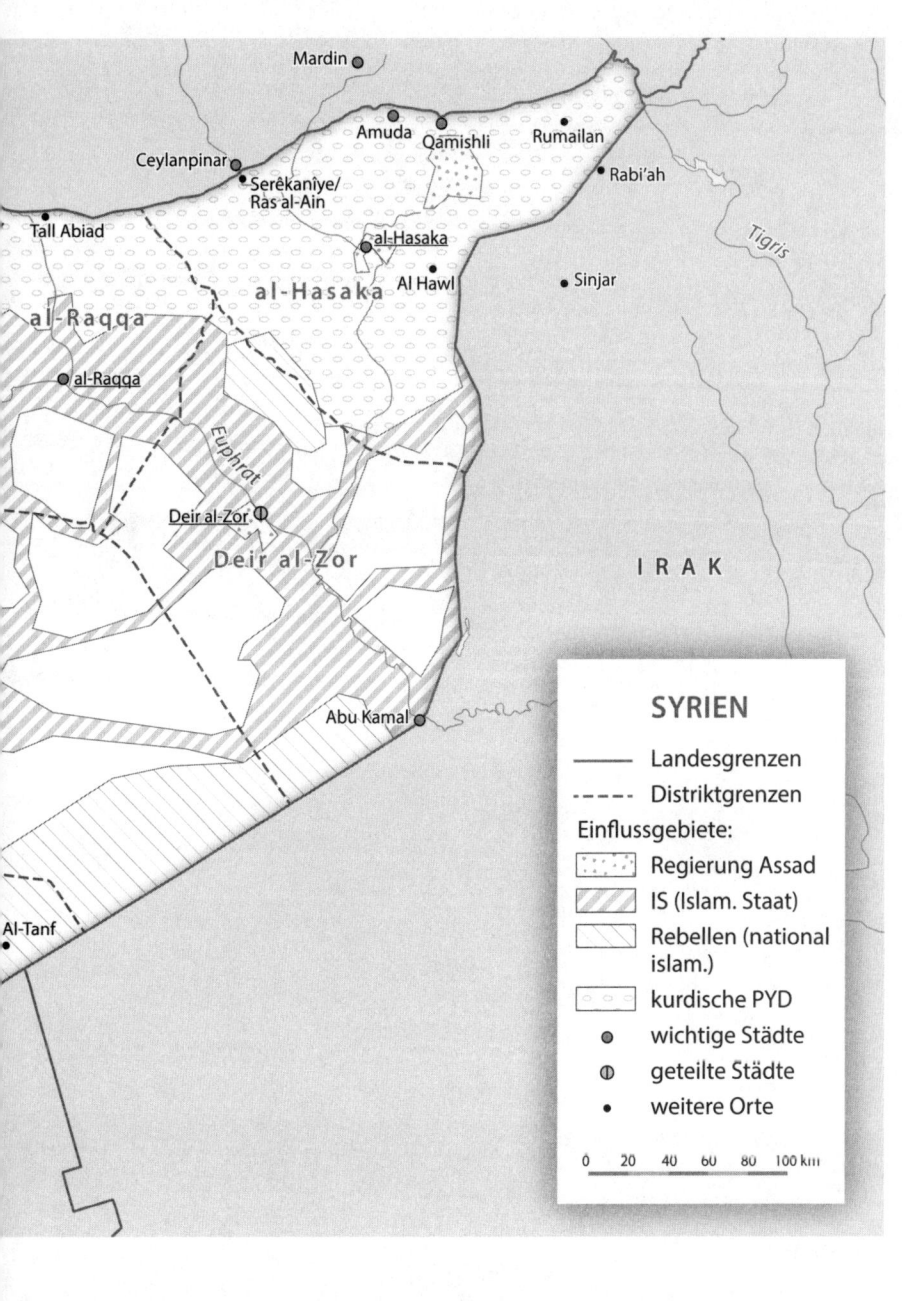

SYRIEN

—— Landesgrenzen

----- Distriktgrenzen

Einflussgebiete:

Regierung Assad

IS (Islam. Staat)

Rebellen (national
islam.)

kurdische PYD

● wichtige Städte

Ⓘ geteilte Städte

• weitere Orte

0   20   40   60   80   100 km

Mardin

Amuda Qamishli Rumailan

Ceylanpinar   Rabi'ah

Serêkaniye/
Ras al-Ain

Tall Abiad

al-Hasaka

al-Hasaka Al Hawl Sinjar

al-Raqqa

al-Raqqa

Euphrat   Tigris

Deir al-Zor

Deir al-Zor   IRAK

Abu Kamal

Al-Tanf

Quellenverzeichnis

Damaskus, Aleppo, al-Raqqa – Ein Staat löst sich auf

1. Vgl. Garance Le Caisne: Codename Caesar. Im Herzen der syrischen Todesmaschinerie. C.H. Beck 2015.

2. Vgl. Syrian Network for Human Rights: No less than 12.679 due to Torture, 99% of them at the Hands of the Syrian Regime Forces. The Rest of Detainees must be Rescued. SNHR 26.6.2016. http://sn4hr.org/blog/2016/03/15/19374/. Zuletzt aufgerufen am 22.6.2016.

3. Vgl. Human Rights Council: Out of Sight, Out of Mind: Deaths in Detention in the Syrian Arab Republic, Februar 2016; http://www.ohchr.org/Documents/HRBodies/HRCouncil/CoISyria/A-HRC-31-CRP1_en.pdf. Zuletzt aufgerufen am 22.6.2016.

4. Vgl. Robin Yassin-Kassab, Leila al-Shami: Burning Country. Pluto Press, London 2016.

5. Vgl. Christoph Reuter: Die schwarze Macht. Der »Islamische Staat« und die Strategen des Terrors, DVA 2015.

6. Vgl. Robin Yassin-Kassab, Leila al-Shami: Burning Country. Pluto Press, London 2016.

7. Vgl. http://www.kurdwatch.org/?cid=1&z=de. Zuletzt aufgerufen am 22.6.2016.

8. Vgl. Thomas Aders: Das Assad-Interview im Wortlaut, tagesschau.de 1.3.2016. https://www.tagesschau.de/ausland/assad-interview-101.html. Zuletzt aufgerufen am 2.7.2016.

9. Vgl. Ärzte ohne Grenzen: 94 Angriffe auf von Ärzte ohne Grenzen unterstützte Krankenhäuser im Jahr 2015 – Report, 18.2.2016. https://www.aerzte-ohne-grenzen.de/report-dokumentiert-angriffe-auf-syrische-kliniken. Zuletzt aufgerufen am 2.7.2016.

10. Jeremy Bowen: Assad's BBC interview: Key excerpts, BBC 10.2.2016. http://www.bbc.com/news/world-middle-east-31311895. Zuletzt aufgerufen am 2.7.2016.

11. Vgl. Qordoba – Translation of the Syrian Constitution Modifications 15.2.2012, Article 3.1 und 3.2. https://de.scribd.com/doc/81771718/Qordoba-Translation-of-the-Syrian-Constitution-Modifications-15-2-2012. Zuletzt aufgerufen am 1.7.2016.

12. Vgl. SNHR: The Consequences of Five Years, März 2016. http://sn4hr.org/wp-content/uploads/tollen/death-toll-en.jpg. Zuletzt aufgerufen am 1.7.2016, http://sn4hr.org/wp-content/uploads/tollen/children-toll-en.jpg. Zuletzt aufgerufen am 1.7.2016, http://sn4hr.org/wp-content/uploads/tollen/medical-toll-en.jpg. Zuletzt aufgerufen am 1.7.2016, http://sn4hr.org/wp-content/uploads/tollen/midea-toll-en.jpg. Zuletzt aufgerufen am 1.7.2016.

13. Vgl. http://kaiwiedenhoefer.com/forty-out-of-one-million. Zuletzt aufgerufen am 23.6.2016.

14. Vgl. Will Todman: Sieges in Syria: Profiteering From Misery, Middle East Institute Policy Focus 2016-14, Juni 2016. http://www.mei.edu/sites/default/files/publications/PF14_Todman_sieges_web.pdf. Zuletzt aufgerufen am 1.7.2016.

15. Vgl. Reuters: Monitor: 60.000 have died in Syrian government jails during war, Reuters 22.5.2016. http://www.reuters.com/article/us-mideast-crisis-syria-detainees-idUSKCN0YD084. Zuletzt aufgerufen am 23.6.2016.

16. Vgl. Tomas Avenarius: Aus dem allerletzten Kreis der Hölle, Süddeutsche Zeitung 12.6.2016. http://www.sueddeutsche.de/politik/syrien-aus-dem-allerletzten-kreis-der-hoelle-1.3029953. Zuletzt aufgerufen am 1.7.2016.

17. Vgl. Staffan de Mistura am 29.6.2016 gegenüber Journalisten nach seinem Briefing im Weltsicherheitsrat der Vereinten Nationen in New York.

18. Vgl. The Syria Campaign: Taking sides: The United Nations' Loss Of Impartiality, Independence And Neutrality In Syria, Juni 2016. http://takingsides.thesyriacampaign.org/. Zuletzt aufgerufen am 1.7.2016.

19. Vgl. International Committee of the Red Cross / United Nations: Aid convoy turns back after being refused entry to besieged Daraya, 12.5.2016. https://www.icrc.org/en/document/aid-convoy-turns-back-after-being-refused-entry-besieged-daraya. Zuletzt aufgerufen am 1.7.2016.

20. Vgl. Statement by Staffan De Mistura, UN Special Envoy for Syria, at informal briefing to the General Assembly am 22.6.2016. http://www.unog.ch/unog/website/news_media.nsf/(httpNewsByYear_en)/439DB3CDB4856F3DC1257FDA0034B6B3?OpenDocument. Zuletzt aufgerufen 1.7.2016.

21. Vgl. BBC: Syria Conflict: 'Barrel bombs dropped on Darayya` after aid delivery, BBC 10.6.2016. http://www.bbc.com/news/world-middle-east-36502159. Zuletzt aufgerufen am 1.7.2016.

22. Vgl. The Syria Campaign: Taking sides: The United Nations' Loss Of
    Impartiality, Independence And Neutrality In Syria, Juni 2016.
    http://takingsides.thesyriacampaign.org/. Zuletzt aufgerufen am 1.7.2016.

23. Viele haben sich zu der Plattform Planet Syria zusammengeschlossen:
    www.planetsyria.org.

Syrer bei uns – Warum wir Angst haben und uns missverstehen

24. Sascha Lobo: Die Mensch-Maschine. Mob und Gegenmob, SPIEGEL online
    6.1.2016. http://www.spiegel.de/netzwelt/web/koeln-silvester-mob-und-
    gegenmob-kolumne-a-1070724.html. Zuletzt aufgerufen am 20.6.2016.

25. Margarete Stokowski: Oben und unten: Ist das dieses »Wir schaffen es
    nicht«?, SPIEGEL ONLINE 25.11.2015. http://www.spiegel.de/kultur/
    gesellschaft/fluechtlinge-in-berlin-ist-das-dieses-wir-schaffen-es-nicht-
    kolumne-a-1064661.html. Zuletzt aufgerufen am 15.7.2016.

26. Andre Schulz: Auch Polizisten sind Dummschwätzer und Brandstifter, DIE
    WELT 18.10.2015. http://www.welt.de/debatte/kommentare/article147739641/
    Auch-Polizisten-sind-Dummschwaetzer-und-Brandstifter.html. Zuletzt
    aufgerufen am 3.7.2016.

27. Vgl. Agentur der Europäischen Union für Grundrechte: Gewalt gegen Frauen:
    sie passiert täglich und in allen Kontexten, 5.3.2014. http://fra.europa.eu/
    de/press-release/2014/gewalt-gegen-frauen-sie-passiert-taglich-und-allen-
    kontexten. Zuletzt aufgerufen am 25.6.2016.

28. Vgl. Bundesministerium des Innern: Polizeiliche Kriminalstatistik 2015, April
    2016.

29. Vgl. Bundesministerium für Familie, Senioren, Frauen und Jugend:
    Lebenssituation, Sicherheit und Gesundheit von Frauen in Deutschland,
    6.1.2005. http://www.bmfsfj.de/RedaktionBMFSFJ/Abteilung4/Pdf-Anlagen/
    kurzfassung-gewalt-frauen,property=pdf,bereich=bmfsfj,sprache=de,rwb=true.
    pdf. Zuletzt aufgerufen am 25.6.2016.

30. Heinrich Böll Stiftung, Gunda Werner Institut, Feminismus und
    Geschlechterdemokratie. http://www.gwi-boell.de/de/2016/03/03/
    veranstaltungen-zu-sexualisierter-gewalt-rund-um-den-8-maerz (zuletzt
    aufgerufen am 25.6.2016)

31. Vgl. netzfrauen: Gewalt an Frauen – Alle drei Minuten ereignet sich
    in Deutschland eine Vergewaltigung, 6.1.2016. https://netzfrauen.
    org/2016/01/06/gewalt-frauen-alle-drei-minuten-ereignet-sich-deutschland-
    eine-vergewaltigung/. Zuletzt aufgerufen am 25.6.2016.

32. Margarete Stokowski: Die hässliche Wirklichkeit, taz vom 12.1.2013.
    http://www.taz.de/!5075574/. Zuletzt aufgerufen am 15.7.2016

33. Christoph Ehrhardt/Julia Schaaf: Hatten die Taten System? Frankfurter
    Allgemeine Zeitung vom 17.1.2016. http://www.faz.net/aktuell/politik/

silvesternacht-in-koeln-hatten-die-taten-system-14017964.html. Zuletzt aufgerufen am 15.7.2016.

34. Ebd.

35. Vgl. ZEITMAGAZIN Nr. 27/2016: Was geschah wirklich? 28.6.2016. http://www.zeit.de/zeit-magazin/2016/27/silvesternacht-koeln-fluechtlingsdebatte-aufklaerung. Zuletzt aufgerufen am 4.7.2016

36. Agentur der Europäischen Union für Grundrechte: Gewalt gegen Frauen: sie passiert täglich und in allen Kontexten, 5.3.2014. http://fra.europa.eu/de/press-release/2014/gewalt-gegen-frauen-sie-passiert-taglich-und-allen-kontexten. Zuletzt aufgerufen am 25.6.2016.

37. Vgl. Christoph Ehrhardt/Julia Schaaf: Hatten die Taten System? Frankfurter Allgemeine Zeitung vom 17.1.2016. http://www.faz.net/aktuell/politik/silvesternacht-in-koeln-hatten-die-taten-system-14017964.html. Zuletzt aufgerufen am 4.7.2016.

38. Vgl. Joachim Güntner: Phallisch aggressives Verhalten, NZZ 6.2.2016.

39. Mely Kiyak: Kiyaks Theaterkolumne Nr. 46: Es handelt sich immer um Männer, Januar 2016. http://kolumne.gorki.de/kolumne-46/. Zuletzt aufgerufen am 25.6.2016

40. Vgl. Christoph Ehrhardt/Julia Schaaf: Hatten die Taten System? Frankfurter Allgemeine Zeitung vom 17.1.2016. http://www.faz.net/aktuell/politik/silvesternacht-in-koeln-hatten-die-taten-system-14017964.html. Zuletzt aufgerufen am 4.7.2016.

41. Vgl. Ebd.

42. Süddeutsche Zeitung: Justizminister Maas fordert Verbot von sexistischer Werbung, 11.4.2016.

43. Vgl. Fabian Goldmann: Feministischer als ihr war Mohammed allemal, Heinrich-Böll-Stiftung, Gunda-Werner-Institut, 19.2.2016. http://www.gwi-boell.de/de/2016/02/19/feministischer-als-ihr-war-mohammed-allemal. Zuletzt aufgerufen am 26.6.2016.

44. Vgl. Katajun Amirpur/Ludwig Ammann (Hg.): Der Islam am Wendepunkt. Liberale und konservative Reformer einer Weltreligion. Herder 2006.

45. Charlotte Wiedemann: Auf der Kippe, taz vom 23.1.2016. http://www.taz.de/!5267165/. Zuletzt aufgerufen am 4.7.2016.

46. Ebd.

47. Vgl. Syrian Network For Human Rights: Victims' death toll according to the main conflict parties in Syria since March 2011 and up till March 2016. http://sn4hr.org/wp-content/uploads/tollen/torture-toll-en.jpg. Zuletzt aufgerufen am 23.6.2016.

48. Vgl. Ralf Pauli: Die Sache mit dem Zeugnis, taz vom 19.10.2015. http://www.taz.de/!5239440/. Zuletzt aufgerufen am 15.7.2016.

49. Vgl. Marie-Claire von Radetzky/Kristina Stoewe: Flüchtlinge - 5 Vorurteile über Bildungsstand syrischer Flüchtlinge auf dem Prüfstand, Institut der deutschen Wirtschaft Köln, IW-Kurzbericht - Nr. 20 vom 2.5.2016.

50. Vgl. Ebd.

51. Vgl. Jan-Martin Wiarda: Geflüchtete an deutschen Schulen: Das kann nun wirklich keine Überforderung sein, 14.4.2016. http://www.jmwiarda. de/2016/04/14/gefl%C3%BCchtete-an-deutschen-schulen-das-kann-nun-wirklich-keine-%C3%BCberforderung-sein/. Zuletzt aufgerufen am 24.6.2016.

Mut zum Bekenntnis: Was jetzt zu tun ist – und was nicht

52. Heribert Prantl: Die AfD ist verfassungsfeindlich, nicht der Islam, Süddeutsche Zeitung 18.4.2016. http://www.sueddeutsche.de/politik/afd-und-islam-die-afd-ist-verfassungsfeindlich-nicht-der-islam-1.2954954. Zuletzt aufgerufen am 2.7.2016.

53. Vgl. Michael Hesse: Das gefährliche Gerede von der westlichen Wertegemeinschaft, Interview mit dem Philosophen Herbert Schnädelbach, Berliner Zeitung 1.3.2016. http://www.berliner-zeitung.de/kultur/interview-das-gefaehrliche-gerede-von-der-westlichen-wertegemeinschaft-23649790?dmcid=sm_fb. Zuletzt aufgerufen am 2.7.2016.

54. Jakob Augstein: Im Zweifel links: Welches Volk?, Spiegel online 29.2.2016. http://www.spiegel.de/politik/deutschland/rechtsruck-in-deutschland-welches-volk-kolumne-a-1079825.html. Zuletzt aufgerufen am 27.6.2016.

55. Vgl. Statistisches Bundesamt: Bevölkerung und Erwerbstätigkeit, Bevölkerung mit Migrationshintergrund, Ergebnisse des Mikrozensus 2014. 3.8.2015. https://www.destatis.de/DE/Publikationen/Thematisch/Bevoelkerung/MigrationIntegration/Migrationshintergrund2010220147004.pdf?__blob=publicationFile. Zuletzt aufgerufen am 27.6.2016.

56. Christoph Seils: Das Volk, der Souverän und das Einwanderungsland Deutschland, Cicero 2.3.2016. http://www.cicero.de/berliner-republik/replik-wo-steckt-denn-nun-das-volk-das-volk-der-souveraen/60580. Zuletzt aufgerufen am 2.7.2016.

57. Björn Höcke bei einer Rede in Erfurt, zitiert nach Fabian Leber: Frauke Petry: Rechte »zu Recht als Extremisten gebrandmarkt«, Tagesspiegel 22.10.2015. http://www.tagesspiegel.de/politik/afd-und-rechtsradikalismus-frauke-petry-rechte-zu-recht-als-extremisten-gebrandmarkt/12484278.html. Zuletzt aufgerufen am 2.7.2016.

58. Vgl. Theodor W. Adorno: Gesammelte Schriften in 20 Bänden – Band 4: Minima Moralia, Suhrkamp 2003.

59. Geert Hendrich: Arabisch-islamische Philosophie: Geschichte und Gegenwart, Campus Verlag 2005.

60. Almut Shulamit Bruckstein Çoruh: Die jüdisch-christliche Tradition ist eine Erfindung, Tagesspiegel 12.10.2010. http://www.tagesspiegel.de/kultur/islam-debatte-die-juedisch-christliche-tradition-ist-eine-erfindung/1954276.html. Zuletzt aufgerufen am 2.7.2016.

61. Sonja Vogel: Guten Morgen, Abendland; die tageszeitung 13.1.2015. http://www.taz.de/!5024016/. Zuletzt aufgerufen am 2.7.2016.

62. Almut Shulamit Bruckstein Çoruh: Die jüdisch-christliche Tradition ist eine Erfindung, Tagesspiegel 12.10.2010. http://www.tagesspiegel.de/kultur/islam-debatte-die-juedisch-christliche-tradition-ist-eine-erfindung/1954276.html. Zuletzt aufgerufen am 2.7.2016.

63. Stefan Schreiner: Eine Fiktion; Qantara 7.8.2012. http://de.qantara.de/content/das-christliche-europa-eine-fiktion. Zuletzt aufgerufen am 27.6.2016.

64. Vgl. Sachverständigenrat deutscher Stiftungen für Integration und Migration (SVR): Viele Götter, ein Staat: Religiöse Vielfalt und Teilhabe im Einwanderungsland. Jahresgutachten 2016, Februar 2016. http://www.svr-migration.de/wp-content/uploads/2016/04/SVR_JG_2016-mit-Integrationsbarometer_WEB.pdf. Zuletzt aufgerufen am 30.6.2016.

65. Vgl. Oliver Wietlisbach: Die vergessenen Jahre des Terrors. In den 70ern und 80ern zogen Terroristen eine Blutspur durch Europa, watson 10.4.2016. http://www.watson.ch/!982459207?utm_medium=earned&utm_source=facebook&utm_rainbowunicorn=0&utm_campaign=share-tracking. Zuletzt aufgerufen am 28.6.2016.

66. Vgl. Europol: European Union Terrorism Situation and Trend Report 2015, 6.7.2015.

67. Vgl. Dean Obeidallah: Are All Terrorists Muslims? It's Not Even Close; The Daily Beast 14.1.2015. http://www.thedailybeast.com/articles/2015/01/14/are-all-terrorists-muslims-it-s-not-even-close.html. Zuletzt aufgerufen am 27.6.2016.

68. Vgl. Oliver Wietlisbach: Die vergessenen Jahre des Terrors. In den 70ern und 80ern zogen Terroristen eine Blutspur durch Europa, watson 10.4.2016. http://www.watson.ch/!982459207?utm_medium=earned&utm_source=facebook&utm_rainbowunicorn=0&utm_campaign=share-tracking. Zuletzt aufgerufen am 28.6.2016.

69. Nicolas Hénin: Der IS und die Fehler des Westens. Orell Füssli 2015.

70. Vgl. Michael Hesse: »Hier revoltiert die Jugend, nicht der Islam«, Interview mit Olivier Roy in der Frankfurter Rundschau 21.11.2015.

71. Daniel Steinvorth: Wenn das Töten nicht ausreicht; Neue Zürcher Zeitung 19.4.2016. http://www.nzz.ch/meinung/kommentare/islamischer-staat-wenn-das-toeten-nicht-ausreicht-ld.14657. Zuletzt aufgerufen am 2.7.2016.

72. Vgl. Christoph Reuter: Die schwarze Macht. Der »Islamische Staat« und die Strategen des Terrors, DVA 2015.

73. Vgl. Raniah Salloum: Europäerinnen und der Islamische Staat: Was Frauen in den Dschihad zieht. Spiegel online 16.10.2014. http://www.spiegel.de/

politik/ausland/is-islamischer-staat-warum-frauen-in-den-dschihad-ziehen-a-997532.html. Zuletzt aufgerufen am 2.7.2016.

74. Daniel Steinvorth: Wenn das Töten nicht ausreicht. Neue Zürcher Zeitung 19.4.2016. http://www.nzz.ch/meinung/kommentare/islamischer-staat-wenn-das-toeten-nicht-ausreicht-ld.14657. Zuletzt aufgerufen am 2.7.2016.

75. Vgl. Michael Hesse: »Hier revoltiert die Jugend, nicht der Islam«, Interview mit Olivier Roy in der Frankfurter Rundschau 21.11.2015. http://www.fr-online.de/terror/terror-in-europa--hier-revoltiert-die-jugend--nicht-der-islam-,29500876,32473550.html. Zuletzt aufgerufen am 2.7.2016.

76. Thomas Hobbes: Grundzüge der Philosophie, Michael Holzinger 2014. http://www.zeno.org/Lesesaal/N/9781484105139?page=250&ps=%21. Zuletzt aufgerufen am 28.6.2015.

77. Gisela Bock: Frauen in der europäischen Geschichte, C.H. Beck 2000.

78. Immanuel Kant: Anthropologie in pragmatischer Hinsicht; Werkausgabe Band XII, Suhrkamp 2000

79. Carina Pape: Luther, Kant und die Frauen, »VERBUM« No 15. http://amor.cms.hu-berlin.de/~papecari/ressourcen/philosophie/verbum15_pape_de.pdf. Zuletzt aufgerufen am 28.6.2016.

80. Ebd.

81. Vgl. UNHCR: Global Trends. Forced Displacement in 2015, 20.6.2016. http://www.unhcr.org/576408cd7. Zuletzt aufgerufen am 28.6.2016.

82. Vgl. Oxfam Briefing Note: Resettling 10 Percent Of Syrian Refugees, 29.3.2016. https://www.oxfam.de/system/files/syria-resettling-ten-percent-refugees-290316-en.pdf. Zuletzt aufgerufen am 28.6.2016.

83. Vgl. Naika Foroutan: Integrationsgesetz: Die Chance ist vertan. Interview mit NDR Kultur, 14.4.2016. http://www.ndr.de/kultur/Naika-Foroutan-zum-Integrationsgesetz,journal326.html. Zuletzt aufgerufen am 28.6.2016.

84. Sachverständigenrat deutscher Stiftungen für Integration und Migration (SVR): Viele Götter, ein Staat: Religiöse Vielfalt und Teilhabe im Einwanderungsland. Jahresgutachten 2016, Februar 2016. http://www.svr-migration.de/wp-content/uploads/2016/04/SVR_JG_2016-mit-Integrationsbarometer_WEB.pdf. Zuletzt aufgerufen am 30.6.2016.

85. Vgl. Ralf Pauli: Jede Woche ein Angriff, die tageszeitung 8.5.2016. http://www.taz.de/!5299037/. Zuletzt aufgerufen am 14.6.2016.

86. Vgl. ZEIT ONLINE: Deutsche wissen wenig über Islam und Muslime, ZEIT ONLINE 6.5.2016. http://www.zeit.de/gesellschaft/2016-05/muslime-islam-deutschland-umfrage. Zuletzt aufgerufen am 14.6.2016.

87. Aus dem ersten »Kopftuchurteil« des Bundesverfassungsgerichts im Jahr 2003, BVerfGE 108, 282.

88. Dieter Grimm: Grundgesetzlich irrelevant. Frankfurter Allgemeine Zeitung am 22.4.2016. http://www.faz.net/aktuell/feuilleton/debatten/islam-vs-

grundgesetz-debatte-ueber-religionsfreiheit-14191706.html. Zuletzt aufgerufen am 30.6.2016.

89. Ebd.

90. Vgl. Thomas Bauer: Die Kultur der Ambiguität. Eine andere Geschichte des Islams. Verlag der Weltreligionen 2011.

91. Charlotte Wiedemann: Die Ehre der Frauen, die tageszeitung 16.4.2016. http://www.taz.de/Debatte-Geschlechterverhaeltnis-im-Islam/!5291892/. Zuletzt aufgerufen am 30.6.2016.

92. Nemi El-Hassan:»Wichtig, was im Kopf ist – nicht darauf«, heute.de 14.4.2016. http://www.heute.de/gastkommentar-von-nemi-el-hassan-zu-kopftuchverbot-nicht-auf-sondern-im-kopf-ist-wichtig-43083560.html. Zuletzt aufgerufen am 30.6.2016.

93. Georg Neureither: Über Kopftücher, Segelanweisungen und das Pech, zur falschen Zeit am falschen Ort und vor dem falschen Senat zu sein. VerfBlog 20.3.2015. http://verfassungsblog.de/ueber-kopftuecher-segelanweisungen-und-das-pech-zur-falschen-zeit-am-falschen-ort-und-vor-dem-falschen-senat-zu-sein/. Zuletzt aufgerufen am 30.6.2016.

94. Vgl. Bastian Brandau: Richter verbietet Politikwissenschaftler Aussagen über NPD, Deutschlandfunk 19.5.2016. http://www.deutschlandfunk.de/urteil-in-dresden-richter-verbietet-politikwissenschaftler.1773.de.html?dram:article_id=354484. Zuletzt aufgerufen am 30.6.2016.

95. Nemi El-Hassan:»Wichtig, was im Kopf ist – nicht darauf«, heute.de 14.4.2016. http://www.heute.de/gastkommentar-von-nemi-el-hassan-zu-kopftuchverbot-nicht-auf-sondern-im-kopf-ist-wichtig-43083560.html. Zuletzt aufgerufen am 30.6.2016.

96. Vgl. Dunja Ramadan: 25-jährige Juristin besiegt den Freistaat, Süddeutsche Zeitung 30.6.2016. http://www.sueddeutsche.de/bayern/kopftuch-verbot-jura-studentin-besiegt-den-freistaat-1.3056761. Zuletzt aufgerufen am 2.7.2016.

97. Vgl. Ebd.

98. Vgl. Detlef Pollack:»Deutsche sind viel weniger tolerant gegenüber Muslimen«, Westfälische Wilhelms-Universität Münster, Januar 2010. https://www.uni-muenster.de/Religion-und-Politik/aktuelles/2010/dez/PM_Studie_Religioese_Vielfalt_in_Europa.html. Zuletzt aufgerufen am 30.6.2016.

99. Vgl. ZEIT ONLINE: Flüchtlinge kosten Deutschland 50 Milliarden Euro, ZEIT ONLINE am 1.2.2016. http://www.zeit.de/wirtschaft/2016-02/fluechtlinge-haushalt-kosten-studie-iw. Zuletzt aufgerufen am 14.6.2016.

100. Vgl. Rat für Migration: So schaffen wir das. Freudenberg Stiftung/Rat für Migration, Projektlaufzeit Oktober 2015-März 2017. http://www.rat-fuer-migration.de/pdfs/Projektbeschreibung_So_schaffen_wir_das.pdf. Zuletzt aufgerufen am 30.6.2016.

Weiterführende Literatur

Amirpur, Katajun und Ammann, Ludwig (Hg.): *Der Islam am Wendepunkt. Liberale und konservative Reformer einer Weltreligion.* Freiburg: Herder, 2006.

Bender, Larissa (Hg.): *Innenansichten aus Syrien.* Frankfurt am Main: Edition Faust, 2014.

Gerlach, Daniel: *Herrschaft über Syrien: Macht und Manipulation unter Assad.* Hamburg: edition Körber-Stiftung, 2015.

Helberg, Kristin: *Brennpunkt Syrien. Einblick in ein verschlossenes Land.* Freiburg: Herder, 2014.

Hénin, Nicolas: *Der IS und die Fehler des Westens. Warum wir den Terror militärisch nicht besiegen können.* Zürich: Orell Füssli Verlag, 2016.

Kermani, Navid: *Wer ist Wir? Deutschland und seine Muslime.* München: C.H. Beck, 2009.

Kermani, Navid (Hg.): *Nasr Hamid Abu Zaid – Ein Leben mit dem Islam.* Freiburg: Herder 2001.

Le Caisne, Garance: *Codename Caesar. Im Herzen der syrischen Todesmaschinerie.* München: C.H. Beck, 2016.

Reuter, Christoph: *Die schwarze Macht. Der »Islamische Staat« und die Strategen des Terrors.* München: DVA, 2015.

Scheller, Bente: *The Wisdom of Syria's Waiting Game.* London: Hurst, 2013.

Thumann, Michael: *Der Islam-Irrtum. Europas Angst vor der muslimischen Welt.* Frankfurt am Main: Eichborn, 2011.

Wiedemann, Charlotte: *»Ihr wisst nichts über uns!« Meine Reisen durch einen unbekannten Islam* Freiburg: Herder, 2012.

Yassin-Kassab, Robin und Al-Shami, Leila: *Burning Country. Syrians in Revolution and War.* London: Pluto Press, 2016.

Yazbek, Samar: *Schrei nach Freiheit, Bericht aus dem Inneren der Revolution.* Zürich: Nagel & Kimche, 2012.

Yazbek, Samar: *Die gestohlene Revolution, Reise in mein zerstörtes Syrien.* Zürich: Nagel & Kimche, 2015.